AK基金定投实战手册

艾凯 著

AK

WUHAN UNIVERSITY PRESS
武汉大学出版社

图书在版编目(CIP)数据

AK 基金定投实战手册/艾凯著 .—武汉：武汉大学出版社，2020.8(2022.4 重印)
ISBN 978-7-307-21598-6

Ⅰ.A…　Ⅱ.艾…　Ⅲ.基金—投资—基本知识　Ⅳ.F830.59

中国版本图书馆 CIP 数据核字(2020)第 107483 号

责任编辑:唐　伟　　责任校对:李孟潇　　版式设计:马　佳

出版发行：**武汉大学出版社**　(430072　武昌　珞珈山)
(电子邮箱：cbs22@ whu.edu.cn　网址：www.wdp. com.cn)
印刷：武汉邮科印务有限公司
开本:720×1000　1/16　印张:14.5　字数:258 千字　插页:1
版次:2020 年 8 月第 1 版　2022 年 4 月第 2 次印刷
ISBN 978-7-307-21598-6　定价:48.00 元

序　言

基金定投是我实战投资系列的第二本，从受众来讲可能是最广的一本。随着2017年前后公募基金的局部强势，基金定投这种投资方式随着基金的火爆被越来越多的人接受。基金定投的确非常适合普通投资者和稳健型投资者，可惜从实际的效果来看，绝大多数人最后并没有获得较好的收益，甚至比一次性投资基金损失更为惨重。造成这种情况的原因是绝大多数初学者都缺乏一个完整的投资体系，而基金定投也远比很多人想象的要难。

笔者是证券行业出身，后来在“大众创新、万众创业”的浪潮中自主创业，创立“艾财爱家”这个自媒体平台。起初客户定位为中国新兴中产阶层，这个群体在投资选择上跟风比较严重，核心原因可能是“不上不下”的财富焦虑吧。在服务沟通的过程中，笔者发现最适合他们的投资方式是基金定投，并在随后的几年中笔者重点推荐了医药100、医疗行业指数这两只窄基指数基金，收益都非常喜人。可是这部分工作并不能为公司创造利润，艾财爱家工作室后面几年也转型，为可理财资产在500万元以上的高净值家庭提供多元化的投资理财咨询服务。然而笔者始终没有忘记“艾财爱家”创立时的精神：爱护好自己的财产，才能爱护好自己的家人。

2019年7月笔者女儿出生，笔者没有像身边很多朋友那样给女儿买保险，通过这种方式给孩子未来提供保障。在金融行业工作十一年，笔者不能忍受自己做赔本的投资。但是笔者也要为孩子的未来单独存一笔婚嫁创业的基金，笔者准备了两套方案。第一套方案是做保险公司的客户让他们赚我的钱，不如做他们的股东，让他们帮我赚钱，每个月定投一手中国平安。第二套方案是做一个基金定投的组合，定投到她大学毕业为止。最终笔者选择了第二套方案，原因在本书中有详细说明。

做这样的选择，除了考虑投资要素之外，还因为笔者想将这个方案的执行过程在“艾财爱家”公众号平台上全程展示出来，这样能够帮助到更多普通投资者。虽然从公事上来讲，笔者现在的客户群体并不是普通中产阶层，但是能够在某一个领域实现自己的初衷，也是一件有成就感的事情。

这个灵感还来源一段话：做需要十年后、二十年后才能成功的事情，没有人跟你竞争。从投资理念来讲笔者是一个价值投资者，坚持长线投资。可是从未想过做一次为期二十年的投资，这对笔者充满了挑战。

这个实战组合笔者总计选取了十只基金，包含宽基、窄基、主动型、混合型等多种类型的基金，力求满足更多基金定投者的喜好。每周五都会根据当周市场运行情况进行说明，尤其是有再平衡操作的时候，更是会将自己的投资思路分享给大家。从纯投资的角度，笔者并不希望投资者简单照搬具体的策略，因为这个组合品种过多，月定投的金额也超过一万元，并不适合普通工薪族。这里面带有炫技的成分，对普通投资者而言，比较可取的做法是选择其中一两个品种做小额定投，结合本书提供的知识体系，最终总结出适合自己的一套实战策略。

实战投资系列在未来的十年笔者会陆续出版，第一本是信托实战，主要针对单笔300万元以上的非标资产投资，这一本基金定投则主要针对中产阶层家庭理财。对于本书，笔者的期盼是，一方面能够帮助更多中产家庭走出投资焦虑，能够以自己的方式分享到国家发展的时代红利；另一方面，笔者为自己记录下这一段漫长的投资过程，成为一次伟大投资的起点！

目　　录

第1章 构建正确的基金定投思维

1.1 理财过程中的穷人思维与富人思维

试想这样一个场景：因为工作表现优异，老板奖励你1万元，你会用这1万元消费还是投资？这是投资理财启蒙书籍《富爸爸穷爸爸》给读者提出的一个问题。在书中，富爸爸拿这笔钱去投资，因为钱生钱很容易，人赚钱是比较难的。当钱生的钱足够支撑你的生活支出时，你就实现了财务自由。

我们来逐一解释这三个词：消费、投资（钱生钱）、财务自由。

消费的意思大家都知道，无非就是将钱用来买吃的、喝的、穿的，一旦花了这笔钱，好不容易获得的奖金就不复存在了。

上文提到的投资又是什么意思呢？意思就是将这笔钱投入能够为我们"生钱"的资产中。这些资产包括但不限于银行理财产品、股票、基金、信托、房地产等。这些资产虽然风险收益程度不同，但是一旦掌握了正确的投资方法，就能够为我们"生钱"。

按照百度百科的说法，财务自由是指人无需为生活开销而努力为钱工作的状态。简单地说，一个人的资产产生的被动收入等于或超过他的日常开支，如果进入这种状态，就可以称为财务自由。

财务自由意味着我们可以不必为钱发愁，同时又有足够多的时间来做自己想做的事。有的人看起来非常富有，每个月有大笔的工资收入，但他必须通过不间断地长时间工作来维持自己的工资收入。一旦他没有能力工作了，比如高龄退休，他的高收入也就戛然而止。

真正的财务自由，是手里有大量能够"钱生钱"的资产，这样即使自己不再投入精力去工作，也可以源源不断地获得现金收入。

《富爸爸穷爸爸》一书提到，因为穷富爸爸的思维不同，他们最后的结局也完全不同。其中一个人终其一生都在个人财务问题的泥沼中挣扎，另一个人则成了夏威夷最富有的人之一。一个爸爸身后为教堂、慈善机构和家人留下数千万美元的巨额遗产，而另一个爸爸却只留下一些待付的账单。

那么，在理财过程中，穷人思维与富人思维的区别到底在哪里？在笔者看来有两点：一是处境不同，二是对钱的认识不同。

第一点，处境不同。《红楼梦》中有一个情节：贾雨村断案时想，原来当官没别的诀窍，无非是看脑袋指挥屁股，还是屁股决定脑袋。这说明所处的位置不同，个人的思维也会不同。比如日常生活中的月光族、卡奴等，说白了，他们的财务状况已经陷入失控状态，每个月都得为下一个月的生活发愁，又何谈富人思维与改变处境呢？

第二点，对钱的认识不同。有时候，有钱并不代表你就有富人的思维。在国内，过去几十年很多有钱人并不是通过实业或者说创业完成资本积累，而金钱需要所有者具备相应的承载能力。钱的本质是一般等价物，它是承载社会信用的存在，具有精神性。所以，想要拥有相应的财富，也必须有相应的承载能力。中国有句古话“富不过三代”，说的是如果没有良好的承载能力，金钱会压垮与腐蚀一个人的精神世界。

事实上，穷人思维与富人思维的两点不同，可以直指同一个关键词——懒。懒的意思是不想贡献人力资产，只想不劳而获。有一段相声是这样说的：“但凡要饭的，没有要早饭的，因为他要是能早起，就不至于要饭。”笔者在写本书时，正好处在新型冠状病毒肺炎疫情时期，在这段时期，有一句话调侃了很多人的生活：“终于到了只用躺着就可以为国家作贡献的时候了。”殊不知有不少人正在利用这段时间拉开与你的差距，贫富之差也往往会在这段时间悄无声息地形成。

而在任何情况下，都是消费比投资容易，躺着休息要比坐着学习容易。消费与躺着可以给人带来享受，而投资与学习则需要时间的沉淀，也需要我们有足够的耐心与定力。选择前者还是后者，会让你的人生轨迹产生很大的不同，往大了说，可能会决定你是富人还是穷人。

人性的懒惰是穷人思维的核心。我们想要变得富有，就不能犯这样的错误。人人都想要财务自由，可是如果只是消费与躺着，那怎么可能实现呢？

所以，在笔者看来，要想实现财务自由，或者说成为一个“富爸爸”，首先我们要有正确的思维。就如《富爸爸穷爸爸》告诉我们的一样，我们要学会让钱为我们工作，而不是我们为钱工作，只有打造自己的被动收入，才能实现财务自由。

1.2 找到适合自己的投资方式

《孙子兵法·谋攻》中说："知彼知己者，百战不殆；不知彼而知己，一胜一负；不知彼，不知己，每战必殆。"投资好比排兵布阵，"知彼"指要熟悉每种投资工具的基本情况，"知己"则指要了解自己的风险偏好与投资需求。如果你对要投资的工具没有基本的了解，不清楚它的产品性质、风险类型及收益情况，又如何根据自己的投资偏好做出投资选择呢？

"风险与收益成正比"是再简单不过的投资常识，但正因为简单，反而被很多人忽略了。大家要相信市场上都是聪明人，收益越高的资产伴随的风险也越高，很多人往往轻信无良公司宣传的"高收益，零风险"的理财产品，忽略了必然存在的投资风险，最后落得血本无归的下场。因此，对自我进行风险评估，对理财产品逐一详细地了解和学习，是每一个投资者入门的必修课。

回想十多年前笔者刚刚进入金融行业时，投资者想要理财只能通过银行、券商和保险公司；想要学习理财知识，也只能通过书本或是看财经新闻。可是时至今日，投资者与理财师处在一个金融投资产品爆炸与金融信息爆炸的环境里，面临着一个很棘手的问题：如何梳理海量的金融信息、投资信息以及经验信息。当下投资者不是找不到投资品，而是面对眼花缭乱的投资品有点不知所措。随着互联网金融高速发展，新的金融产品海量出现，如余额宝、智能银行存款、养老机构资管计划、FOF 基金等。传统金融机构为了应对挑战也纷纷推出新的理财产品与产品类型。让人担忧的是，近几年出现了大量的金融投资类骗局，如各种庞氏骗局、假交易平台、股权投资陷阱等。相较于高速演化的金融市场，投资者的思维却陷入了一片混乱。

在日常从事第三方理财咨询服务时，笔者回答最多的问题是："我应当如何理财？到底投资什么？"经过多年的经验总结，笔者会给客户发一份理财清单，如表 1.1 所示。

表 1.1　　投资理财清单

投资品种	风险评估	收益区间	投资特征简述
银行理财	低	3%~5%	风险可控，主要是人为风险
国债	低	3%左右	风险极低，份额紧张，投资期限固定且时间长

续表

投资品种	风险评估	收益区间	投资特征简述
保险理财	低	3%～5%	本金风险小，主要问题是预期与收益容易形成极大反差
货币型基金	低	不到 3%	本金风险小，主要作为现金管理工具
纯债基金	较低	0%～15%	跟随市场变动，长期持有本金风险小，收益变化区间较大
混合型基金	中等	不确定	主要根据市场变化与基金结构设计，不确定性大，得看债券、股票等的配置比例
指数型基金	中等	不确定	主要看所跟踪的指数表现如何，要么跟市场整体走势有关，要么具有周期性
FOF 基金	中等	不确定	产品管理水平与设计占主导因素，受市场影响较大，不可测性高
股票型基金	高	不确定	根据市场变化，多重因素影响，不可测性高
股票	高	不确定	根据市场变化，多重因素影响，不可测性高
证券公司资管计划	中	不确定	产品成熟，风险可控，但得分析具体品种及产品投向
养老机构资管计划	较低	3%～5%	投资有固定期限，主要投资标的偏货币市场，风险可控
信托	中	8%左右	有很高的投资门槛，需分析项目底层资产与产品风控设计环节
期货	高	不确定	有杠杆，需要极强的专业性
股权投资	极高	不确定	专业投资领域，需非常高的投资水平与较深的经验积累

通过这份清单，投资者可以选择自己能够接受的投资产品，笔者也可以从中判断该投资者的风险承受类型、投资需求与喜好，也很容易帮助他们快速了解自己的投资边界。

这份清单的核心内容是安全性、收益性、流动性这三个维度的评价指标，借助其能理清投资路径。投资者在花了大量的时间研究投资理财后，还会有一种很乱的感觉，是由于未能掌握整个投资理财体系，究其原因就是没有建立清单，将零散的认识分类归档。

清单思维并不单单可运用到整理理财产品上，在投资理财过程中也能帮助我们有效整理思维，提高学习效率。在股票投资过程中，绝大多数交易或多或少会运用之前甚至是前不久才看到的技术指标或者分析方法，然而结果却往往不尽如人意。这是因为证券投资理论博大精深，流派众多，同时又有很多人为信息，运用才学到的知识进行投资无异于盲人摸象，掌握的碎片知识起不了太大作用。只有当脑中建立全面的知识清单，才能进行有效的系统化学习。何况每个知识点都有自己的边界，都有自己的假设。只有明晰了这些，才有可能增加投资收益。

1.3 投资理财中的需求清单与目标清单

在长期服务投资理财客户的过程中，笔者发现了一个非常有趣的现象。富人理财焦虑并不严重，因为他们随时可以拿几百万进行房产投资或实业投资，对于理财并不十分感冒。越是低收入群体越容易心态不正，在现实专业领域无法突破就指望通过投资理财来实现一夜暴富，结果却大多辗转于各类投资骗局之中。而新中产阶级，则既理智又焦虑。

焦虑的原因：

（1）人生而平等，可是生活并不平等。现代社会虽没有“士农工商”这种明确的阶层排名，但是以财富为主体的阶层划分却十分明显。在不同的阶层中，新兴中产阶层最为焦虑，因为上不去，很难进入富人阶层，实现所谓的财务自由，又害怕掉下去，担忧已经拥有的会全部失去。

（2）货币贬值带来的焦虑。Wind 数据显示，过去四十年，中国广义货币供应量 M2 年均增长 15%，1998—2017 年 M2 增长了 16 倍。这是任何理财产品都无法达到的收益率，如果不做任何投资，那么就意味着我们的劳动成果会白白流失。

（3）追求合理投资理财所带来的焦虑，这是理智的副产品，因为理智的人永远会追求合理结果。可是投资市场与经济环境处在不断的变化中，想要追求一个好的投资结果和合理的理财方案，是需要专业的知识与技能的，而这点很多人并不具备。

事实上，在日常的生活中，很多人都面临巨大的发展与财务压力。这种压力会带来极大的财务焦虑，解决上述问题的方法只有两个：收入的增长与良好的投资理财结果。人们因为各自情况不同，对于理财的需求也会不同，倘若不能做出良好分析与应对，就不能在投资理财过程中保持理性客观，而焦虑会对投资理财带来极大的负面影响。

我们来看看不同维度对投资理财的不同影响，以及相应的需求简析（见表 1.2）。

表 1.2　　不同维度对投资理财的不同影响，以及相应的需求简析

维度	影响简述	需求简析
1. 收入特征	收入越高，越稳定，配置范围越广，讲求统筹兼顾。收入越低，越不稳定，范围越小，讲求保障为先，积累为辅	收入特性评定、收入分配比例设计
2. 所处城市	城市是一个家庭最直接、最基础的外在生存环境，对于投资理财的影响是根本性的	人往高处走在现代社会最直接的体现就是高素质人群及下一代往上一级城市流动是不可逆转的。所以房产购置方面的准备，越早越好
3. 发展城市	人口流动的，确定未来发展城市是人生规划的重要一步，也是理财规划的一个起点，重要考虑因素	中国太大，城市之间的差别是非常大的，所以人才也是不断流动的，在确定未来发展城市之后，理财策略也需要调整，之前很火的一个话题，选兰州大学还是上海大学就是最集中的体现
4. 房产情况	中国家庭资产组成比例中，房产占比达到 7 成，这意味房产的情况是制定理财方案时最重要的组成部分	房地产市场精准判断；房地产税收、调控、交易规则的学习
5. 学历见识	文化程度和对投资理财的见解是非常重要的。事实上，在财富积累完成后，资本性收益会远远高于劳动收益	对于专业性、客观性投资理财咨询服务，技能学习需求越发明显
6. 职业特性	职业类型的区别决定了资产配置比例，杠杆使用策略	不同职业意味着不同的收入水平与收入起伏趋势，如公务员收入极为稳定，理财策略可以是高杠杆，增加风险资产配置比例，而业务人员则需要加大现金配置比例，求稳定等
7. 年龄结构	年龄越小，意味着风险承受能力越强，可投资范围越广	年轻人理财更多的是学习积累，即积累财富，增加实战经验

续表

维度	影响简述	需求简析
8. 家庭结构	三口之家，一小二青四老都是现代社会中最典型的家庭结构。不同的家庭结构当然资产配置策略完全不同	养老负担比较重的家庭，理财策略重保障、稳定，可在收益性上做一些让步。青年家庭，负担轻的家庭则可以更加积极进取一些
9. 价值观念	每个人对于物质的追求与认识是不同的，不同的价值观意味着完全不同的角度，角度不同则一切都不同了	根据自身的物质标准、金钱观来确定投资收益率、投资范围、投资方式等
10. 投资经历	罗马不是一日建成的，一个人的财务观念是长期形成的。任何投资者的投资行为都是有轨迹可寻的，人们会坚持过去成功的方式，即使是运气而已	需专业理财师的咨询服务，指正投资者既有问题，避免重复犯错。记录总结自身投资经历，解析自我，寻求成长

表1.2中，笔者从10个维度分析了投资理财需求清单，并且从具体的投资理财领域分析，可是任何事情一旦缺乏整体上的把握，就很难达到目标。因此现代家庭（包括各个类型投资者）最好明晰自身的投资理财目标清单。

在笔者看来，目标清单包含以下几点：

（1）合理配置资产，优化家庭财富结构，保证生活质量。

投资者都希望追求收益最大化，但收益与风险成正比。基于这条根本的投资规律，投资者必须根据目标去平衡收益与风险之间的关系。如基金经理通过仓位的控制、投资标的的控制、投资手法等平衡二者。普通投资理财者同样需要有相关的设计，具体到家庭理财上就叫资产配置。

资产配置，是指将资产按照一定的目标与原则分配到不同收益与风险的投资品种中，从而达到分散风险的目的，同时保证一定目标收益的投资策略。进行资产配置是家庭理财的需要，家庭必须建立在一个比较稳定的物质要求之上，并不只是追求绝对的投资收益。如一个中产家庭可能需要一个比较全面的保障计划，保障计划虽然讲求性价比，但是整体上却是损耗性投资。不过保障计划可以在家庭因不可测因素出现财务危机时，起到很好的保障作用，从而让家庭财务不至于出现崩溃的局面。

这里涉及对钱的认识，国人，尤其是以50年代、60年代、70年代为代表的人们经历过物质匮乏时期，对于生活缺乏安全感，所以有一种积累财富的天然冲动。可是人赚钱的根本目的是让自己与家人生活得更好，而不是钱本身。

人们赚钱的目的具体表现为少有所依，青有所图，中有积累，老有所养。

少有所依：中国式家长是全能家长，也是全掌控家长。子女在大学毕业前基本很难有独立的经济自主权。而在英国，孩子长到 13 岁就会开通一门投资理财的自选课程，美国更是流行从小打工赚钱，自己赚钱自己花。一份好的理财方案中应当有独立于整个家庭财务计划之外的理财计划。如：基金定投或定存组成的子女教育基金、子女保险保障计划等。

青有所图：青年时期由于负担大、收入低等原因，很多人没有财富的积累和理财知识的积累。社会上充斥着这样一种声音——“40 岁以前不要理财”，这是非常错误的。罗马不是一天建成的，理财最大的奥秘就是时间。投资界有一个非常有名的定理，复利达到 72 个 1%，则翻一倍。积少成多的道理古来有之，秘诀在于熟能生巧，投资理财的知识与技能积累需要时间与金钱的投入。

中有积累：40 岁左右，人的财富积累到了一定阶段，如果前期投资得当，这时资本性收入会大于劳动性收入，这时也是财富最重要的积累阶段。在这个阶段完成财富的积累与全面规划，才能从容面对下一代的教育、婚嫁等大额支出，并安排自身的旅行计划等。

老有所养：从世界范围来讲，即使是欧美发达国家，养老也是很大的问题。就目前我国的情况来看，退休金无法保证高质量的退休生活是大概率事件，所以每个家庭需要及早准备养老医疗体系以外的个人养老计划。

（2）保值增值，让家庭劳动成果得以在购买力上保全。

钱放在银行，肯定是越来越不值“钱”的，这个观念已深深印刻在国人心中。因为储蓄的购买力会随着 CPI 的增长而降低，所以保值增值是家庭理财计划的一个核心目标，理财是一个逆水行舟的过程。

（3）应对家庭未来可能面临的财务问题，未雨绸缪。

我们生活在一个巨变的时代，社会发展与生活剧烈变化，未来中国家庭面临着多重财务压力与社会压力。如：各个城市发展差距拉大，造成下一代成长压力巨大；老龄化程度严重，养老压力巨大等。所以我们需要未雨绸缪，对未来的问题及早准备。

（4）投资理财是一种生活态度，是人生的另一个考场。

人无远虑，必有近忧！我们生活在这样一个经济社会，投资理财是一种技能，也是一种生活态度。在这个考场成绩如何，将在很大程度上决定我们的生活质量。

有个更专业的词语可以说明上述的需求清单与目标清单，即理财规划。它是指根据客户财务与非财务状况，运用规范的方法并遵循一定程序为客户制订切合实际、可操作的某一方面或一系列相互协调的规划方案，包括现金规划、消费支出规划、教育规划、风险管理与保险规划、税收筹划、投资规划、退休养老规划、财产分配与传承规划等。

不过，本书的重点并不在于以上所有规划，而是想为大家介绍理财规划工具中一个非常重要品种的投资方式，那就是基金定投。事实上，在笔者看来，基金定投在上述八大规划中都可以起到非常重要的作用。因此，笔者非常推荐基金定投。

1.4 为何推荐基金定投

上文提到“40 岁之前不要理财”是错的，可是放在现实生活中，这句话又颇有几分道理。因为人在 40 岁以前，有几点缺陷对于投资理财来讲是非常明显的。

首先，人生阅历不够，心性不定，容易上当受骗。现阶段投资理财市场可以说是各种骗局层出不穷，数不胜数，而人在 40 岁以前阅历明显不够，尤其是定力不够，容易受高息诱惑，造成不可挽回的损失。

其次，资金积累不够。从普通的人生财富曲线来看，人在 40 岁之后才会迎来财富的高峰期。就算是股神巴菲特，也不是一开始就非常富有。他 21 岁时财富不过 1 万美元，但到了 84 岁时，他的财富已经飙升到了 637 亿美元，90%以上的财富更是在 60 岁以后才获得的（见图 1.1）。

所以说，投资理财的过程，实际上也是一个财富积累的过程。

最后，现阶段我们国家经济转型、金融机构改革，不确定性大大增加。金融风险加大，确实也进入了“你不理财，财不理你；你若理财，财便离你”的局面。

“守株待兔”这个词相信大家都听过，我们从小接受的教育让我们对于这个词的看法只有贬义，笔者却不太认同这种教条式的看法，因为人的行为决策超过 95%都是来源于经验，尤其是在追求成功的道路上。例如巴菲特在其长达 60 年的投资历程中，一直都是重复着他固有的投资思路！他遵循的价值投资理念让他抓到了第一只“兔子”。放眼生活，我们常说的经验不就是抓到“兔子”的经验与方法吗？所以投资理财最为关键的是抓到自己的第一只“兔子”，然后按照这种方式一直坚持下去。

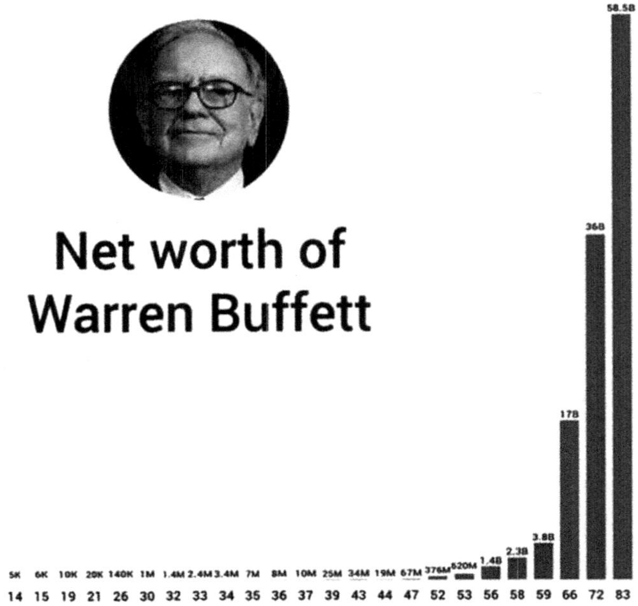

图 1.1　巴菲特财富增长曲线

资料来源：凤凰网财经《从 6 千到 670 亿图释巴菲特财富增长历程》。

这样说可能有点过于简单，实际上找到自己守株待兔的理财方式，是需要一个过程的。

（1）观察，学习，模仿。做什么事情，模仿学习都是第一步，投资理财也不例外。我们可以多找几本经典书籍，多看一些时事财经新闻，多研究一些典型案例。

（2）分析自我财务状况。每个人的财务状况与风险偏好都不同，所以每个人在投资理财过程中都必须有一个自我分析、评测的过程，并以此为出发点，思考其他问题。

（3）找到自己的投资逻辑，适合自己的才是最好的。每一种投资哲学都是有缺陷的或是有实际操作困难的。所以我们必须找到属于自己的投资逻辑，适合自己的才是最好的。

（4）如果得到验证，那么就坚持下去。实践才是检验真理的唯一标准，如果事实证明是正确的，那么就应该坚持下去。

（5）继续学习调整。变化才是唯一不变的，所以持续的调整是必然的，但这种调整并不是指改变投资逻辑。打一个比方，教育子女要是效果不佳，就要及时调整，但是根本是不变的，那就是要相互尊重与理解。

笔者给普通投资者推荐的“守株待兔”的方法就是基金定投。因为本书的重点就是讲基金定投，所以这里笔者只指出基金定投的基本概念。基金定投是定期定额投资基金的简称，是指在固定的时间（如每月 8 日）以固定的金额（如 500 元）投资到指定的开放式基金中，类似于银行的零存整取方式。

基金定投适合的人群：

（1）年轻的月光族。由于基金定投具备投资和储蓄两大功能，因此可以在发工资留下日常生活费后，将部分剩余资金做基金定投，以“强迫”自己进行储蓄，培养良好的理财习惯。

（2）领固定薪水的上班族。大部分上班族薪资所得在应付日常生活开销后，结余金额往往不多，小额的定期定额投资方式最为适合。而且由于大多上班族并不具备很高的投资水平，无法准确判断进出场时机，因此可以通过基金定投这种工具，来稳步实现资产增值。

（3）在未来某一时点有特殊（或较大）资金需求的人群。例如三年后需付购房首付款、二十年后子女出国需要留学基金，甚至是三十年后自己的退休养老基金，等等。在已知未来将有大额资金需求时，提早以定期小额投资方式来筹集，不但不会给自己造成日常经济上的负担，而且还可以让每月的小钱在未来演变成大钱。

（4）不喜欢承担过大投资风险者。由于定期定额投资有投资成本加权平均的优点，能有效降低整体投资成本，使得价格波动的风险下降，进而稳步获利，是长期投资者对市场长期看好的最佳选择。

其实过去二十年，绝大多数中国人都做过一项强制定投，而且收益非常丰厚，那就是房贷。为什么房贷这么成功？第一，实现了强制定投，每个月你所赚的钱第一考虑目标就是把房贷交了。第二，长时间坚持。通常情况下房贷最少为 10 年，随着房价疯涨，很多人选择的是 30 年房贷。第三，最重要的是房价在过去二十年基本保持持续上涨，这一点是根本。通过房产价格快速增长从而实现了理论上的财富快速增值，甚至说是阶层跨越也不为过。第四，房贷本身是借用了杠杆，放大了收益。房贷本身是要付出利息的，可是只要房价的增幅大于利息，跟贷款就会形成一部分差额，这差额即购房的收益率，可以说是事半功倍。

虽然严格意义上房贷并不算定投，但是其在很多方面都有定投的特性，从中我们可以看出定投成败的关键要素有以下四点：

（1）强制定投，必须严格执行定投策略。定投实际上还带有强制存款的作用，而人本身并不能完全把控自己的行为，所以在制定定投策略的过程中，一定要带有强制条款。例如：设定最低定投额；账金分离，如钱可以交由老婆管，投资由自己来等。

（2）坚持长期策略，不能半途而废。可以说长期定投中最大的敌人就是自己，不要因为短期收益不佳而放弃，更不要把资金挪用。同时目光也要放长远，也不能因为一时的小利而放弃定投，否则需要从头再来。

（3）找到长期上涨投资品种，这一点是根本。因为任何投资品其短期走势都难以判断，而长期趋势在很多时候却是相对好预测的。

（4）坚决采用最恰当的基金定投再平衡策略。因为投资标的及个人收支情况的变化，在适当时候必须进行资产再平衡策略。例如牛市中段以后，降低定投金额，而在熊市中段以后适当地慢慢提高定投金额与比例。

1.5　五个哲理小故事中蕴含的定投启示

【故事一】

轻信他人丢“钱途”

从前，有个牧人牵着一只山羊，骑着一头驴进城去赶集。三个骗子知道了，想去骗他。第一个骗子趁牧人骑在驴背上打盹之际，把山羊牵走了。牧人醒来发现山羊不见了，忙去寻找。这时第二个骗子走过来，说看见一个人牵着一只山羊刚从林子中走过去，牧人急忙去追山羊，并且把驴子交给这位“好心人”看管。等他两手空空地回来时，驴子与“好心人”自然没了踪影。牧人伤心极了，一边走一边哭，来到一个水池旁边，发现一个人哭得比他还伤心。那人告诉牧人：他不小心把两袋金币掉水里了，自己不会游泳，如果牧人给他捞上来，愿意送给他 20 个金币。牧人一听喜出望外，拿到 20 个金币，损失全补回来还有富余，他连忙脱光衣服跳下水捞起来。当他光着身子两手空空地从水里爬上来时，他的衣服、干粮也不见了。

看到这个故事后，笔者首先想到的是蚂蚁财富、天天基金等基金三方销售平台通常会在它们平台的首页推荐基金，那么，这样的基金到底能不能买呢？笔者的答案和上述故事的寓意一样：不要轻信。一般来说，它们推荐的基金有一个共同点：处于短期高位。这些三方平台推荐一只基金必然有它的推荐理由，其中最主要的理由就是该基金在过去一年、过去半年、过去三个月、过去一个月甚至有可能是过去一周涨幅比较大，且是市场比较火爆的品种（持仓股与市场热点一致）。那么，这就意味着该基金很有可能处于短期的高位。如果我们不知道它为什么处于短期高位，就无法判断它能不能够长期上涨。如果我们无法判断其能否长期上涨，而只是冲着短期的上涨而买进，那么就极有可能买在了山顶，并最终造成投资损失。

除了基金销售平台推荐的以外，我们还有可能会轻信他人的推荐。比如，几年前有很多人会推荐军工行业指数基金，或者大数据主题基金，理由就是这些行业具有广阔的前景，或者说大数据、量化等方法是完美的投资策略，结果到头来，很有可能亏得血本无归。投资切忌人云亦云、盲目轻信他人。而对于基金定投来说，投资者需要对自己的投资偏好、基金的行业和风格有独立、自主、清晰、明确的判断，并据此来选择最适合自己的投资标的。

【故事二】

身处低谷不放弃

一个灰心丧气的青年，因科举没考上，便颓废不堪，一蹶不振，整天把自己关在屋子里抱头痛哭。有一天，一位老者跨进门，语重心长地对他说：“假如山上滑坡，你该怎么办?”年轻人喃喃道：“往下跑。”老者仰头大笑：“那你就葬身山中了，你应该往山上跑，你只有勇敢地面对它，才有生还的希望，天下事皆然。”说完便飘然而去。

这个故事中的青年太像A股市场中众多的散户了，他们一看到上涨就想买，一看到下跌就想快点逃，殊不知完美的投资机会就在这样低卖高买的交易中失去了。事实上，我们在日常的交易中，就应该像老者说的那样“应该往山上跑，你只有勇敢地面对它，才有生还的希望”。

举个例子，笔者有位同事在2018年年初买了证券行业指数基金，随后就遇到了贸易战，证券行业指数一路下跌，但他并没有放弃，而是越跌越买，虽然买的过程中有过犹豫，但还是坚持下来了。最后，他的证券行业指数基金的成本变得非常低，在一年后，也就是2019年年初的一波上涨中，不仅收复了全部失地，还小赚了一笔。

一旦选择了基金定投，那么就应该百分之百地相信定投的理念，即坚信牛市总会到来。就算市场处于下跌，也不要轻言放弃，更不要因为市场上的一些风吹草动就草木皆兵、慌不择路，真正成功的投资者都是那些制订计划后，沉着冷静、临危不惧地坚决执行定投的人。基金定投在某种程度上可以说成是投资中国，相信我们的祖国会变得越来越好。基金定投是一种长期投资，在投资的过程中难免会受到各种因素的干扰，亏损也在所难免。如果因此一蹶不振，就此放弃，无疑是像故事里的青年放弃了“生还的希望”。只有勇敢地面对挑战和困难，才能战胜它，面对下跌，要冷静、理智地迎“低”而上。

【故事三】

默默积累攒力量

在非洲大草原上，生长着一种号称“草地之王”的奇异植物：尖毛草。它是非洲大地上最茂盛的毛草之一，长势最猛时能达到每天一尺半的惊人速度，总长度竟然能达到 2 米多。然而，尖毛草在生长初期生长速度却极其缓慢，长达半年的时间里，尖毛草始终保持在一寸左右，就像被抛弃的可怜虫，显得寂寥而寒碜。

原来，尖毛草初期只是没有“向上生长”，它的根不断向周围和地下扩张，并且牢牢地锁住了水分和养料。蓄积了充足的能量，尖毛草就能在短短几天时间内，长到人那么高。

大道相通。说实话，在看到这个故事前，笔者也没想到世界上还有一种这样的奇异植物，毕竟它的生长过程和基金定投太像了。定投初期本来投入金额就不够多，当然无法“向上生长”，只有在漫长的时间中不断积累份额，并在市场处于下跌时加大投入，才能慢慢汲取到水分和养料。一旦有了足够的量变，也就是蓄积了充足的能量，才能在牛市到来时一飞冲天。所以，作为基金定投者，我们一定要保持足够的耐心，并像滚雪球一样慢慢积攒我们的资产，一旦时机成熟，自然会收获丰厚的回报。

【故事四】

贪心不足蛇吞象

有一个农民想要买一块地，于是去询问卖地的人。地主说：“只要交上一百两银子，在太阳落山前，你能用步子圈多大的地，那些就是你的，但如果没有按时回到起点，你将什么都得不到。”农民心想：“这实在是太划算了！”于是他马上和地主签了合约。第二天一大早，他就迈着大步向前疾走，整整一天，他的步子一分钟也没有停下，眼看着太阳快要下山了才往回走，故事的结局大家应该也猜到了，贪心的农民什么也没有得到，还白白付给地主一百两银子。

这个故事说的是那些在投资理财过程中既想要风险低，又想要收益高的投资者。这类人群往往是那些金融骗子“重点关注”的对象。此外，在我们接触到的投资者中，往往有这样一种情况：本来定投一个大盘指数基金蛮好的，收益也还可以，结果当他看到其他主动管理型基金收益明显要高出不少时，就把自己的投资重点全部放在那个主动管理型基金上了，刚开始可能会赚到强者恒强的那部分钱，但是实际上追高了，不仅没有赚到该主动管理型基金的大部分上涨，反而承受了其大部分的下跌。

事实上，基金定投还需要我们在净值下跌时敢于加仓，这违背了大多数人“追涨杀跌”的逐利心理，这一反人性的操作需要投资者戒骄戒贪。过分追求短期的蝇头小利不可取，企图走捷径，甚至是一步登天，妄想收益翻个几番更是理财的禁忌，注定会惨败。选择一个合理的收益目标才是当下理财的真谛。

【故事五】

时机很重要

一个烈日炎炎的午后，庙里的小和尚发现，地里种的黄豆被太阳晒得“爆开了豆荚”，黄澄澄的豆粒蹦得到处都是。小和尚怕糟践了粮食，急忙告诉老和尚，而且找出了镰刀，要去收割。

老和尚气定神闲道：“不要慌，明天清晨再割吧。”

第二天，小和尚一早就起床去割豆子，他发现，豆秸、豆荚潮乎乎的，直到割完，也没有一个豆荚爆开，豆粒也一个都没有损失。一旁的老和尚笑笑说：“收获也要讲究时机。昨日正是烈日当头，豆荚都晒焦了，一碰就爆开了，豆粒四处蹦，无法收拾。但只要耐心等一晚，夜里下的露水会把豆荚浸湿，收割就方便多了。”

在市场中有一个很流行的观点——基金定投不用择时，笔者不是很赞同。他们得出这个观点的原因是参照了欧美成熟资本市场的经验。我们以美国为例，2008 年金融危机触底之后，美国股市走出了长达 11 年多的慢牛市。美国股市的特点是：短熊长牛、快熊慢牛。其牛市又长又慢，所以定投标普 500 是不用择时的。但是，如果参照欧美经验去定投 A 股，完全不择时，那么从实战的经验上来讲，做基金定投的结果往往就不会太好。

另外一点则是投资者自身的原因。A 股市场是一个不成熟的资本市场，它在过去三十年走势的整体特点是：短牛长熊、疯牛慢熊。这种走势非常考验投资者的精神品质和投资能力，而绝大多数基金定投投资者是初学者，或者说是经验不够深的投资者，很难去战胜这种在牛熊市主升浪剧烈波动的行情，并且很难在这种剧烈波动行情中保持定力，同时也很难在持续漫长的熊市中寻找到能够战胜这种慢熊走势的品种。所有的投资者在做投资前，都需要客观地审视自己是不是一个成熟的投资者，有没有信心战胜 A 股市场。所以说，在 A 股做基金定投，择时、择品种是非常重要的，一切以实战为准。

第 2 章　基金定投要素解析

2.1　基金对于普通投资者的吸引力

在系统学习基金定投之前，我们有必要先介绍一下什么是基金以及基金对于普通投资者有哪些吸引力？

基金，广义是指为了某种目的而设立的具有一定数量的资金，主要包括信托投资基金、公积金、保险基金、退休基金、各种基金会的基金。从会计角度分析，基金是一个狭义的概念，意指具有特定目的和用途的资金。我们现在提到的基金主要是指证券投资基金。证券投资基金，是指通过发售基金份额募集资金形成独立的基金财产，由基金管理人管理、基金托管人托管，以资产组合方式进行证券投资，基金份额持有人按其所持份额享受收益和承担风险的投资工具。下文所称的基金即为证券投资基金。

基金作为一种普及化的投资品种已经被绝大多数投资者接受，因为基金拥有众多的优点，所以才能成为普通投资者的必备选项之一。

1. 专业的人做专业的事

基金实行专家管理制度，这些专业管理人员（基金经理）都经过了专门训练，具有丰富的证券投资和其他项目投资经验。基金管理人一般拥有大量的专业投资研究人员和强大的信息网络，能够更好地对证券市场进行全方位的动态跟踪与深入分析。将资金交给基金管理人管理，使中小投资者也能享受到专业化的投资管理服务。

2. 获得资金规模优势

①集合投资。基金是这样一种投资方式，它将零散的资金巧妙地汇集起来，交给专业机构投资于各种金融工具，以谋取资产的增值。

②分散风险。基金可以实现资产组合多样化，分散投资于多种证券。通过

多元化经营，一方面借助于资金量庞大和投资者众多的优势，使每个投资者面临的投资风险变小；另一方面又利用不同的投资对象之间的互补性，达到分散投资风险的目的。

就拿股票来说，中小投资者由于资金量小，一般无法通过购买数量众多的股票分散投资风险。而基金通常会购买几十种甚至上百种股票，投资者购买基金就相当于用很少的资金购买了一篮子股票。在多数情况下，某些股票价格下跌造成的损失可以用其他股票价格上涨产生的盈利来弥补，因此可以充分享受到组合投资、分散风险的好处。

3. 利益共享、风险共担

基金实行利益共享、风险共担的原则。基金投资者是基金的所有者。基金投资收益在扣除由基金承担的费用后的盈余全部归基金投资者所有，并依据各投资者所持有的基金份额比例进行分配。为基金提供服务的基金托管人、基金管理人只能按规定收取一定比例的托管费、管理费，并不参与基金收益的分配。

4. 按既定规则运行

无论何种类型的基金，在其运作之前必然都需要确定相关的运作模式与投资规则，在这一点上，任何人都不能够违反。这样是为了有力地约束各方，最大限度地保障基金投资者的利益。

然而，之所以说基金是普通投资者的必备选项，并不只是因为基金具备的优点，而是因为其优点正好可以弥补普通投资者的缺点。普通投资者有哪些缺点呢？

①资金量小，受各种投资品准入门槛限制。普通投资者因为个人的资金量有限，很多理财产品的大门并不对其开放，如信托理财是百万起步，很多优质信托产品的投资门槛更是到了 300 万元。即使是新规则下的银行理财，很多产品的起点也是 5 万元。而目前很多基金的投资起点来到了 10 元，甚至有一部分基金 1 元就可以投资了。所以，小额资金想要投资理财，基金是一个不错的选择。

②投资标的选择单一。因为受资产与知识面的种种限制，很多投资者在理财时会感到除了房产与股票之外，唯一能选的就是银行理财产品了。可是实际上投资理财还有很多选择，而通过选择基金是可以很好地解决这个问题的。与此同时，基金本身的投资标的也是多种多样的，比如股票、国债、公司债、黄

金、银行存款，不同风险、不同收益的标的基金均可以投资，甚至基金还可以投资基金。

③专业知识受限。不可否认的是，投资理财是一件带有很强专业性的事情，需要经过长期学习与经验积累。

④精力有限，信息收集渠道匮乏。现代生活节奏非常快，人们很难有时间去收集、分析各种财经类、投资类信息。

⑤自我约束能力有限。即使是投资大师也很难约束自己，其投资生涯往往是一部自我控制史。

通过以上优缺点的对比，大家就明白了为什么基金是普通投资者的必备选项。但是这并不是说基金就毫无缺点，其缺点也非常明显。

①会产生费用。任何基金都需要管理人与管理机构，自然就会产生费用。基金并不能保证100%盈利，而仍旧需要缴纳管理费用，对于投资者来说这是一项必须考虑的因素。

②管理者水平。一只基金最终投资结果的好坏，在很大程度上是由基金管理者水平决定的。如何判断管理者水平，是一个非常复杂的问题，且很难得出确定答案。

③策略固定，难以调整。基金最大的优点就是会确定很多规则，但是这样一来就会使资金使用上缺乏灵活性，难以调整。

任何投资品种都不可能是完美的，都会有其优缺点。之所以推荐普通投资者考虑基金，并不是因为其没有缺点，而是因为其优点可以与普通投资者的缺点进行有效互补。

2.2　基金定投的多种分类方式

根据不同标准，可以将证券投资基金划分为不同的种类。

（1）根据运作方式的不同，可以将基金分为开放式基金和封闭式基金。

①封闭式基金，是指基金发行总额和发行期在设立时已确定，在发行完毕后的规定期限内发行总额固定不变的证券投资基金。封闭式基金的投资者在基金存续期间内不能向发行机构赎回基金份额，基金份额的变现必须通过证券交易场所上市交易。基金单位的流通采取在证券交易所上市的办法，投资者日后买卖基金单位，都必须通过证券经纪商在二级市场上进行竞价交易。封闭式基金因为会对资金进行封闭式管理，所以资金使用效率更高，这是其优点。但是因为其管理的资金会进行封闭式管理，对投资人的资金占用时间较长，这又是

需要投资人注意的。

②开放式基金，是指基金单位或者股份总规模不固定，可视投资者的需求，随时向投资者出售基金单位或者股份，并可以应投资者的要求赎回发行在外的基金单位或者股份的一种基金运作方式。此类基金是普通投资者最常接触到的基金类型，其门槛低、投资方便，所以也是目前基金市场中的主流产品。购买此类基金时的着重点是看基金经理水平、投资策略、申购赎回费用、成分股、配置行业等。

（2）根据法律形式的不同，可以将基金分为契约型基金、公司型基金等。

不同的国家（地区）具有不同的法律环境，基金能够采用的法律形式也会有所不同。目前我国的基金全部是契约型基金，而美国的绝大多数基金则是公司型基金。组织形式的不同赋予了基金不同的法律地位，基金投资者所受到的法律保护也因此有所不同。

（3）根据募集方式的不同，又可将基金分为公募基金和私募基金。

私募基金和公募基金的区别如表 2.1 所示。

表 2.1　**公募基金和私募基金的区别**

	公募基金	私募基金
1. 募集对象	广大社会公众，不特定投资者	特定投资者，包括机构和个人
2. 募集方式	公开发售	非公开发售
3. 信息披露要求	严格要求	要求很低，具有较强保密性
4. 投资门槛	1 元起	100 万元起
5. 投资对象	以标准化资产为主（如：债券、股票等）	非标资产居多（如：非标债权、股权等）
6. 业绩报酬/激励机制	管理费	业绩提成
7. 投资目标	超越业绩比较基准，追求同类排名	追求绝对收益和超额收益

值得注意的是，公募与私募因为阳光私募产品的出现，产品界线已经没有过去那么清晰，两者核心差别还是体现在投资风格上，往往是公募投资策略固定，风格保守，而私募产品风格更加激进灵活，成败更多取决于基金经理的水平。

（4）按投资标的不同划分。

①股票型基金：基金资产80%以上投资于股票的为股票型基金。股票型基金投资股票的比例很高，所以这类基金在所有基金类型中风险最高，但长期收益也最高。

②债券型基金：是指以国债、金融债等固定收益类金融工具为主要投资对象的基金，因为其投资的产品收益比较稳定，又被称为“固定收益基金”。根据投资债券的比例不同，债券型基金又可分为纯债券型基金与偏债券型基金。

③混合型基金：是指投资于股票、债券以及货币市场工具的基金，且不符合股票型基金和债券型基金的分类标准。根据股票、债券投资比例以及投资策略的不同，混合型基金又可以分为偏股型基金、偏债型基金、配置型基金等多种类型。这样做可以使混合型基金非常灵活，基金经理可以根据市场的变化调整投资策略。当股市上涨，可以加大股票投资力度、降低债券的配置比例，以获取更大投资收益；当股市下跌，又可以反向操作，增加债券的投资比例，回避股市的高风险。

④货币型基金：它只投资于货币市场。一般来说，我们将投资期限在一年以下的金融市场称为货币市场，投资品种主要包括银行短期存款、国家和企业发行的一年以内的短期债券等。这些投资品种可以较好地保障本金的安全，但也决定了货币基金在各类基金中的风险和长期收益都是最低的。大家最常接触到的货币型基金就是余额宝了。

（5）根据投资目标的不同，可以将基金分为增长型基金、收入型基金和平衡型基金。

增长型基金是指以追求资本增值为基本目标，较少考虑当期收入的基金，主要以具有良好增长潜力的股票为投资对象。收入型基金是指以追求稳定的经常性收入为基本目标的基金，主要以大盘蓝筹股、公司债、政府债券等稳定收益证券为投资对象。平衡型基金则是既注重资本增值又注重当期收入的一类基金。

一般而言，增长型基金的风险大、收益高；收入型基金的风险小，收益较低；平衡型基金的风险、收益介于上述两者之间。根据投资目标的不同，既有以追求资本增值为基本目标的增长型基金，也有以获取稳定的经常性收入为基本目标的收入型基金和兼具增长与收入双重目标的平衡型基金。不同的投资目标决定了基金的基本投向与基本的投资策略，以适应不同投资者的投资需要。

（6）根据基金投资策略划分。

根据投资策略分类，主要分为被动管理型基金和主动管理型基金。

被动管理型基金一般指的是指数基金。那什么是指数呢？指数，指根据某些采样股票或债券的价格所设计并计算出来的统计数据，用来衡量股票市场或债券市场的价格波动情形。指数基金，顾名思义就是以特定指数（如沪深 300 指数、标普 500 指数、纳斯达克 100 指数、日经 225 指数等）为标的指数，并以该指数的成分股为投资对象，通过购买该指数的全部或部分成分股构建投资组合，以追踪标的指数表现的基金产品。

这里需要引申出两个非常重要的概念。第一，指数的三大分类：综合指数、宽基指数和窄基指数。

综合指数通常会涵盖某个市场上所有的股票，反映的是全市场的整体走势，但是一般没什么实际的投资意义。例如：上证综合指数、深圳成分指数就是典型。

关于窄基和宽基的具体定义，可参考美国的证券期货监管机构规定的标准：

①宽基指数。宽基指数的定义为：a. 含 10 个或更多个股票；b. 单个成分股权重不超过 30%；c. 权重最大 5 个股票累计权重不超过指数 60%；d. 成分股平均日交易额超过 5000 万美元，如果指数至少有 15 个股票则超过 3000 万美元；美国最有代表性的就是标普 500，中国最有代表性的是上证 50、沪深 300。

②窄基指数。与宽基指数相对的就是窄基指数了。相比宽基指数的行业多、股票多，窄基指数行业选择更为集中，包括各类风格指数、行业指数、主题指数等。例如笔者基金定投组合中的医药 100、证券行业指数、中证医疗指数等。

关于如何进行组合（宽基+行业）定投，笔者将在后文详细论述。

第二，增强型基金。指数增强型基金并非纯指数基金，是指基金在进行指数化投资的过程中，为试图获得超越指数的投资回报，在被动跟踪指数的基础上，加入增强型的积极投资手段，对投资组合进行适当调整，力求在控制风险的同时获取积极的市场收益。一般来说，笔者是不建议投资指数增强型基金的，因为其在费率更高的同时，是否能取得超越所跟踪指数的投资回报也存在极大的不确定性。

和被动管理型基金相反，主动管理型基金是以寻求取得超越市场的业绩表现为目标的一种基金，需要由基金经理对证券市场进行深入研究，主动选择股票和债券来确定投资组合。各国证券市场的历史证明，绝大多数的主动管理型基金最后的业绩不一定比相关的主流指数基金要好。但是每年收益最高的基金排名之中，又基本上是主动管理型基金。也就是说，主动管理型基金的好坏标准主要看基金经理，被动管理型基金的优劣主要看交易标的与策略选择。

（7）特殊类型基金。

①ETF。

交易型开放式指数基金，通常又被称为交易所交易基金（Exchange Traded Funds，ETF），是一种在交易所上市交易的、基金份额可变的一种开放式基金。

交易型开放式指数基金结合了封闭式基金和开放式基金的运作特点，投资者既可以向基金管理公司申购或赎回基金份额，同时，又可以像封闭式基金一样在二级市场上按市场价格买卖 ETF 份额，不过，申购赎回必须以一篮子股票换取基金份额或者以基金份额换回一篮子股票。由于同时存在证券市场交易和申购赎回机制，投资者可以在 ETF 市场价格与基金单位净值之间存在差价时进行套利交易。套利机制的存在，使得 ETF 避免了封闭式基金普遍存在的折价问题。

根据投资方法的不同：ETF 可以分为指数基金和积极管理型基金，国外绝大多数 ETF 是指数基金。目前国内推出的 ETF 也是指数基金。ETF 指数基金代表一篮子股票的所有权，投资者买卖一只 ETF，就等同于买卖了它所跟踪的指数，可取得与该指数基本一致的收益。通常采用完全被动式的管理方法，以拟合某一指数为目标，兼具股票和指数基金的特色。

②ETF 联接基金。基金公司为了让普通投资者也能轻松投资 ETF 基金，就复制了 ETF 的投资组合，推出了 ETF 联接基金。ETF 联接基金是指将其绝大部分基金财产投资于跟踪同一标的指数的 ETF（即目标 ETF），密切跟踪标的指数表现，追求跟踪偏离度和跟踪误差最小化，采用开放式运作方式的基金。ETF 联接基金资产中，投资目标 ETF 不得低于基金资产净值的 90%。

③LOF。

LOF 基金，英文全称是“Listed Open-Ended Fund”，汉语称为“上市型开放式基金”，也就是上市型开放式基金发行结束后，投资者既可以在指定网点申购与赎回基金份额，也可以在交易所买卖该基金。不过投资者如果是在指定网点申购的基金份额，想要上网抛出，必须办理一定的转托管手续；同样，如果是在交易所网上买进的基金份额，想要在指定网点赎回，也要办理一定的转托管手续。LOFs 是一种既可以同时在场外市场进行基金份额申购或赎回，并通过份额转托管机制将场外市场与场内市场有机联系在一起的一种开放式基金。

④QDII 基金、QFII 基金。

QDII 是 Qualified Domestic Institutional Investor（合格的境内机构投资者）的首字缩写。它是在一国境内设立，经该国有关部门批准从事境外证券市场的股票、债券等有价证券业务的证券投资基金。与此相应地还有一类基金是 QFII（Qualified Foreign Institutional Investors），QFII 是指合格境外机构投资者，即外国投资者将资金转换为本国货币，投资于国内证券市场。

⑤分级基金。

分级基金又叫结构型基金，通过对基金收益或净资产的分解，形成两级（或多级）风险收益表现有一定差异化基金份额的基金品种。其中，分级基金的基础份额称为母基金份额，预期风险和收益较低的子份额称为 A 类份额；预期风险、收益较高的子份额称为 B 类份额。不过，随着监管的深入，分级基金在未来或将慢慢消亡。

⑥FOF 基金。

基金中的基金（Fund of Funds，FOF）是一种专门投资于其他投资基金的基金。FOF 并不直接投资股票或债券，其投资范围仅限于其他基金，通过持有其他证券投资基金而间接持有股票、债券等证券资产。

我们来看看 FOF 有哪些投资优缺点。

先说优点：

a. 克服难以选择的问题。面对庞大的基金市场，基金投资者在市场投资中最常遇到的一个问题就是难以分辨产品优劣，很多投资者看了很多干货还是不知道如何挑选，所幸眼睛一闭随缘吧，于是就有很多投资者因为投资了不合时宜的基金而产生较大亏损。但是 FOF 有着更专业的团队来为你选择基金，减少踩雷风险。

b. 多元化。投资者投资 FOF 基金等于间接地投资了多支基金产品，这样能有效避免鸡蛋放在一个篮子里的巨大风险。同时，专业的母基金团队还能通过资产配置获得一定预期年化收益。从预期年化收益特征的角度来看，FOF 基金最大的意义就是降低波动。此外，FOF 另一个内在的好处就是由专家出面，帮我们来进行基金资产配置，应该投资多少股票基金，多少债券基金，多少 QDII 基金，这些我们都不用操心，直接交给基金经理就可以了。

c. 规模效应。一般来说，FOF 基金是作为一个渠道，它可以投资一些高门槛或者名额稀缺的私募基金，原因是 FOF 基金可以将募集到的个人投资者资金以机构投资者的身份进行投资。

再来说说缺点：

a. 双重收费机制。由于 FOF 基金的管理人有两层，分别为母基金管理人及子基金管理人，自然，FOF 基金向投资者收取管理费就会出现双重收费的情况。不过近年来证监会也在减少双重收费，FOF 基金经理投资于公司内部的这部分费用就被免去了，可是如果投资于其他基金公司，还是要收取申购费和管理费两部分费用。所以 FOF 的费率会高于普通基金。

b. 牛市收益低。FOF 主要追求的是稳健收益，将资金分别投资于不同基金，这样波动更小。熊市震荡市中分散了风险，牛市也势必会分散收益。

c. 偏向性。有一部分基金经理更偏向于选择自己公司的基金来进行投资，这样做就有点本末倒置了。一个基金公司的实力毕竟是有限的，只投一家明显做不到合理有效地资产配置。

⑦养老目标基金。养老目标基金是以追求养老资产的长期稳健增值为目的的基金。此类基金主要分为目标日期策略和目标风险策略两类。

a. 目标日期基金。基金名称中带有目标日期，如 2035 适合 2035 年左右退休的人群。基金会随着目标日期的临近，逐步降低权益资产的比例，增加非权益类资产，以逐步降低波动性。通俗地说，年轻的时候风险和收益波动较高，越接近目标退休日期，风险和收益则逐步降低。

b. 目标风险基金。基金产品的风险是固定的，不会跟随时间变化。基金经理根据特定的风险偏好来进行投资，为投资者提供不同风险等级的养老投资方案，投资者需要根据自身情况选择相应风险水平的基金。这样的基金名称通常带有“稳健养老”“平衡养老”“均衡养老”等。

基金的基础知识就介绍到这里，从下一节开始，我们将正式进入本书的重点——基金定投。

2.3 基金定投的“五定一目标”

定投是一种方法，关键字是定——确定、认定、一定。基金是一种投资品，最常见的定投品种是股票型基金。从字面意思上来看，实际上就已经概括基金定投的所有核心要义了。

基金定投要确定好以下几个要素：

（1）确定定投基金品种，这是基金定投的根本。未来定投方式的所有设定都是围绕基金品种来进行，所以确立基金品种最为关键。

（2）确定定投时间。基金定投是以时间轴为基本准则的投资方式，通常情况下我们以一个月为定投周期，这是因为基金定投主要面向的是工薪阶层，按月发工资。定投的时间可以根据自己的收入时间点来确定，基本上定投间隔时间越密，定投额就越小，定投减波动效应也就越明显。如果是按周定投，笔者建议可以选择星期四，没什么特别的原因，就是历史数据告诉我们，选择星期四获利的概率要比剩余几天高那么一点点。当然大家也可以根据自己的幸运日和习惯来确定。

（3）确定定投金额。既然是投资那就需要确定金额，通常意义上基金定投的额度不要超过你每个月结余收入的 20%。当然，具体的金额还跟你定投基金的目标有关，比如你希望这笔定投基金未来能够帮你养老，那么你就需要根据你的养老标准，再假设一个保守目标收益来确定投资额度。

（4）确定定投再平衡策略。所谓再平衡策略指的是针对定投基金实际的涨跌情况增加或减少定投额，以及止盈或止损的投资操作。这要根据你定投基金的总体策略来进行调整，例如笔者定投基金医药 100 是为了未来养老做准备。那么未来 20 年里除了牛市后半段会暂时赎回外，其他任何时间只要是大跌笔者就会加倍当月定投额度。这就是一种再平衡策略，这并不是随机选择，而是需要你在定投前就确定的策略，并且严格执行。

（5）确定你的预期与风险承受能力。收益与风险就是投资这枚硬币的正反两面，人们往往只想着收益，而忽视风险。不同定投逻辑下的定投品种在不同阶段所要承受的风险是不一样的，比如目前市场比较流行的定投品种有银行行业指数、上证 50 等，这些品种明显安全边际较高，波动较小，所要承受的风险也要小很多。但是上证 50、银行行业指数基金是市场上最大的权重股，代表着市场整体的重心，收益率也比较低。如果投资创 50、中证 1000 等指数，所要承受的波动与风险就非常大，是否能够坚持到最后，则要打一个大大的问号。例如 2016 开始定投创 50 或中证 1000 需要承受持续 2 年的阴跌，虽然 2019 年其涨势喜人，最终利用微笑曲线原理也可以获得不错的投资收益。可是最终能有多少比例的基金定投者能挺过这两年的低潮期？基金定投是一个漫长的积少成多的过程，在投资前如果不能思考清楚，做好相应的心理准备，笔者不认为一般投资者能够通过定投获得良好的投资收益。目前网上有一种定投是所谓的“躺着赚钱”的论调是极其可笑的！

（6）基金定投的使用案例与方法。如给子女储存教育基金，给自己存养老基金等。因为基金定投的投资时间比较长，通常是以年为单位，或是以一个牛熊周期为单位，甚至是以行业发展周期为单位，所以基金定投可以通过时长来设计自身的理财目标。

例如，笔者给自己姐姐设计的定投方案，她因为生育孩子从单位离职，后期自主创业，做了点小生意，没有交五险一金，个人养老就成了她的大问题。而且“80后”未来将面临老龄化社会问题，预计到时社会保障系统无法保障高质量的老年生活。所以这个定投计划是为了保障未来老年生活有充足的流动资金，并以提供较为优质生活质量为前提。

人无远虑，必有近忧，30年后的大问题需要在今天未雨绸缪，积细流成百川，这也是笔者对所有跟我一样的“80后”的一个忠告。纵观A股所有的指数型基金，什么基金能够保证在20~30年内处于一个黄金期呢？解铃还须系铃人，养老的第一大问题就是医疗保障问题，当“60后”进入60岁意味着中国最富有的一代人的医疗医药需求进入又一个井喷期。而当“80后”进入中老年时，则意味着中国医药医疗行业进入了一个最顶峰阶段。解决问题的答案其实也在问题上，所以笔者建议姐姐每个月定投1500元医药100，如果收入条件可以的话再追加500~1000元医疗行业指数。具体分析后面的实战文章会有详细说明。

只有对基金定投有了以上的理解，我们才能来谈如何运用基金定投这种理财方式。

基金定投由两部分组成，第一是基金，第二是定投。就像打篮球一样，打是一个动词，可以是打网球，也可以是打乒乓球等。篮球则是一个名词或者指一种范围。基金定投是指我们用一种特定方式投资基金。所以我们需要做好两者之间的结合，基金投资理论是基础，定投是一种配置方式。

前文笔者为大家简析了定投的“五定一目标”。确定这些要素是为了寻求合适特性的基金来匹配目标，通常情况下有一点是非常确定的，定投类基金绝大部分是股票型基金与指数型基金。

除此之外基金因为其成分股和制定规则不同，会展现出完全不同的特征：周期性特征、震荡特征、牛熊特征、估值特征、行业特征，等等。总的来说，基金定投就是在设立投资目标的前提下，利用定投的四定规律去设计基金投资，力求抓住相关基金的内在涨跌规律。每一个成功的基金定投都是一个复杂投资逻辑的完美体现。

2.4 基金定投的优点解析

2.4.1 现在与未来的理财烦恼

我们要为长远打算，因为过去没有准备而造成了如今的困境，现在不为未来做准备，那么未来也会碰到像今天一样的困局。那么我们在投资理财方面正面临着哪些困难？未来又如何呢？

国人理财始终绕不开两个选择：是投资基金股票，还是坚持投资房产。在大家的印象里，可能在过去二十年，对于普通人来说最合适的投资方式无疑就是按揭买房（见图 2. 1）。

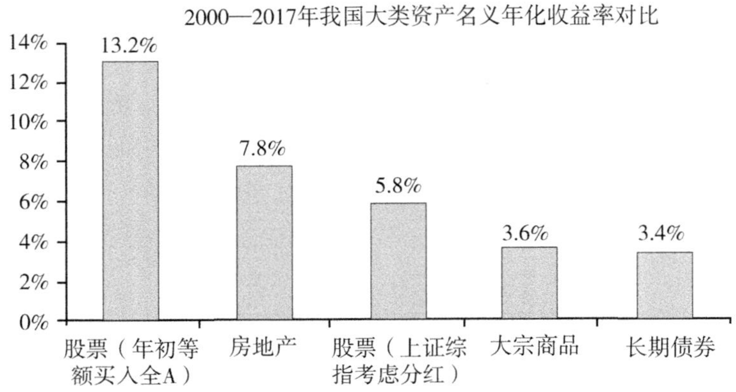

图 2. 1　过去二十年房产与股市资产回报率比较

资料来源：海通证券《2019 年 A 股投资策略》。

解析：（1）房产绝对投资收益率没有个人主观感觉高，按照复利 72 原则，房价需要 9. 5 年左右才能够翻倍。这个增长量似乎与过去 20 多年我们的主观感受还是有一定的差距。形成这种感受的原因有两条，第一个是没有将杠杆也就是房贷收益计算在内。因为个人首付最低只需 3 成左右，即使加上各种税费、利息，房产投资的实际收益年化也超过 10%。第二个就是中国太大，全国一平均之后，居住在一二线城市的人们就会感觉和实际情况差距比较大。说到底房地产市场并不是一个绝对的统一市场，每个地方的情况差异还是比较明显的。

（2）股票的收益率比个人主观感受要高得多，对股票市场收益率的这份统计多少让人有一些意外。但是数据并不会说谎，股市收益情况不佳的感受主要来源于两点。第一点，上证综合指数已经连续 11 年在 3000 点左右徘徊，即使是 2015 年的杠杆牛市也没有突破 2007 年的 6000 点高点。第二点，因为绝大多数普通散户投资股市都是处于亏损状态。这是因为股市本身是一个博弈市场，所有投资者都是以赚取价差的方式来获利，这对普通投资者而言是不利的。再则，股票指数并不能全面反映市场，股市本身的变化要比房地产复杂得多。

经过以上分析，我们不难看出的是从实际操作来看，普通人通过分期购房的方式获得的投资收益还是最高的，且操作方便易实现。而投资股市同理，即以定投的方式长期坚持，同样是普通人参与股市的最佳方式。

资产的价格最终是由三方面因素所决定的：首先是国家经济稳定发展，时代造英雄。中国改革开放四十年来，我国经济始终保持高速发展，这是一切投资的决定因素，时代成就个人，个人的命运始终与国家是高度捆绑的，而财富也只是其中一个方面。其次，价值需要在足够长的时间里才能决定价格，所有资产的价格都是变动的，只有其内在价值在不断上升的过程中能够最终体现在其市场价格上。近二十年房产价格并不是每时每刻都在上涨，2018—2019 年这两年全国绝大多数地区二手房价格是明显有一定降幅的。但是中国人口稠密，青年人口向一二线城市聚集的事实是改变不了的，核心城市土地价格长期上涨是改变不了的，这些最终会体现到房价上。相较于股票投资，房地产普通投资者在耐心上明显更胜一筹！最后，物价上涨，价格的上涨相当一部分实际上是物价上涨，或者说是通货膨胀。对于一二三线城市而言，CPI 是明显失真的。因为它并不能全面反映出这些城市真实物价上涨水平，长期以土地和人工为核心价格上涨，本身就会带动房价的上涨。钱越发不值钱是经济持续发展的必然，同时也会促进投资品的价格上涨。

长期投资有价值的投资品，才是投资获利不变的真理。

2.4.2 未来“70 后”“80 后”“90 后”面临的三大财务问题

（1）国家养老体系将经受人类有史以来最快老龄化的考验，社保系统无法保证有质量的晚年生活。

发达国家经济发展进入低增长阶段后，社会的首要问题就变成了老龄化带来的养老问题。在这一点上我们的邻居日本无疑是最好的例证。日本平均退休年龄达到了 68 岁，这个年龄十分接近我国男性的平均寿命。在我国，尤其是“80 后”“90 后”这两代人面临的情况则更加严峻，国家未富先老，未来将面临极速老龄化的问题。所以，未来养老问题会是这几代人都会面对的重要课题。中日两国 65 岁及以上老人人口总数比较如图 2.2 所示。

（2）房产不再是稀缺资源，未来财产流动性与变现能力倍受考验。

2019 年马云在阿里的集体婚礼上戏称要多生孩子，这才是第一生产力。在可以预见的未来，房产将由卖方市场转为存量市场，投资价值的下降成为必然。更为重要的是未来房地产税所带来的财务压力，以及房地产流动性差等都

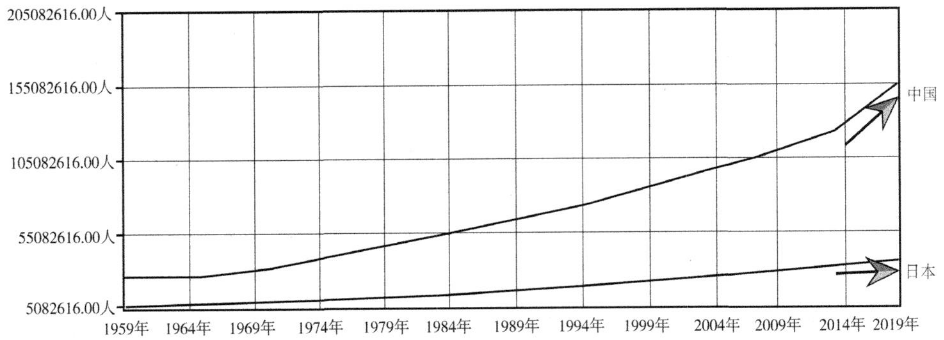

图 2.2　中国、日本 65 岁及以上老人人口总数统计比较

资料来源：网上公开资料。

是问题，指望以房养老不太现实。

（3）资产保值增值空间与渠道不断收小。

每一代人都有属于自己的时代机遇，但是随着社会经济持续发展，低息社会必然会到来，各种投资产品的收益率会持续下降。社会财富、阶层也会日益固化，投资创业的机会都会相对减少。

我们来梳理一下未来需要解决的理财问题：

首先，投资收益率要达到保值与增值的效果，也就是年化收益率要达到6%~8%甚至以上，否则很难追上真实意义上的货币贬值率。

其次，我们最需要解决的是远期问题，所以我们的理财需求要立足于长远。因为短期内我们还将处于收入增长期，社会各方面经济要素都将保持强劲。我们需要担心的是未来，未来能否保持会对我们的生活造成很大的影响。

最后，目前国人在财务方面最大的问题是缺乏流动性，因为房产占到财产总比例的 7 成以上，而房产最重要的问题就是缺乏流动性。所以无论是基于投资理财科学性，还是基于未来我们养老过程，都需要更高比例的流动性资产，以保证我们的生活与发展。

以上三点基金定投都能够满足，因为基金定投拥有几点非常明显的优势，我们将在下一小节说明。

2.4.3　基金定投的优点解析

（1）积少成多，投资门槛低。

基金定投标的对应的是公募基金，在投资过程中基本没有什么门槛，通常每次投资额只需要达100元甚至10元即可。因为门槛低，我们可以根据自己实际财务状况灵活安排，完全可以实现积少成多。

此外，基金定投过程中因为每次定投的金额和时间都是事先定好的，而相关投资平台也会自动进行扣款，因此这里面就带有强制储蓄功能。

（2）分享中国高经济增长红利，博取超额收益机会。

巴菲特在2018年伯克希尔·哈撒韦年度股东大会中发表过从长期看股票市场的投资风险要小于债市的论点。这是很多普通投资者无法理解的，想要解释清楚也是一个系统性工程，但简而言之，在追求高收益过程中，债市的风险是高于股市的。债券所面临的风险是断崖式风险，一旦出现问题就有可能血本无归。所以债券市场投资需要极为严格的风险管控，但是依然没有办法回避掉一些信息不透明造成的风险损失，尤其是投资一些收益率较高的债券。相对而言，股票市场价格波动是常态，高风险带来的也是高收益，而债券的收益却是相对固定的，风险也处于不断变化之中。所以在追求高收益过程中，债市的缺点就是收益与风险容易出现错配。

所以在投资过程中，当我们准备博取较高收益的可能时，投资股票明显要比债券更为合理，只是证券市场的波动性、专业性是很多普通投资者难以把控的，这点在A股这种半有效市场体现得更为明显。从实战经验来看，基金定投可以比较好地解决这些问题。从长期看，普通人能接触到的比较好的投资渠道中，除了房产能战胜货币贬值的速度以外，也就只有权益类投资了。

（3）对抗人性，克服投资难点。

“人生的道理懂得不少，可是就是过不好自己的人生！”这就是所谓的知易行难，这一点在证券类投资中更是体现得淋漓尽致。很多人天真地以为看过几本经典投资书籍就可以做好股票投资，但从实际情况看不过是成为新一波“韭菜”而已。人性的弱点是很难战胜的，而长时间的基金定投可以通过小额投资的积累和长时间的验证，来拉平人性波动所带来的巨大风险，最大程度上减少人性的扰动。虽然不一定适用于所有人，但是即使失败，相对而言“学费”成本也是最低的。

（4）培养优秀品质，提高人生质量。

基金定投除了投资积累外，还会给人带来很多其他“副产品”，而这其中大多数都是积极影响。比如说：①强制定投实际上就是强制储蓄，是一个人的忧患意识的体现与落实，这对于一个人的长远眼光与思维深度是有很大提升的。②增加安全感、成就感。这就好比一个人跑完马拉松后最大的感受不是累，而是喜悦与成就感。基金定投长时间的成功投资本身并不是一件简单的事情，在取得理想投资收益的同时会收获很多很好的体验。

2.5　基金定投的第一要素——时间

时间是基金定投最重要的投资组成要素，同时也是基金定投的第一要素。

在常规思维下我们当然认为基金定投的第一要素是资金，但是在投资过程中你会发现连接基金与定投两者的实际上是时间。所以说时间才是基金定投过程中的第一要素。

1. 时间战胜波动

“通过定投指数型基金标普 500，你将可以战胜市场上绝大多数专业投资者!”这是股神巴菲特多次给予普通投资者的建议，这其中的原因是多方面的，这里我们只解释其中一个，即定投的方式可以帮助你战胜市场的波动。最直观的解释就是“微笑曲线”。

2. 时间积累筹码

基金定投会利用每月收入结余来进行投资，而不是用一整份资金化整为零的投资方式，因此基金定投需要一段很长的时间来积累筹码。如果是一整份大额资金，那会造成资金的沉淀效应，要付出非常大的机会成本。基金定投的起始时间点通常不建议选在基金步入强势期时，因为 A 股自身的特性，行情持续时间较短，很容易造成定投初期仓位低时小赚，等到仓位重时大亏的现象。

这个时间成本有几个标准：

①最低标准，市场无风险收益率。目前市场上无风险投资有三个标准可以借鉴，以 2019 年 11 月数据来看，货币型基金平均年化收益率已不足 3%，五年期国债、部分商业银行五年期存款利率也只有 3%左右（见图 2.3），小银行和民营银行可能会高一点，但也只有 4%+，大部分不到 5%。如果我们将整份资金用于定投，那么就需要考虑闲置资金的成本。当然，即使是将暂时不投资的资金用于无风险投资也未必合算。

②工薪阶层的合理参考标准应当是当年的房贷利率。目前国内绝大部分家庭身背房贷，所以资金的有效投资收益率应该至少要和房贷利率持平。自贷款市场报价利率（LPR）新机制改革至今，已经公布了三期 LPR 利率，5 年期报价均维持在 4. 85%的水平。

除了不适合短时间投资和整份大额资金需要付出一定的时间成本以外，定

日期	中国：国债收益率(%)				
	2年	5年	10年	30年	10年-2年
2019-10-30	2.78	3.12	3.31	3.92	0.54
2019-10-29	2.75	3.08	3.30	3.91	0.56
2019-10-28	2.73	3.06	3.29	3.91	0.57
2019-10-25	2.72	3.03	3.24	3.86	0.51
2019-10-24	2.72	3.02	3.22	3.84	0.50
2019-10-23	2.72	3.03	3.21	3.84	0.49
2019-10-22	2.73	3.04	3.22	3.84	0.49
2019-10-21	2.74	3.03	3.22	3.85	0.48
2019-10-18	2.73	2.98	3.19	3.82	0.46
2019-10-17	2.72	3.00	3.16	3.78	0.43
2019-10-16	2.73	3.01	3.17	3.79	0.44
2019-10-15	2.70	3.05	3.17	3.80	0.46
2019-10-14	2.70	3.05	3.16	3.78	0.46
2019-10-12	2.69	3.05	3.17	3.79	0.48
2019-10-11	2.69	3.04	3.16	3.76	0.47
2019-10-10	2.68	3.02	3.13	3.75	0.45
2019-10-09	2.69	3.00	3.11	3.73	0.42
2019-10-08	2.71	3.00	3.11	3.73	0.39

图 2.3　中国国债收益率

资料来源：中国债券信息网。

投不适合整份大额资金投资的另外一个原因是由基金定投本身最大的优点决定的。基金定投是通过在价格波动曲线上均匀地进行分布，从而力争达到一个中枢成本价格，并且在仓位较重、曲线明显高于中枢线时获利了结。如果将整份资金投资，则意味着资金无法在一个较长时间区间内均匀分布，也就无法达到基金定投战胜价格波动的目的。

定投比例的设定：

房贷+车贷+基金定投总量不超过月收入的 40%，基金定投单个品种不要超过月收入的 20%。曾经有过统计，如果当月房贷占到月收入的 40%，就会严重影响到购房者的生活质量。定投在某种程度上和房贷非常相似，都是在每月固定时间扣款，想做好基金定投就要像还房贷一样必须坚持，而且有时甚至不要把它当投资，而是当作还债。当然如果超出了相应的比例，那就需要投资者根据个人情况来权衡了。

3. 时间体现投资逻辑

定投标的基金最终还是由股票组成，而股票的长期趋势虽然是由标的公司经营状态所决定，但是其价格却依然受多种因素共同影响。股票价值最终决定其价格的投资定律是需要时间来体现的。定投基金通常以指数型基金为佳，而这类基金的成分股在内在的特点上必然有共同之处。

例如上证 50 这种以大权重和行业龙头为代表的纯指数型基金，这是中国经济的核心主干力量，再加上 2016 年平准基金和各种政策性长线资金的入市，上证 50 在无形之中还承担了稳定与调节市场的作用。从 2016 年至今我们可以看到上证 50 的走势要比上证综指走势更强，波动幅度更小，所以上证 50 成分股之间的趋同点表现为两点：中国最主要经济门类的龙头股票，政策性资金调控重点品种。

再比如医药 100 这种以行业为标的的基金。其制定标准是选取医药行业排名前 100 位的医药公司来按权重进行分散投资，那么定投这个基金品种看中的就是医药行业整体的未来发展。但是同时我们可以看到 2018 年开始的多项行业改革，如两票制、一致性评价、带量采购等造成行业长时间超跌。不过如果我们把时间线拉长到五年甚至是十年，就可以很容易判断医药行业的未来是非常光明的，毕竟中国老龄化和经济发展都是其坚强的后盾，所以这时反而是比较好的投资机会。

4. 时间增强投资信心

A 股市中一直有一个说法叫“七亏二平一赚”，实际上就是形容普通散户要在这个市场里长期赚钱并不是一件简单的事情。因为散户有两大特征：频繁短线交易，心态起伏大。这两点表明这些散户短期投资额度较大，再加上 A 股本身的波动属性也非常强，在价格的波动过程中投资者很难保持良好的心态，自然也就很难管住手从而频繁交易了。基金定投因为每个月的投资额度比较小，对于投资者保持良好心态有很好的缓解作用。经过深思熟虑的定投策略在一个比较长的时间里必然会慢慢得到验证，即使定投后期仓位较重时也能保持好心态。这也是基金定投非常适合普通投资者的一个极其重要的原因。

2.6　基金定投再平衡策略解析

很多人对基金定投有两个误解，一个误解是基金定投每个月、每个阶段都需要根据市场的变化情况进行调整，也就是积极型定投。另外一个误解则是无论行情如何变化都照常定投，采用“不管不顾”式的投资方式，也就是消极型定投。前者的投资逻辑是为了追求完美，后者的投资逻辑则是为了最大程度降低人为因素的影响。以笔者十年的证券投资经验、历经两轮牛熊市的定投经验来看，后者的投资效果要比前者强太多。所以如果你是一个自制力极强、专业能力过硬的投资者，个人建议你采取前者，普通投资者则建议后者。

不过作为一个职业投资者，追求完美是基本的职业素养，笔者将以近一段时间的行情为基本，并结合实战为大家解释几种基金定投再平衡策略。

1. 双倍定投

这是基金定投再平衡策略中最简单、最常见的再平衡策略，也是最好用的方法。具体来说，就是在正常行情下，每个月定投额度如果是 1，那么当行情下跌触发使用条件时，就应采用正常额度的 2 倍来进行定投，甚至在极端情况下可以考虑 3 倍定投。

比如图 2.4 中的医药 100，在 2018 年下半年、2018 年年底、2019 年年初，我们在艾财爱家公众号的投资周报中曾反复提到可以双倍定投。

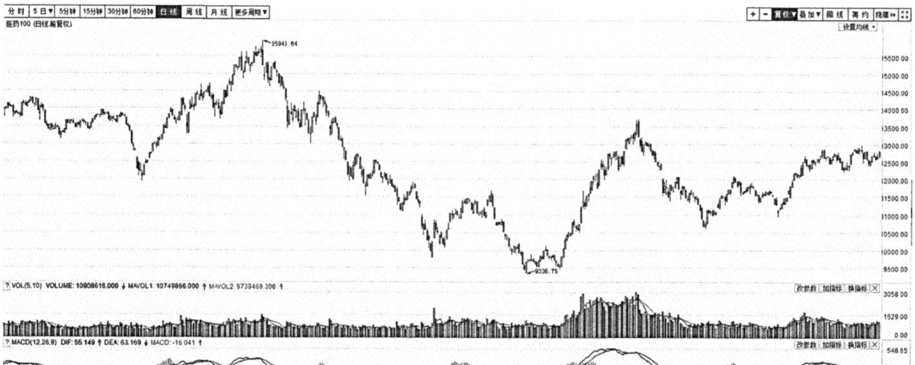

图 2.4　医药 100 指数近几年走势

资料来源：东方财富金融终端。

使用条件：

首先，大盘指数趋势与阶段判断。双倍定投的目的是为了在指数处于相对低位时能够积累到更多的筹码。这里追求的只是相对低位，而非最低点。就算短时间内持续下跌也不用太过担心，双倍定投额度可以持续。

其次，定投阶段判断。双倍定投只是一个技术性策略，其对错在不同视角下是可逆的。双倍定投最佳时间点是周期中段，持续下跌阶段。

最后，还得看自身经济承受能力。基金定投再平衡策略在极端情况下甚至可以考虑在一段时间内以基础额度的三、四、五倍来定投，以求在相对低点积累更多的廉价筹码。

注意事项：

首先，大盘指数阶段判断失误并不可怕，只要定投阶段把握准确就可以了。再平衡策略使用上不追求精准指数区间，因为这是人力所不能及的。我们只用把握这种策略使用阶段主要是在定投早中期，并且在相应的定投基金价格区间相对低估时进行。

其次，双倍定投甚至是多倍定投并不是常规投资方法，绝不可成为常态，影响正常投资计划。再平衡策略只是用来平衡市场极端情况下的一种策略，当市场走势相对平稳时只需要正常定投。

最后，再平衡策略只是一种交易技巧，起着一种放大的作用，投资的根本方向还是在投资标的上。交易是容易上瘾的，投资者始终要提醒自己再平衡策略只是一种修正策略，并不是决定投资成败的根本要素。

2. 熊市递增型定投

顾名思义，这种定投方法最重要的前提条件就是处在熊市。这种投资方法的基本逻辑是：只要中国经济不出现长期系统性问题，那么就没有永远下跌的股市。

使用条件：

首先，确认已经度过熊市初段，这个阶段其实并不难以确定，即确认牛市结束。有牛市就必然有熊市，这就如同一个山峰有上坡则必有下坡。以 2015 年的牛市为例（见图 2.5），当大盘从 5100 点开始直线下跌时，我们还不能确认牛市已经结束，但是经过半年持续下跌后再确认牛市结束就是极为容易的事情。所以采用熊市递增型定投的第一步实际上是确认牛市的结束。美股中只要股指下跌幅度超过了 20%以上就可以称为进入技术性熊市，A 股因为波动性更大，所以只能用于参考。

其次，没有必要等待熊市见底，当你确认牛市结束时，也是熊市跌得最惨最凶的阶段。这个时候我们通常判断市场还会继续下跌，但是主下跌浪已经过去。此时我们所要关注的不是点位，而是时间。因为这种递增定投方法的核心

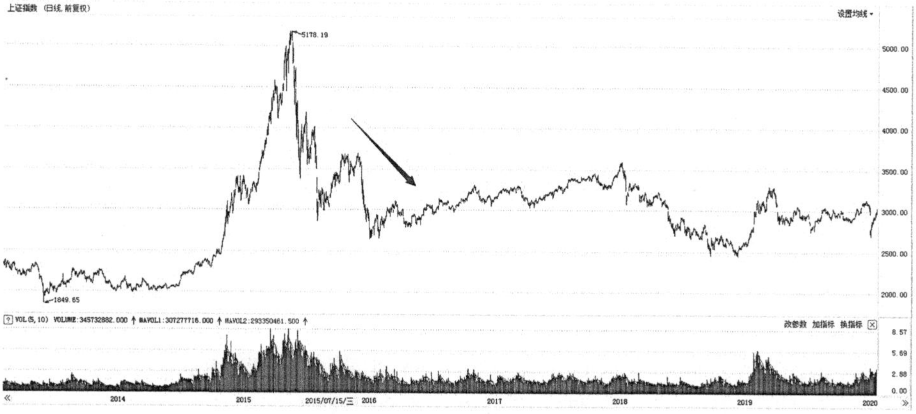

图 2.5　上证指数 2015 年前后走势图

资料来源：东方财富金融终端。

思维是 A 股的周期性，而非价格。

注意事项：

①递增型定投本身是一个确认底部的过程，在指数回升稳定后，需要恢复正常定投均值。

②熊市递增的投资方法是一个寻底建仓的过程，对于定投的起始点把握要求比较高。

3. 牛市递减型定投

这是与熊市递增型定投完全相反的一种定投方法。这一点非常好理解，可以从投资抛物线的角度来看。这种定投方法建立在两个理论基础之上：①没有永远上涨的股票。②过去 A 股中的牛市都是疯牛，时间持续很短，一般在一年左右，极少超过两年。而普通人接触基金定投的起点大多是在股市行情比较好的时候，可以说国内基金定投的元年就是 2005—2007 年那波大牛市到达 4000 点左右时。当时工行推出了五只定投基金，不过花了整整十年才收回成本。从现在来看，当时的定投就像是反微笑曲线，自然损失惨重。

使用条件：一般不建议使用，因为牛市定投是普通定投者最大且最容易犯的错误。通常情况下是，一开始在行情不断走高的过程中，定投的收益也在不断拉高，而当微笑曲线进入尾段收获期时再定投，收益风险比就会逐渐不成正比。成本越来越高，而牛市也慢慢结束。何况我们没有能力预测最高点的时间与点位，所以这是一个反复确认风险的手段，也是基金定投止盈的策略之一。

注意事项：

牛市递减型定投是一种止盈策略，这是一个反复确认顶部的过程，牛市的止盈并不是简单的说卖就卖。因为二八定律的原因，80%的时间用作积累，20%的时间赚取 80%的利润。所以行情推升阶段是我们实现投资利润的关键时期，一定要争取卖在尽量高的位置，这往往需要反复确认。

4. 周期性递增定投

虽然说 A 股是快牛慢熊，但是实际上 60%以上的时间都是周期性波动，所以常态定投中我们需要通过把握大盘的时间周期、指数强弱势震荡周期的变化来进行定投。总体是逆周期进行定投，在弱周期中通过定投积累筹码，在强周期中止盈。例如在震荡周期中 2017 年沪深 300 为代表的龙头白马强，小盘弱。2018 年总体走弱，但是 2019 年整体却在走强。

5. 短周期、高频率定投

大多数情况下我们的定投是按月定投，这是由我们的收入形式决定的。但是实际上基金定投还可以按天、周、双周等形式进行，总体而言周期越短投资份额越小。越高频的定投，基金定投曲线相较于大盘就越平滑。不过以个人经验来看，建议就采用双周和一个月这两种形式，如果想要曲线更平滑一点就用前者，如果是工薪阶层就采用后者。

基金定投再平衡策略的使用前提：最终会上涨，根据基金特性来制定。

那么，不同类型的基金到底适合哪种定投再平衡策略呢？

（1）行业周期型基金。此类基金多是跟踪建材、钢铁、房产、证券等周期性行业，它们的发展受价格影响，显示出极强的周期性。所以建议大家采用周期性定投为主策略，根据你对行业周期的判断来定投。

比较典型的例子就是证券行业基金。如果大家在 2018 年年初买了证券基金，然后在随后的下跌过程中，采取越跌越买的策略，并持续坚持 1 年，等到了 2019 年 3 月，你会发现投资收益非常可观。

（2）估值周期型基金。这类基金通常指的是沪深 300、中证 500 等类似的指数型基金，因为成分股众多，除了牛熊周期的判断以外，还有就是要考虑整体估值水平的高低。例如当 A 股沪深 300 估值水平已经到达历史中低位，也许还会跌但是离极值越近，就说明我们抢“便宜筹码”的机会越来越少。这类基金的策略：双倍定投、熊市递增都是可以的。

（3）市场权重型基金。这类基金通常指的是以银行行业指数基金、上证50为代表的市场核心权重。这类基金牵一发而动全身，正常情况下普通定投即可。但是如果想要追求完美，则需要牛市递减、熊市递增的定投方法。因为这类指数基金的业绩会大概率维持在大盘指数的中位线上。

（4）牛熊周期型基金。像中证1000、创业板50等中小创指数型基金都属于此类，它们在牛市中的涨幅与爆发力要显著高于大盘与权重，同理熊市的跌幅也要远大于大盘。这类基金的挑选难度要远高于其他定投基金，时机也更难把握。而且从2016年起A股开始显现出明显的港股化特征，给中小创指数的未来打上了一个大大的问号。这类基金最适合的定投策略就是周期性递增。

2.7 基金定投的局限

"屁股决定脑袋，角度决定看法。"这是用来形容我们人性思维的弱点，带有主观性。在证券投资过程中，为什么绝大多数人是以亏损的结局告别市场？那是因为我们不能客观地面对市场。例如：当所持股票被套时，会编出各种理由说它会反弹，可是问题在于在买之前明明是以短线思维选股，这就是典型的不认赔，结果往往是越陷越深。又或者受情绪影响喜欢追涨杀跌，再者迷信所谓的技术分析、股评，等等。这些都是先有立场，而后选择性接收信息的表现。做投资一个关键的素质就是要保持无立场的客观态度。

在学习了解基金定投时，我们需要明确的一点就是任何投资方式、品种都一定有其优缺点。只有客观了解其优缺点，才能真正发挥其所长，规避其所短，最后达到一个良好的投资结果。基金定投作为一种基金的投资方式，必然包含基金的优缺点、定投的优缺点以及两者结合后的优缺点。

基金优缺点简析：

这里我们主要分析的是指数型基金，因为这类基金与定投这种方式更契合。指数型基金目前市场上主流品种包括：上证50、上证180、沪深300、中证500、中证1000、创业板50等。我们可以看出后面都是数字，代表着其成分股的组成数量。

其优点就是分散，可以将资金比较均匀的分散到个股中，而避免个别股票所爆发的黑天鹅事件所带来的影响。

基金缺点简析：

因为基金投资的股票非常分散，所以分析单只股票的价值就成了多余，我们所能掌握的只是一个方向。这里打个比方：假如笔者想从武汉去北京，那么选择单只股票就像是坐上去北京的高铁一样。但是选择基金，就算笔者具有完美的投资能力，最多也只能知道需要向北走 1000 多公里才能到北京这个结果。基金投资与股票投资最大的不同就是基金是对成分股特性的一个方向性判断。假设判断创业板、中小市值股票接下来会走出一段阴跌走势，那么买中小创指数基金就是一件非常愚蠢的事情。可是这并不代表创业板中的股票都不行，如迈瑞医疗在回归 A 股后就连创历史新高，并成功取代温氏股份成为创业板中市值第一的上市公司。一个群体逻辑是不稳定的，也非决定性的，这也就是说基金投资在走势方向上有更大的不确定性，但是因为分散震荡范围要相较个股更小一些。

定投优缺点简析：

优点：定投的优点非常好理解，均匀分布于价格曲线，可以获得一个价格中轴的建仓线。

缺点：定投是一个逆向思考过程，非常考验人性与投资眼光。举个例子：一旦银行渠道也出现了爆款基金，那就是一波牛市即将到顶的信号。这是因为银行理财投资者的风格是低风险偏好，但是受股市赚钱效应影响，很多人愿意接受一种看似安全合理的方式进行投资，即基金定投。但是此时进入，就是一个初期低仓位赚小钱，重仓亏大钱的阶段。而 A 股是一个强周期市场，并不像欧美成熟市场那样，市场波动小，熊短牛长，所以才会造成 2007 年定投十年之后结果连银行存款都没有跑赢的现象。

接下来我们来总结一下基金定投的局限：

这个世界没有完美的投资品，自然也不会有完美的投资方式。基金定投在很多时候并不是一个好的投资方式，甚至有可能成为一种糟糕的选择。

例如：在后文提到的微笑曲线模式二中，越早全仓买入，最终的投资收益越高。如果以基金定投的方式，在现实投资中，以白酒板块为例你会损失掉 50%以上的利润空间。

任何投资方式都不是万能药，都有其局限性，基金定投只适合零散资金投资。在小白理财阶段我们会发现上到投资第一大神巴菲特，小到银行柜台理财经理都会建议你做基金定投，可是基金定投并不是万能药，并不能解决所有的投资问题与分配所有资金。基金定投本身适用的范围并不大，更多的是适合零散资金的投资，追求的也是积少成多的结果。

基金定投只适合长线投资。普通人在做基金定投时最容易犯的一个错误，就是错误地理解了基金定投的根本属性。基金定投最大的优势是通过一段比较长的时间分散投资，以追求建立一个比较合理的成本价，从而分散市场的波动风险。这也就注定了基金定投是一个长线投资的工具，任何低于一年的投资周期都不能算是真正的基金定投。

绝大多数人基金定投都是从证券行情比较好的时候开始，因为这个时候市场情绪向上，所以人们在基金定投的过程中比较有安全感，也能够看到一时的收益。这是符合人性的投资方式，可是投资从来都是反人性的，所以胜者永远是少数。

在这里不得不提的一个错误观点："基金定投是不用择时的，因为是长期投资！"如果这句话放在美国也许是99%的正确，可是这句话放在A股市场则是一个100%的错误！

（1）A股市场是一个极强周期性市场，一个周期内市场的高低点位差十分惊人（见表2.2）。

表2.2　**A股历史上六波高低点位统计表**

序号	时间	点位	说明
1	1990年12月19日	95.79	历史最低点
	1993年2月16日	1558.95	阶段高点
2	1994年7月29日	325.89	阶段低点
	2001年6月14日	2245.43	阶段高点
3	2005年6月6日	998.23	阶段低点
	2007年10月16日	6124.04	历史最高点
4	2008年10月28日	1664.93	阶段低点
	2009年8月4日	3478.01	阶段高点
5	2013年6月25日	1849.65	阶段低点
	2015年6月12日	5178.19	阶段高点
6	2019年1月4日	2440.91	阶段低点

资料来源：作者根据网上公开资料整理。

解析：这是过去三十年中国A股完成牛熊市的高低点位，我们可以看到虽然每波牛熊市之间的点位差距越来越小，说明中国A股越发成熟，但是波动幅度依然非常之大。往往在一年之内高低点位差至少达到了一倍，这都说明中国A股是一个投机性强、波动幅度大、牛短熊长的半成熟资本市场。

图 2.6　美国近二十年标普 500 点位走势图

资料来源：东方财富金融终端。

解析：图 2.6 是标普 500 近二十年的 K 线走势图，我们可以很清晰地看到世界上最大最成熟的美国股市表现出的特点有：波动幅度小，下跌的时间与空间小，牛市特别长，最近一波牛市已经持续了 11 年。

通过对比两国资本市场的走势我们发现基金定投不用择时的理论在美股在大多数时候是走得通的，但是显然 A 股如果不择时，则很有可能导致定投失败。

（2）A 股市场周期性特点增加了我们基金定投的难度，定投的金额、时机、再平衡策略上都要比定投美国市场要难。这是因为美国市场是一个长牛短熊、慢牛快熊的走势，基金定投曲线相对平缓，十分有利于基金定投的稳定增值。更加重要的是有利于投资者保持信心，保持定投的持续性。反之 A 股则显现出完全相反的格局，长熊短牛、快牛长熊。大多数时候基金定投者都容易处在亏损的状态中，而且定投时机不当极有可能造成长期亏损。这里最典型的例子要属 2005—2008 年这个超级大牛市阶段，中国第一个全民炒股时代，也是基金定投开始真正意义上在中国进入普通人视野的时候。要知道沪深 300 花了整整 10 年，才回到 2008 年顶点水平。

通过上述分析我们不难看出，A 股的基金定投比成熟市场基金定投难度要高，但是凡事都有两面，有一弊必有一利。好处就在于如果定投方法得当，我们可以获得比美股市场更高的收益，因为我们有 80%的时间可以获得价位较低的筹码，20%的时间涨幅要远远超过成熟市场的水平。

综上所述，这一章节笔者只想说明一个问题，无论是要发挥基金定投或是A股的优点，还是回避其缺点，都需要一个相当长的时间过程。这是由基金定投和A股市场的根本属性所决定的。

2.8　完美的基金定投

笔者将在这一节为大家详细论述六种定投模型。

1. 牛熊周期定投品种完美模型：证券行业

春江水暖鸭先知，如果把A股比作一条江，那么证券行业就是这只先知的鸭。因为证券行业就是整个证券市场的晴雨表，并且证券行业指数的走势也是股市走势的放大镜。

中证全指证券公司指数选取中证全指样本股中的证券公司行业股票组成，以反映该行业股票的整体表现。截至2019年11月，该指数共有41只成分股。那么，为什么说证券行业指数是股市的晴雨表与放大镜呢？因为证券公司的经营业绩是由股市整体情况所决定的，并且受影响程度远大于市场。

证券公司有四大收入来源：

①传统的经纪业务。过去券商最主要的收入来源就是经纪业务收取的通道费，虽然近些年排名前十的券商开始多渠道发力，但是经纪业务占比却不断下降。根据披露的2019年半年度报告，券商龙头中信证券的经纪业务占比只有23.47%，但是这也不能否认经纪业务依然是其重要收入来源之一。而券商整体经纪业务的比重依然超过40%，当市场处于牛市阶段时这个比重还会进一步提高。

②投行IPO业务。股票市场非常重要的一个功能就是融资功能，而这一部分也是目前排名靠前券商主发力点。例如：2018年6月上市的工业富联仅一家大型独角兽的上市就为其IPO主承销商中信证券带来了超过3亿元的发行收入。A股是一个政策性非常强的市场，大盘指数的趋势有很强的政策导向性。同理，由于2018年6月—7月A股市场走势极为疲软，所以BAT的CDR发行与独角兽上市大量延期。也就是说当市场处于走牛阶段，IPO的推进节奏就会加快，在这个区间里券商的收入会得到大幅度增加。但是当市场处于走熊阶段，管理层就需要考虑市场承受能力，减少甚至暂停IPO。这一点我们只需要查看过去A股IPO暂停时间和指数走势就可以观察到。

③自营业务。证券公司同样会以自有资金，按照相关政策要求，在不超过上限的情况下进行投资保值。这也就是券商的自营业务，券商自营收入在总收入中的比例波动非常大。2019 年上半年，资本市场回暖，券商自营业务占营收比重进一步扩大。其中，中小券商自营收入弹性较大，有两家券商自营占营收比例超过 80%；大型券商自营收入也推动业绩高增，中信 70 多亿元的自营收入占营收比例超三成。不过，在行情总体表现不佳的年份里，该业务也会出现大面积亏损。比如，上市券商 2016 年 4 月业绩大降的原因就包括自营盘亏大了（见图 2.7）。

券商业绩月报　　数据来源：东方财富Choice数据　　数据月份：2016-04 ▼

注：1、相关数据来自券商每月的主要财务信息公告，是母公司及下属子公司的合计数据；
2、相关财务数据未经审计，且均为非合并数据，最终数据以公司定期报告为准。

代码	简称	相关资料	当月净利润			当年累计净利润		当月营业收入			当年累计营业收入		净资产	
			净利润(元)	同比增长(%)	环比增长(%)	累计净利润(元)	同比增长(%)	营业收入(元)	同比增长(%)	环比增长(%)	累计营业收入(元)	同比增长(%)	净资产(元)	同比增长(%)
600109	国金证券	明细 个股研报 行业研报 公告	1.50亿	-38.89	38.14	4.93亿	-17.91	4.29亿	-29.29	7.26	14.89亿	-8.04	166.33亿	58.73
601688	华泰证券	明细 个股研报 行业研报 公告	5.51亿	-48.23	-27.59	18.04亿	-41.26	12.81亿	-47.29	-18.97	43.17亿	-39.11	821.39亿	90.44
601198	东兴证券	明细 个股研报 行业研报 公告	1.56亿	-52.03	-7.96	4.80亿	-	2.96亿	-54.95	-12.59	9.92亿	-	134.46亿	9.11
002500	山西证券	明细 个股研报 行业研报 公告	1.22亿	-59.06	65.09	1.82亿	-76.02	2.54亿	-48.41	39.93	5.47亿	-60.63	134.15亿	47.60
000728	国元证券	明细 个股研报 行业研报 公告	0.97亿	-61.67	16.48	2.68亿	-68.29	2.66亿	-45.15	15.54	8.08亿	-53.64	191.64亿	7.88
600999	招商证券	明细 个股研报 行业研报 公告	4.59亿	-65.25	-47.72	18.50亿	-51.51	8.88亿	-70.71	-41.16	34.63亿	-58.60	474.37亿	6.46
600837	海通证券	明细 个股研报 行业研报 公告	5.20亿	-66.07	-55.41	19.61亿	-58.74	9.81亿	-69.81	-45.50	40.12亿	-54.98	1038.19亿	44.12
601377	兴业证券	明细 个股研报 行业研报 公告	2.21亿	-66.24	-69.57	9.34亿	-45.32	4.58亿	-66.93	-62.20	19.87亿	-46.51	296.94亿	83.85
600369	西南证券	明细 个股研报 行业研报 公告	1.30亿	-66.60	-66.40	5.75亿	-48.01	2.54亿	-77.09	-49.69	10.23亿	-62.50	177.32亿	2.83
000776	广发证券	明细 个股研报 行业研报 公告	5.59亿	-67.28	-20.72	21.05亿	-45.00	13.97亿	-61.50	-21.71	51.68亿	-37.48	748.25亿	11.72
000783	长江证券	明细 个股研报 行业研报 公告	1.64亿	-73.47	-60.83	6.98亿	-48.96	3.76亿	-64.98	-41.75	14.92亿	-43.22	154.15亿	3.23
601788	光大证券	明细 个股研报 行业研报 公告	2.11亿	-75.46	-56.52	9.25亿	-58.21	4.39亿	-74.27	-53.70	20.20亿	-54.78	378.88亿	35.48
600958	东方证券	明细 个股研报 行业研报 公告	2.26亿	-77.06	-72.26	6.02亿	-	3.44亿	-78.86	-74.39	14.94亿	-	342.10亿	4.04
000750	国海证券	明细 个股研报 行业研报 公告	0.57亿	-79.11	-60.93	3.61亿	-46.83	1.83亿	-65.46	-49.87	9.57亿	-32.99	129.05亿	86.61
600030	中信证券	明细 个股研报 行业研报 公告	5.90亿	-79.77	-64.12	17.62亿	-71.67	15.66亿	-72.16	-50.82	58.78亿	-54.35	1213.11亿	31.74
002736	国信证券	明细 个股研报 行业研报 公告	3.74亿	-80.48	-56.50	16.48亿	-66.09	9.80亿	-73.78	-43.02	41.64亿	-56.64	488.53亿	30.50
002673	西部证券	明细 个股研报 行业研报 公告	0.45亿	-88.04	-70.97	3.29亿	-63.14	1.68亿	-75.64	-62.74	10.47亿	-40.62	122.12亿	9.09
601901	方正证券	明细 个股研报 行业研报 公告	0.96亿	-88.79	-76.66	6.49亿	-68.19	3.65亿	-75.79	-55.79	18.65亿	-51.31	429.96亿	6.37
000166	申万宏源	明细 个股研报 行业研报 公告	1.34亿	-89.99	-81.14	12.44亿	-67.31	7.37亿	-77.14	-45.46	34.14亿	-59.42	491.74亿	14.83
601099	太平洋	明细 个股研报 行业研报 公告	0.33亿	-90.96	-93.68	0.61亿	-90.11	0.92亿	-86.49	-84.17	2.89亿	-76.28	112.84亿	63.97
601555	东吴证券	明细 个股研报 行业研报 公告	0.08亿	-97.76	-96.84	3.67亿	-60.95	0.95亿	-87.66	-83.37	10.46亿	-48.02	193.96亿	28.05
000686	东北证券	明细 个股研报 行业研报 公告	-1.05亿	-129.03	-147.11	2.66亿	-70.07	-0.50亿	-106.16	-112.06	7.34亿	-61.28	148.98亿	55.74

图 2.7　上市券商 2016 年 4 月业绩月报

资料来源：东方财富网。

④通道固定收益类业务。近些年证券公司为了平衡业绩的周期性，也开始多元化经营，通过通道类业务、资管类计划、固定收益理财产品等形式扩宽经

营收入来源，但是效果并不明显，因为固定收益类产品券商的竞争力有限。与银行之间的通道业务合作因为2018年资管新规《关于规范金融机构资产管理业务的指导意见》的颁布，也受到了极大限制。所以总体而言券商的多元化之路虽然有所推进，但是对于平衡其业绩的周期影响却不大。

我们通过比较证券公司指数与同期大盘指数的走势后可以发现（见图2.8）：

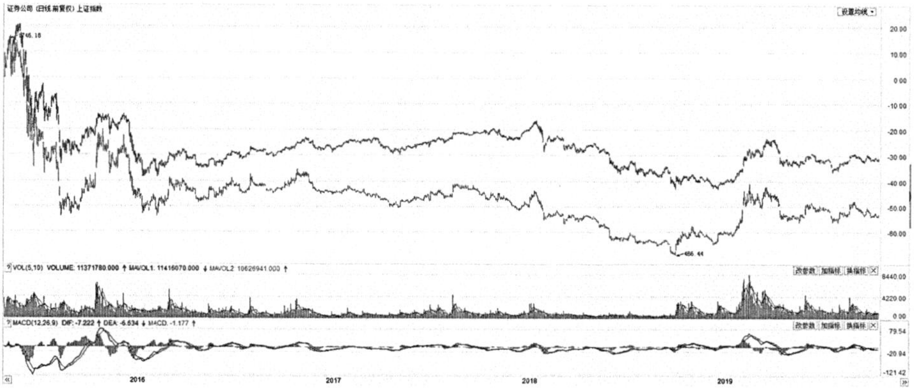

图2.8　证券公司指数和上证指数近几年走势对比图

资料来源：东方财富金融终端。

①证券行业指数在牛市阶段涨幅往往数倍于大盘指数，但是当处于熊市时其下跌幅度也是远远超过大盘。

②证券行业指数与大盘之间是同步共振的关系，重合度非常高。

③证券行业指数上涨时间段相较于大盘与其他板块而言更加集中，可以说是80%的时间在下跌或阴跌，20%的时间在疯涨。

所以如果我们把定投的时间轴设置为牛熊市的话，那么我们必然会在80%的时间里承受不断阴跌的损失。但是我们却有可能在20%的时间里获取其他板块不可能获得的超额收益。具体我们将会在后面以实战品种单独解析。

2. 行业周期特性完美模型：水泥、煤炭、贵金属

此类行业除了少数龙头股以外，绝大多数个股的股价都受行业周期的影响。当资源价格处于上涨周期时，企业经营利润就会大幅度攀升，股价进入上升通道。当资源价格处于下跌周期时，企业经营就会出现明显的困难，甚至严重亏损，股价就会进入快速下跌通道（见图2.9）。如果资源的价格一直有规

律地波动，那么这一类行业无疑是最佳定投品种。可是现实并不是这样的，这种周期性行业存在着以下不适合定投的要素。

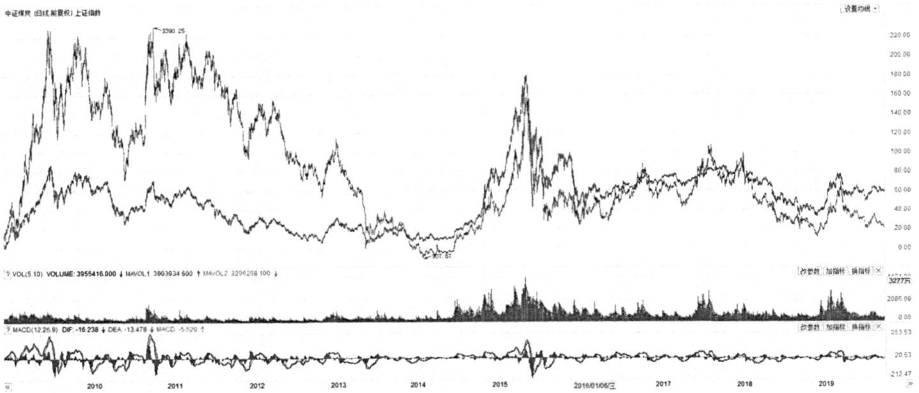

图 2.9　中证煤炭指数和上证指数近几年走势对比图

资料来源：东方财富金融终端。

首先，资源型周期行业虽然不停波动，但是波动轨道一直处于下行通道。我国经济结构在近十年处于不断的转型期，讲求效率、环境保护，所以高污染、高耗能企业总体的生存空间在被不断压缩。虽然资源价格有一定的周期起伏，但是总体却是持续下行的。这和基金定投的确保最终是上涨的基本要求是相违背的。

其次，资源型行业的波动并没有绝对的规律，资源的价格虽然有一定规律可循，但是难以准确预测。这与证券行业的周期性有明显区别，股市有牛熊市为百年众多市场所证明，而且只要一国经济持续发展，股市总体是向上的，必会有牛市。

最后，每一波行业低潮期都会有一大批相关公司死亡，甚至出现退市现象，投资风险容易失控。因为资源型企业本身并不代表未来经济发展方向，所以每一次周期波动都会死亡一大批公司。而基金讲求的是分散投资，也意味着其有相当一部分资金有可能受到严重损失。

所以总的来讲，除非你对于某一个特定资源型行业的周期波动规律有非常深的了解，否则笔者不推荐。

3. 价值成长特性完美模型：吃药喝酒

这是过去股评的说法，因为医药医疗行业、白酒行业都属于某种程度上的刚需，总体上行业利润率高，需求稳步增长，不受经济周期影响。虽然医药近几年受到了国家行业调控的影响出现大幅度的调整，但是并不会影响其长远发展。而白酒在塑化剂影响消退之后更是一飞冲天，目前是A股近二十年来行业成长性排名第一的行业板块。这两个行业以高度的成长确定性完美契合了基金定投最终要求的长期上涨。所以定投这两个行业的基金虽然中间的年份里会受到利空消息的影响，但是只要定投的时间够长，就可以减弱这种利空影响，甚至从定投的角度来讲这种阶段性利空正是基金定投发挥分散布局、时间换空间特性的好时机，应当加倍甚至多倍定投。

4. 股市整体特性完美模型：沪深300

如果要选出一只最能够代表A股的指数，非沪深300指数不可。虽然A股在2019年10月两市上市公司数量超3700只，但是沪深300成分股合计市值占A股总市值的比例超过了70%。若你的基金定投逻辑是看好未来A股市场总体的趋势，那么定投沪深300指数型基金就成了首选。这也是所有基金在分析业绩时，所采用的标尺都是沪深300的原因。

5. 安全边际特性完美模型：银行指数、上证50

证券投资属于高风险投资，虽然基金定投能够有效降低波动，但还是有明显的风险特征。所以很多投资者都希望能够定投一些相对安全的品种，对于收益的要求反而没有那么高。这时银行业指数基金和上证50指数基金就成了非常好的选择，两者共同的特性是估值总体低于平均市盈率，是政策、机构、外资最重要的建仓标的，极端行情下会成为平准救市资金的首选目标。

6. 概念成长特性完美模型：雄安、科技互联网

投资股票就是投资未来，或者叫预期，而市场上永远不缺预期、成长的概念。例如百年大计雄安新区概念，产业升级的科技板块等，这些都是以成长为主题的基金。基金定投选择此类基金的目标是获取超高的收益，主要的问题就是成长性能否兑现。

成长型主题并不像白酒、医药这样有一个非常明确的行业边界，更没有硬需求的确定性；也不像上证50、沪深300一样有明确的公司规模、行业地位的要求，这样同样增加了很多的不确定性。这样的基金具体投资基本是随着基金经理的操作风格高频调整的，再加上这种成长性组合在A股都属于一阵风，很难持久。所以以成长性为基金定投方向的投资可确定性太差，对于投资者在选基、择时上都有非常高的要求。

第3章　基金定投投资技巧

如果打一个比方形容基金定投，笔者认为基金定投就是投资一个二十岁出头的男青年，我们挑选的标准有学识、出身、性格、外貌，就如同所投资基金的质的。当确定了是一个可造之才之后，我们就需要明白几个问题。

张爱玲有句名言：成功要趁早。可是现实里我们知道一个男人成功得太早不是好事情，会让他很难把持住自己。二十岁左右的男人在成长的道路上多遇到一些挫折，对于未来的路是大有好处的。而笔者对基金定投的核心理解就是如此，如果一只基金在定投的头几个月就猛涨，这意味着虽然账面有所盈利，但是仓位非常轻。这时就需要思考如果继续定投就意味着有可能在仓位重的时候，基金也过了山顶，前面即使翻了一倍，后半段只需要下跌30%就可能侵蚀掉所有利润，甚至威胁到本金。千万别认为你可以提前逃顶，实践证明一般人都逃不过两点制约：第一，短期定投收益高，但是绝对数的收益却很低；第二，当基金持续上涨时会不断拉高你的期望值，让你很难停手。

而当我们确认这只基金质地非常优秀时，只要不是在牛转熊的主下跌浪开始定投，其他时间段开始定投我们应该可以保持乐观。这就像一个男人二十多岁时受到一些挫折绝对是一件好事，这确保他未来的路可以走得更远。

以上内容是希望帮助大家了解定投过程中最重要的一个关键点——时间轴。基金的涨跌只是一时的表现，时间才是基金定投的主轴。所以这一章笔者将重点从时间概念上解读基金定投中的一些投资技巧。

由于我们国家对于居民投资有明显的限制，尤其是针对境外投资，所以本书的基金定投品种完全针对A股市场特性所写，那么A股截至2019年10月有哪些特性就是需要我们了解的呢？

3.1　择时择势：A股是一个强周期市场，照搬西方市场经验大错特错

一、A股本身的特性与发展轨迹

A股的强周期特征：读史可知兴替，想要了解A股，就需要回顾一下A

股的发展历史（见图 3.1）。

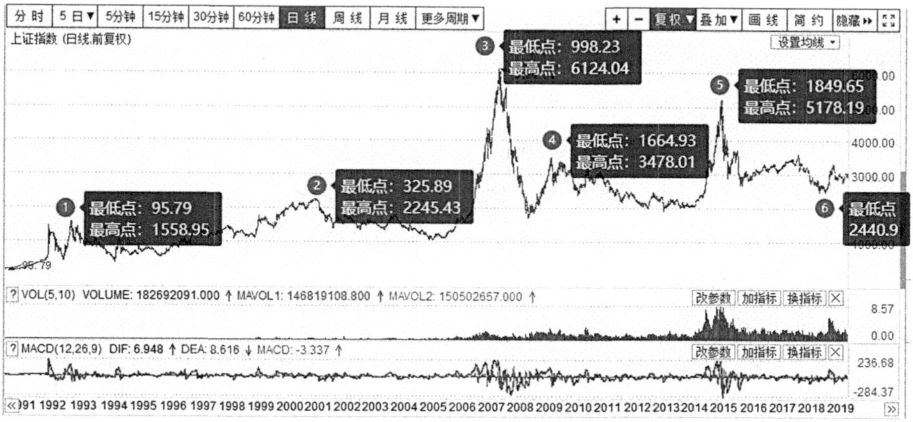

图 3.1　A 股历史上几次大的周期

资料来源：东方财富金融终端。

（1）A 股历史上总计有 5 波大牛熊市，5 波小牛市，5 波慢熊市。这是因为 A 股每波牛熊市幅度过大，都需要一波小牛市让指数回复到一个相对合理区间，然后再开启漫长的震荡调整期。这是 A 股过去三十年表现出的历史规律，形成这种规律的根本原因还是 A 股的投机性过强。

（2）大牛熊市的时间通常合计在三年左右，而小牛市也就是熊市主跌浪过后的一年左右时间会有一波幅度非常大的反弹，这是对熊市超跌的一种修复，而后就是持续数年的弱市震荡，也就是俗称的慢熊市。

（3）A 股的港股化特征。从 2016 年大熊市国家平准基金救市之后，A 股从顶层设计上出现了很多实质性动作。①史上最严厉措施打击做庄炒作、内幕交易等违法行为。②引进长期资金，除了平准基金以转让两金的形式进行退出以外，还增加了沪港通、深港通，增加 QFII 的投资额度和国家养老基金等长期机构资金。③完善退市制度，降低壳资源价值，保持常态化 IPO 等。虽然截至目前，A 股还处在一个转型期，整体行情也比较低迷。但是无可否认的是 A 股从整体上还是显示出了一些港股化的特征。之所以不说是美股，是因为后者近十年的牛市靠的是科技巨头支撑。而这一点是 A 股所不具备的，所以 A 股的走势，特征应该更接近于港股。

①流动性溢价，垃圾股仙股化。流动性溢价是指投资者为了回避投资的不确定性，愿意以更高的估值价格购买行业的龙头，以获得龙头企业稳定的增长

预期和投资回报。也就是说如果能做到行业的第一，虽然利润并不比第二明显高多少，但是投资者却愿意以远远高出第二名股价的价格买入第一的股票。仙股化是港股中用来形容一些经营业绩差、股价下跌到极低的水平还没有投资者愿意购买，股票失去流动性、变得一钱不值的股票。

②二八定律，涨跌分化。指市场整体虽然处于平稳状态，但是实际上涨的股票占总数不会超过 20%，主要是一些大盘蓝筹股。80%中小盘绩差股则处于持续不断的阴跌状态下，这是一个成熟资本市场的重要特征。A 股过去是散户主导市场，但是 2016 年以后机构化特征明显加强，最重要的体现就是二八分化的结构化持续发展。

③管理上更现代化，政策成分有所减少。市场的成熟和管理的现代化是离不开的，注册制未来的实施和管理层尽量减少行政直接干预市场的思维都有利于 A 股慢慢走向成熟和稳定。

④在正常行情下，波动幅度变小。仔细对比近三年的 A 股市场你会发现相较于过去的 A 股市场，出现极端走势行情的情况越来越少，每天股指的波动幅度相较过去也小了很多。

二、时间与周期选择

基金定投的基本策略是时间与周期的反向定律：基金定投从数学体现上来讲，追求的是一条钩形的曲线，最希望定投品种走出耐克商标一样的走势，在定投的初期虽然一路下跌，但我们可以通过寻底加倍定投的方式寻求底部空间，在行情反转稳定后恢复正常定投。我们不希望定投品种出现短期脉冲上涨，因为定投份额没有经过长时间积累，在绝对收益上实际是很低的，而是希望定投品种保持一个 30~45 度的趋势持续上涨，这样能够有足够时间积累筹码。

1. 牛市后半段是止盈良机

对于基金定投来讲，牛市的主升浪时间段是我们赚取 80%的利润的关键点。我们都希望自己能够卖到最高点，可这是不现实的。能够在牛市的后半段中找到一个相对高点止盈就是一个十分不错的结果。如何判断是否到达牛市的后半场？笔者以 2015 年牛市中的亲身经历做一个说明。

①城市普通大妈开始投资炒股。记得在 2015 年元旦时笔者在家休息，躺在沙发上看电视，老妈出门换鞋时突然说了句："凯凯，我给你几万块，你帮我买股票吧！"笔者思索了一下："你没有经验炒什么股，买点银行理财就行了。"老妈很生气地回了一句："你帮你姐都可以，我是你妈为什么不行？是妈亲一些还是姐亲一些？"笔者当时有点哭笑不得，但是最后依然没有答应，

因为当时笔者已经在思索，连我妈一个认为股票是赌博的大妈也开始想炒股了，是不是市场要到顶了？这时笔者还不能完全确认，因为毕竟笔者从业多年，父母自然会对股市关注要大一些。

②银行开始大力推销基金类产品。在2015年2月笔者去银行办理业务时，发现银行的ATM四周，包括银行大堂前台有大量的各类公募基金的推荐材料。这时笔者已经很确认市场已经过了中场了，因为银行从目前的实际情况来看是国内能够调动资金最多的机构，同时也是最保守投资的主聚集地。当银行开始卖基金时也就意味着“最后一个傻瓜，最大的一个傻瓜，也开始进场”！

③证券公司出现大量外行，从业人员开始显得焦虑。2015年3月，笔者回到证券公司办理正式辞职，在证券公司的办公区坐着等待签字时，发现了一个很有趣的现象，当时是行情最火热的时候，但是笔者却看到绝大多数同事都非常焦虑。虽然营业部客户交易区已经大大缩小了，但是笔者还是看到在很少的客户交易区挤了很多一看就知道是外行的中低收入者。因为有一段时间没有在公司里待，所以很多新同事并不认识，但是经过一些交流，笔者终于搞明白为什么他们不开心了。他们并不是亏了钱，而是嫌自己这段时间或是今天赚得太少，浪费了行情。通过一个下午，笔者确定了一件事情，虽然证券公司从业人员谈不上职业投资者，但是整体投资水平肯定在中游之上，当他们也很浮躁时，说明行情离结束已经不远了。

④楼市开始发力。同时期在股市热火朝天时，楼市也开始发力，涨势相较于股市不遑多让。从2008年前后开始，中国楼市与股市之间就形成了一种“跷跷板效应”，而这种反向关系，通常最后都是以楼市胜利为结局。大量的投资者到股市只是为赚一笔快钱，绝大多数的人更迷信“只涨不跌”的楼市。所以楼市长火，股市必跌。

⑤农村大妈开始参与。其实从证券公司回来，笔者就开始减仓了，原计划是按递增减仓法，分四个月进行减仓，第一个月一成，第二个月二成，第三个月三成，第四个月四成。可是在2015年4月的时候，笔者有婶娘因病去世，所以家族的人都回到农村老家参加葬礼。在路上，大姑坐在笔者的车上，突然跟笔者讲她给了几万元让表姐帮她买什么基金，一个月就赚了五千。等回到家的第二天，笔者就一次性清掉了所有的仓位，并且强烈建议笔者所有的客户进行大幅度减仓。笔者大姑已经年过六十，一辈子都生活在农村老家，对于股票、基金全都不懂。当她都参与其中时，笔者知道行情已经无限接近顶点了。

以上都是一些亲身经历，大家可以发现判断牛市何时到顶时，笔者并没有提任何基本面和技术面问题，因为所谓的牛市就是“赚钱效应”引起情绪亢奋并造成一种傻瓜接力式的局面。再加上A股虽然机构控盘能力有所提升，但是目前还没有完成转型，牛市很容易形成一种“博傻”。所以这时单纯地谈基本面与技术面都是没有抓住重点。

2. 熊市后半段是建仓良机

如何确定到达后半段是一个重要的命题，这并没有什么真正万试万灵的方法，大多也是根据经验主义来归纳总结。例如 A 股历史上熊市主下跌浪一般在一年左右时间。又或是 A 股熊市最低点一般达到了牛市高点的一半水平以下，2016 年若不是有平准基金强力入市，最终低点一定会下探到更低水平。基金定投并不追求精准，所谓的熊市后半段更多的是一个范围，回数 A 股牛熊市主升浪与主下跌浪是基金定投的基本准则。

3. 长期震荡体现标的的真正价值

牛市、熊市都是一种短时间市场投资情绪的外在表现，在 A 股这个阶段并不能完全反映投资标的真正价值。市场绝大部分时期实际上都是处于一个震荡阶段，这种震荡反而更有利于基金定投的积累筹码和投资价值的体现。

吃药、喝酒在某种程度上都属于刚需，在 A 股市场上也被定义为防御品种。虽然医药近两年受困于带量采购为代表的政策强调控，白酒曾经也因塑化剂持续暴跌被腰斩，但是拉长时间周期看这些最后都是建仓良机。在后续股市大体持续震荡阶段，它们最终都脱颖而出（见图 3. 2、图 3. 3）。路遥知马力，

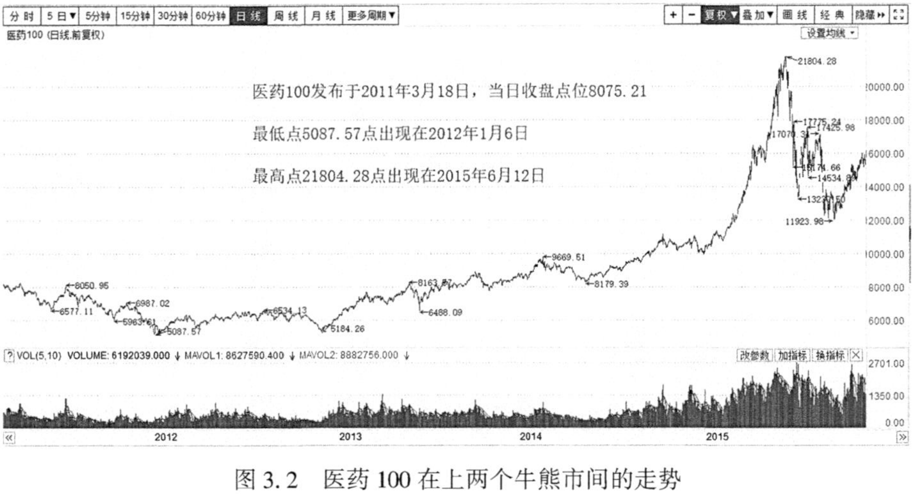

图 3. 2　医药 100 在上两个牛熊市间的走势

资料来源：东方财富金融终端。

一个投资标的的好坏往往需要我们用五年、十年甚至二十年才能够完全看清楚。基金定投是一种以时间换价值的投资，所以一定要有长远的眼光。

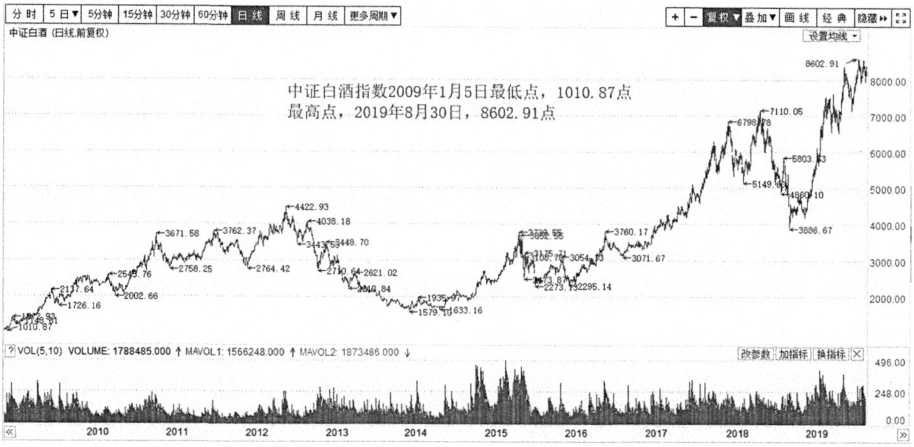

图 3.3　中证白酒指数近十年走势（2008—2018 年）

资料来源：东方财富金融终端。

3.2　A 股与基金定投相关的特征说明

A 股与基金定投相关的特性：

1. A 股是一个超强周期性的市场

证券交易市场无论是债市、期市还是股市都有牛熊市，虽然性质有差别，但都是指多空某一方形成了一边倒的局面，在这种多空双方互转的过程中，形成了一种牛熊周期。这种情况所有的资本市场都一样，区别在于程度。欧美这种成熟的资本市场，牛熊市之间单边趋势幅度在同一时间段里相较于 A 股弱得多。

我们来举一个特别典型的例子，2008 年因为金融危机爆发，各国都采取了救市政策，全球流动性泛滥。彼时所有资本市场在 2008 年底普遍进入了一轮牛市，区别在于周期。美国的牛市 2009 年从最低的 6470 点，涨到 10580 点，涨幅为 63.52%。而同期 A 股小牛市点位却从 1664 点上涨至 3478 点，涨幅达到 109%。更为不同的是，美国的牛市从 2009 年至今已经持续十年之久，涨幅达到了 323%。而中国在这十年里多经历了一波 2015—2016 年的牛熊市，同样一个时间段里，A 股整整走了两波牛熊市。时间稍微往前推，就是 2005—2008 年的 A 股有史以来最大的一波牛熊市。这充分证明了一点，中国 A 股相对于欧美是一个强周期市场，周期波动更大、更剧烈，时间跨度更短。

这种特性对于基金定投的影响：

（1）好的方面。强周期、高波动给我们发挥基金定投中的微笑曲线功能提供了更多的可能。如果把握好投资的频率与切入点，可以获得比定投标普 500 高得多的收益率。强周期还可以让我们在同样的单位时间里，完成更多次数的基金定投周期。

（2）坏的方面。对于投资能力的要求，尤其是对宏观的周期阶段的判断能力提出了很高的要求。中国工商银行首推的五只定投基金产品之所以收益率不佳，是因为银行是最著名的接盘侠。股市持续上涨，或是单只基金持续上涨，造成了极大的财富效应，每波牛市到顶的一个重大信号就是银行开始大量推销各类偏股型基金，这也代表着绝大多数基民的行为：往往在市场进入牛市下半场时进场，基金定投赚钱的时段绝对投资额非常低，等到仓位开始加重时，股市下跌，一个月就把之前半年的收益连本带利全送回去。坚持挺过一年多的熊市阶段，等到行情修复，小幅亏损离场。

基金定投在某种程度上是反周期的，在 A 股市场做基金定投必须对股市所处的周期阶段有一个大致的判断：现阶段属于牛市、熊市、弱市震荡还是强市震荡。所以做基金定投绝不是不需要判断市场周期与涨跌，而是不需要那么精准，我们只需要判断出现阶段的大概周期点即可。例如，笔者开始写这本的时间是 2018 年 5 月 24 日，彼时市场经过了 2015 年的牛市、2016 年的熊市、2017 年的蓝筹修复阶段，进入了一个弱市震荡阶段。从周期的角度讲，A 股平均 5 年左右会有一波牛市，也就是说，往前推两三年都会弱势震荡与强势震荡交替，直到下一波牛市的到来，而牛市的到来也意味着熊市不远了。

2. A 股是一个熊长牛短的市场

2008 年美国爆发次贷危机，美国股市也应声大跌，没想到美国股市震荡走熊了 17 个月后，就开启了一波长达十年的慢牛行情。中国经历 2008 年大熊市之后，在 2009 年也走出了一波小牛市，可是随之而来的是四年的弱势震荡，股指从 3400 点一路经过四年半时间跌至 2000 点起底，后面又经历了一波快牛快熊。对比近三十年的中国 A 股与美股，我们会发现 A 股是快牛慢熊市场，而美股是快熊慢牛市场。这个规律对于我们基金定投非常重要。

首先，基金定投需要长时间积累筹码，但是中国股市的这种特点，意味着我们不可能像巴菲特建议的那样，在过去十年通过定投标普 500 来赚得收益。中国股市从来就没有发生过长达十年的牛市，中国的牛市都是疯牛，相应的，熊市初段下跌也非常疯狂，所以这两个阶段需要我们在基金定投过程中回避。不要在 A 股的牛市阶段采取基金定投，也不要在熊市刚刚确定阶段开始积累筹码。

其次，最佳的积累筹码阶段是熊市发生超过 10—12 个月的阶段。过去三十年 A 股总计经历了 6 波牛熊市，牛市最长时间持续两年，但是熊市单边下跌阶段持续时间最长 14 个月，通常是 10 个月。回顾一下 A 股过去几波熊市，例如 2008 年大熊市，股市从 6100 点跌到 3000 点时，不难判断熊市已经度过了多长时间，又如 2016 年牛熊市，当“国家队”开始进场救市，就能确认这是熊市无疑了。判断牛熊市的顶点与底点是很困难的，但是当事后诸葛亮并不难。

最后，二八定律，相信大家都听过，这个定律放之四海而皆准。在这种强周期市场里，我们的基金定投收益曲线非常陡峭，不会像定投标普 500 的收益曲线那样平滑。假设 A 股平均五年一波牛熊市，我们需要回避牛市的后半段，熊市的前半段，加上我们确认周期的时间，总计在一年半以上。留给我们定投的时间就只有三年出头的样子，在这个过程中可能我们有 30 个月都看不到什么收益，处在不断积累筹码的过程中，而见到收益的时间主要集中在牛市阶段的前中段，这个时间占比可能只占到总定投的时间段的 20%，却会创造 80% 以上的利润。这个定律会在后面的医药 100A 的基金定投案例里体现得淋漓尽致。

3. A 股的指数差异化巨大

基金定投科学的做法只能选择指数型基金，具体原因会在后文详细说明。可是很少有人知道，这些指数都是哪里来的？制定的规则到底是什么？就算是炒股、炒基多年的投资者可能都没有仔细研究过。

A 股市场中的指数主要是由中证指数有限公司和深圳证券信息有限公司发布，每一个指数的制定规则都不一样，其代表的股票标的特性也都不一样，尤其是在近几年 A 股开始出现机构化特征的背景下，我们更需要仔细研究。在这里列举几个比较有代表性的指数：

①上证 50。由沪市 A 股中规模大、流动性好的最具代表性的 50 只股票组成，反映上海证券市场最具影响力的一批龙头公司的股票价格表现。

②沪深 300。由上海和深圳证券市场中市值大、流动性好的 300 只股票组成，综合反映中国 A 股市场上市股票价格的整体表现。

③中证 1000。由全部 A 股中剔除中证 800 指数成分股后，规模偏小且流动性好的 1000 只股票组成，综合反映中国 A 股市场中一批小市值公司的股票价格表现。

④创业板 300 指数。由创业板市场规模大、流动性好、最具代表性的 300 只股票组成，刻画创业板市场的规模特征，为市场提供业绩基准、跟踪投资标的和交易标的。

⑤医药 100。选取医药卫生和药品零售行业市值较大的 100 只股票组成，反映医药相关行业公司股票的整体走势。

4. A 股的部分指数缺陷明显，并不能真正代表其制定的初始目标

①中证 500。由全部 A 股中剔除沪深 300 指数成分股及总市值排名前 300 名的股票后，总市值排名靠前的 500 只股票组成，综合反映中国 A 股市场中一批中小市值公司的股票价格表现。

②中证 800。由中证 500 和沪深 300 指数成分股组成，综合反映中国 A 股市场大中小市值公司的股票价格表现。

③创业板 50。从创业板指数的 100 只样本股中，选取考察期内流动性指标最优的 50 只股票组成样本股。创业板 50 指数侧重样本股流动性、市值集中度和资产配置效率，样本股公司集中了创业板市场内知名度高、市值规模大、流动性好的企业。

④央视 50。以基本面指标为基础，全面考量上市公司创新、成长、回报、治理、责任五大要素。

3.3　定投额度的选择：积少成多，适合最重要

定投是一个积少成多而非化整为零的投资过程。“多”和“少”的标准每个人不尽相同，受到投资者的个人收入、投资目标、投资习惯、家庭收支状况变化等影响。所以本节笔者只能从几个不同角度设定一些不同的标准以供大家参考。

（1）定投额度的普通规律。

①定投额度不超过收入结余的20%，有人把基金定投比喻成一种强制储蓄，这是非常有道理的。但与储蓄不同的是基金定投的目标是资产的增值，而非像储蓄那样以备不时之需。也就是说投资基金定投的钱是要在你所有的生活计划之外的资金，确保其长期不做他用，从而防止在没有达到投资目标前使用。根据大多数工薪阶层家庭资金使用情况，这个额度最好不要超过结余的20%，例如一个家庭月收入为2万元，花销是1万元，那么月定投的额度不要超过2000元，这样既为未来留一点可能，又完全不影响家庭的生活质量。

②定投额度+房贷+其他类贷款不超过收入的40%。央视曾经请专家做过一栏节目，计算房贷占家庭收入的不同比例对于家庭生存质量的影响。当房贷低于家庭收入的20%时，无明显影响。当超过30%时会给家庭收支带来明显的压力，当超过40%时就会给家庭带来强烈的不安全感与焦虑感。基金定投在形式上与房贷非常相似，都是按月扣款，如果能把基金定投理解成与房贷一样的债务，那么你的基金定投就成功了一半了。

③定投额度在每个定投周期结束前最好不要改变，通常我们的收入会有一定变化，所以我们要提前考虑根据收入变化，在设定基金定投额时有一定的前瞻性。如20岁出头时，往往无其他义务，但会面临月光的问题，这时可以把基金定投的额度占比设置高一点，当作强制存款。当30岁收入增长明显时，可以适当拉高定投额度。当我们人到中年，应当是财务状况到达顶峰时，则可以根据情况从容定夺。但是在定投的中间阶段，不要轻易改变定投额度以免影响整个定投计划。

（2）其他影响因素，除了占比这个指标以外，每个人的情况都不同，我们可以根据自身情况决定。

①收入的稳定性。对于定投来说，收入的稳定性越高，则意味着定投额度越好确定。这也是为什么公务员、公职人群是定投的最佳人群。收入越稳定，则意味着支出与结余越可测，定投资金供给越稳定，更易保持。总体而言，收入越稳定，我们可以越严格遵守上述的比例要求。

②收入的高低。从理论上来讲基金定投是适合任何收入人群的，但是从实际情况来讲基金定投最适合中产阶层，高收入者与低收入者在实践过程中都会碰到一些问题。

高收入者：大额资金有更多的选择，投资市场是一个最“嫌贫爱富”的地方。对于高净值人群来说，资金越多时，投资选择越多，这时基金定投的优势就显得十分微弱了。这也是基金定投在高收入人群中并不是十分流行的原因。高收入人群的定投份额并不适合比例原则，而是通过投资目的来确认。例如：你打算未来给子女准备一笔大学教育基金，需要 500 万元人民币，假设定投期限是 18 年，基金定投年化收益是 6%左右，那么你的月定投额就是 1.3 万元左右。

低收入者：收入不稳定与财务失控，这会让基金定投很容易半途而废。相较于富人的可替代选择多样，低收入者更应该采用基金定投这种方式，给未来创造一种可能性。但是现实情况往往相反，低收入人群生活压力过大，经常会因为一些突发因素或自身需求造成财务失控，使基金定投无法坚持。

③定投目标：基金定投的目标是多种多样的，我们可以根据自身不同的目标来设计定投方案。

【例一】

教授培养子女投资意识与习惯

"80 后"这一代的父母小时候经历过物资匮乏的历史时期，储蓄意识根深蒂固，在孩子小时候，都会为他们买个存钱罐，告诉孩子要存钱，以备不时之需。时至今日有不少父母依然在这样做，但是笔者认为这只做对了一半。对的是资产管理的第一步便是积累，不足的是钱如果无法实现增值，就会贬值。笔者的小外甥女每年春节、生日、"六一"都会收到不少红包。这时笔者的姐姐和大多数家长一样都会说一句"妈妈帮你存起来"，其实是自己拿去用了。这给孩子造成了非常不好的影响：第一，加重了依赖父母的思维，"反正我要钱也没用，有爸妈就行了"。第二，子女并没有在父母的指引下建立良好的金钱观、投资观。等她将来踏入社会时，社会上的人教导的未必是正确的。所以笔者建议姐姐用单独的一个基金账户给她做一笔"18 岁基金"，除去每个月她固定为其存入一定数额的钱以外，还用她的各种红包投资这个账户。这有三大优点：第一，孩子知道她的钱，父母并没有动，而是存着准备给她未来上大学、创业、婚嫁之用。孩子从小就会建立 18 岁之后她就要独立自主的意识，减少对父母的依赖性。第二，相对于投资收益性来说，一次成功的长期投资经历是更宝贵的资产。从事职业投资这件事，笔者深感普通人投资失败的主要原因是没有长远眼光，无法坚持。一次从小到大的成功投资经历会给你的子女内心种下一个“成功投资”的种子，因为人是一种按经验生存的生物，一次正确而成功的经验是非常重要的。

【例二】

给自己的老年生活做了一个“保底”

在2018年8月中旬出了一则“二胎税”的新闻，虽然只是一个专家的建议，但根本原因在于我国不断老龄化的国情。未来“80后”的养老将成为一个社会大问题，这一代养老靠老天、靠政府、靠子女都是不可靠的，只能靠自己。所以笔者给自己做了一份基金定投计划，每月定投2000元基础份额的医药100，准备先定投二十年再说。为什么选择医药100后面的章节有详细解释，这里主要讲解份额的确定。因为笔者目前处于创业阶段，收入并不稳定，能够确保的结余收入在1万元左右，所以按照比例的上限笔者确定为2000元。此比例上限是因为我目前32岁，从人生收入曲线来看处于快速上升期，所以未来的收入增长确定性非常大，这样笔者可以比较从容地去完成资产波动过程中的再平衡操作。例如在2018年6—9月笔者都是采用双倍定投的再平衡策略。

（3）风险承受能力。有时候一些理财顾问为了方便投资者理解，形容基金定投就是强制储蓄，这并不准确。两者的不同之处在于基金定投是一种双向波动的证券投资产品，甚至在理想的投资模型里，我们也需要在定投的前半段有意识地去承担一定程度的亏损。证券投资最难的部分就是承受资产波动产生的情绪对于理智的冲击，所以风险承受能力就显得非常重要了。定投虽然在一定程度上分散了基金投资的风险，但是笔者依然将其归类于中高风险投资，所以如果你是风险厌恶型投资者，基金定投就不在你的选择范围之内。

（4）基金定投在资产配置中的比例与地位。

基金定投在整个家庭资产配置中的地位：它是重要的组成部分，但是不构成核心。原因有三点：①占比比较低，通常低于10%。②基金定投未来的收益具有较大的不确定性。③基金定投用于解决长期问题，并且只能是辅助性的。

3.4　基金定投为什么只选指数型基金

目前在世界范围内影响力最大的职业投资人无疑是巴菲特，虽有股神之称，但实际上他是一个标准的保守主义投资者。所以他极少给人明确的投资建议，明确且被他反复强调的意见只有两个：第一个是投资美国，第二个就是建议普通投资者定投标普 500。

标普 500 的官方定义：标准普尔 500 指数英文简写为 S&P 500 Index，是记录美国 500 家上市公司的一个股票指数。这个股票指数由标准普尔公司创建并维护。标准普尔 500 指数覆盖的所有公司，都是在美国主要交易所如纽约证券交易所、NASDAQ 交易的上市公司。与道琼斯指数相比，标准普尔 500 指数包含的公司更多，因此风险更为分散，能够反映更广泛的市场变化。

在我国，与标普 500 最具对应关系的就是沪深 300，它们共同的身份都是一个国家股票市场中最具代表性的指数。为什么巴菲特要推荐普通投资者定投标普 500 呢？为什么他这么有信心普通投资者定投标普 500 可以战胜 80%以上的职业基金经理呢？

事实胜于雄辩！没有什么比事实更能够说明问题，2008 年巴菲特与著名量化基金经理的十年赌约就是个很好的案例。

1996 年巴菲特致股东的信中就指出：“大部分投资者，包括机构投资者和个人投资者，迟早会发现，持有股票的最佳方式是购买成本低廉的指数基金。”在这之后巴菲特多次强调超过 99%的投资应该购买指数基金，而不是直接购买股票或者购买主动型基金。

为了宣传这一观点，2007 年 11 月巴菲特在美国一家慈善赌博网站上，以 50 万美元作为赌注，提出了自己的主张：在未来十年内，任何一位职业投资者，挑选的至少 5 只主动型基金的表现，将落后于标普 500 指数基金的表现。这家赌博网站为持有不同观点的人提供赌局，最后全部赌资归获胜者一方指定的慈善组织所有。

巴菲特赌约公开后，只有一位华尔街的基金经理泰德·西德斯站出来应战。他精心挑选了五只“母基金”，这五只母基金又投资超过了两百家基金，也就是说超过两百家主动型基金，与巴菲特挑选的指数基金进行对赌。十年赌约的起始时间是 2008 年 1 月 1 日，截止时间是 2017 年 12 月 31 日。赌约结束时，我们看到了这张表格（见表 3.1）：

表 3.1

Year	Fund-of-Funds A	Fund-of-Funds B	Fund-of-Funds C	Fund-of-Funds D	Fund-of-Funds E	S&P Index Fund
2008	-16.5%	-22.3%	-21.3%	-29.3%	-30.1%	-37.0%
2009	11.3%	14.5%	21.4%	16.5%	16.8%	26.6%
2010	5.9%	6.8%	13.3%	4.9%	11.9%	15.1%
2011	-6.3%	-1.3%	5.9%	-6.3%	-2.8%	2.1%
2012	3.4%	9.6%	5.7%	6.2%	9.1%	16.0%
2013	10.5%	15.2%	8.8%	14.2%	14.4%	32.3%
2014	4.7%	4.0%	18.9%	0.7%	-2.1%	13.6%
2015	1.6%	2.5%	5.4%	1.4%	-5.0%	1.4%
2016	-3.2%	1.9%	-1.7%	2.5%	4.4%	11.9%
2017	12.2%	10.6%	15.6%	N/A	18.0%	21.8%
Final Gain Average	21.7%	42.3%	87.7%	2.8%	27.0%	125.8%
Annual Gain	2.0%	3.6%	6.5%	0.3%	2.4%	8.5%

资料来源：新浪财经《巴菲特10年被动投资赌约大获全胜：千亿现金无处可投》。

巴菲特指定的基金获得了125.8%的收益，对方挑选的五只基金取得的回报分别为：21.7%、42.3%、87.7%、2.8%、27%，平均只有36.3%。两者差距之大简直就是对华尔街精英们的一场羞辱。

在2018年巴菲特致股东信中，巴菲特指出：利润提成“美味蛋糕”，加上固定不变的管理费，使基金经理们在过去10年中变得非常富有，投资者却度过了一个失落的10年，这合理吗？

基金收益中，大约60%都流进了基金经理的腰包！这就是他们为达到所谓的业绩，而给自己发放的无耻奖励。

1. 为什么巴菲特与量化基金经理的十年赌约，他是必胜的

其实这个赌约在开始的时候就很容易判断谁输谁赢，因为巴菲特的优势太明显了。

（1）购买指数型基金与对冲基金相比，成本优势过于明显。首先，指数基金属于被动型基金，在整个过程中很少交易，十年下来相较于交易极度频繁的对冲基金而言可以节省一大笔交易税费。其次，指数型基金因为是被动跟踪指数，所以每年的管理费用也是市场上最低的，而量化基金的年管理费用国内外基本都在 2.5%左右。十年下来假设本金不变，指数基金节约了至少 25%的成本。仅仅以此两项来看胜负的天平就已经很明显了。

（2）美国是成熟市场，过去美股走过了十年牛市，标普 500 蓝筹相较于其他股票获得了溢价权。在美国这种机构资金占比超过 80%的证券市场中，有大量的资金采取的是被动跟踪关键指数进行投资的。很明显的例子就是 A 股自从纳入明晟新兴市场指数后，随着比重的不断抬升，大量资金通过我国香港地区进入中国 A 股，中国超级大蓝筹升值明显。标普 500 是可以被称为世界第一的投资指数，综合了美国主要交易所中最有代表性的股票，是全世界机构投资者最重要的被动跟踪投资标的。

（3）历史已经证明过很多次，80%的基金经理战胜不了市场的平均收益，也战胜不了自己的人性。不得不说巴菲特老谋深算，因为其赌约的时间点正是 2008 年金融危机，在别人都在恐惧时，他像过去一样开始"贪婪"。其一辈子最成功的投资哲学笔者认为不是价值投资，而是坚定看好美国，其漫长的 60 多年的投资生涯经历过太多这样的循环。同样的道理，他见过一代又一代基金经理想要去战胜市场，可事实上 80%的人最终都未能如愿。这也是赌约中要挑 5 只基金的原因，因为这样可以确保战胜偶然性。赌约中的关键是时间是 2008 年金融危机，选择一个低点开始，长达十年，参考过去美国股市熊短牛长，他可以确保赌约期绝大部分时间是在上升期。这对于量化基金的对冲、分配的投资方法而言是不利的，毕竟行情好时下重注才是王道！

（4）概率角度上的可测性。标普 500 指数是由标准普尔公司 1957 年开始编制的，已经走过了几十个春秋，其中绝大多数公司、行业的发展前景巴菲特都更容易判断。而量化基金作为主动管理型基金中的新生代表，无论是基金还是基金经理都有太多的不可测性。假设我们的选择中对错的概率都是 50%，指数型基金所需要做的只是对相关标的公司和股市总体未来做出判断。而量化基金还多了两环，一是量化策略的分析，二是基金经理的投资风格与能力分析。变量越多，长期投资的不可测性越高。

通过上面这个世纪赌约我们可以看出指数型基金投资有许多先天优势，巴菲特的胜利是可预见的，不仅仅是投资方法上的胜利，更是对证券市场游戏规则理解上的胜利。

2. 为什么基金定投优先选择指数型基金

基金定投的几点特性要求：

①投资成本要低。与私募基金一样，公募基金的交易同样需要借用交易所会员单位的通道，也就是证券公司。公募基金经理调仓换股虽然不会有私募那么频繁，但是相较于指数基金依然要高出数个量级。另外，无论行情如何，国内公募基金的年管理费是2%，场内指数型基金和ETF则为0.50%。因为基金定投是长期投资，所以长时间的成本最终在投资收益上会有极为显著的体现。

②投资逻辑要清晰。公募基金最终的业绩80%都取决于人，而个人的思维充满变数，即使个人投资风格不变，市场变化也让主动型基金变量更大。在这里笔者举几个例子：

例一：持仓白酒股的“互联网+”基金。

2018年2季度，“国泰互联网+股票”头顶互联网+主题，但是前十大重仓股基本上是白酒（见图3.4），这样做的结果就是投资效果非常好，并在相当长的一段时间上了蚂蚁财富、天天基金等基金销售平台里的推荐榜单，曝光度极高。

○ 国泰互联网+股票 2018年2季度股票投资明细　　来源：天天基金　截止至：2018-06-30

序号	股票代码	股票名称	相关资讯	占净值比例	持股数（万股）	持仓市值（万元）
1	600519	贵州茅台	股吧 行情	9.00%	48.86	35,736.87
2	000596	古井贡酒	股吧 行情	6.21%	277.62	24,647.54
3	002304	洋河股份	股吧 行情	5.53%	166.96	21,972.28
4	603589	口子窖	股吧 行情	5.51%	356.07	21,880.25
5	002563	森马服饰	股吧 行情	5.28%	1,467.23	20,981.32
6	600809	山西汾酒	股吧 行情	4.41%	278.67	17,525.52
7	603369	今世缘	股吧 行情	4.24%	736.78	16,820.72
8	603899	晨光文具	股吧 行情	3.32%	416.35	13,194.25
9	600779	水井坊	股吧 行情	3.22%	231.90	12,807.69
10	600690	海尔智家	股吧 行情	3.02%	622.00	11,979.73

显示全部持仓明细>>

图3.4　“国泰互联网+股票”2018年2季度前十大持仓

资料来源：天天基金网。

我们再来看看该基金2019年2季度持仓情况（见图3.5）：

○ 国泰互联网+股票 2019年2季度股票投资明细　　来源：天天基金　截止至：2019-06-30

序号	股票代码	股票名称	相关资讯	占净值比例	持股数（万股）	持仓市值（万元）
1	600570	恒生电子	股吧 行情	9.46%	373.17	25,431.56
2	002410	广联达	股吧 行情	7.88%	644.65	21,202.67
3	000063	中兴通讯	股吧 行情	7.17%	604.85	19,269.85
4	300059	东方财富	股吧 行情	6.90%	1,369.29	18,553.82
5	600588	用友网络	股吧 行情	6.45%	644.97	17,336.92
6	002153	石基信息	股吧 行情	6.32%	469.30	16,984.09
7	002371	北方华创	股吧 行情	5.55%	215.52	14,924.44
8	002405	四维图新	股吧 行情	4.88%	814.90	13,119.85
9	603899	晨光文具	股吧 行情	4.06%	248.51	10,927.01
10	603939	益丰药房	股吧 行情	4.02%	154.52	10,814.87

显示全部持仓明细>>

图 3.5　“国泰互联网+股票”2019 年 2 季度前十大持仓

资料来源：天天基金网。

如果不是名字一样，恐怕我们很难相信这个持仓是同一只基金。“国泰互联网+股票”2019 年的前十大持仓股完全进行了更换，当然上述这几只股票也确实算是互联网主题。上述持仓是以软件服务为主要方向，投资收益相较 2018 年稍低，但是同样取得了不错的成绩。

从这个持仓变化和基金主题来看，基金经理并没有按什么特定原则进行选股，2018 年白酒最强就重仓白酒，2019 年科技是新主题，就选择重仓软件服务个股。如果定投这只基金，你根本无法判定基金经理未来选择的动向，只知道基金经理喜欢追强势板块，操作非常频繁，这是典型的散户特征。

例二：中邮明星公募一哥任泽松。

中邮基金任泽松在公募基金行业绝对是一位年少成名的经典代表人物。其 2014—2015 年所管理的公募基金收益均排名公募第一，而 2016 年则排名倒数第一，2017 年某段时间有东山再起之势，但随后在 2018 年选择辞职，并跟大多明星公募基金经理一样进入私募。这种上天下地的排名、上蹿下跳的收益率是因为其一如既往的投资风格：重仓创业板，喜欢中小创各类题材。其投资业绩与创业板指数走势高度重合，甚至有所放大。任泽松的投资风格是稳定的，追求高收益，但是中小创及相关题材是不稳定的，所以他的投资结果也是不稳定的。

3. 你所看到的基金都是幸存者

基民在挑选基金时发现，主动型基金经理所管理的基金在过去的投资业绩普遍非常不错，而被动型基金经理通常还兼任多只基金的经理职务。基金公司在运作旗下基金时会定期将业绩不佳、基金净值低、基金规模小的基金撤销。其中主要针对的就是主动管理型基金，因为这类基金在择股时需要基金经理团队付出大量的精力研究个股，运营成本也更高。同时撤销业绩不佳的基金也有利于维护公司形象，将有限的资源集中到明星基金经理的手中，以便赚取更多的管理费用。而在被动跟踪指数型基金的投资过程中，基金公司并不对其走势产生绝对影响，大多是被动跟踪指数，基金经理所消耗的精力也很有限，所以可以兼任多只基金。即使基金表现不佳，也是指数表现不佳，问题也不是出在基金经理身上，同时主要指数基金无论表现好坏都不会撤销，因为其他基金公司有的，我们也一定要有。

主动管理型基金为什么会有以上种种特征？并不是因为这个职业经理人不懂其中道理，而是因为投资以外的因素影响，所谓人在其位身不由己。

（1）基金公司需要明星，而证券市场一直都不缺乏明星，因为这是一个需要“神话”的市场。基金公司想要赚钱，就需要扩大资产管理规模，赚取更多的管理费用。最简单的方法就是树立众多的“一哥”“一姐”，这是对基金公司经营业绩最直接、最有效的提升方法。股票市场是唯结果论的，最好的宣传就是每年的基金收益率排名，除了前十，其他位置对于基金经理职业生涯和薪资影响并不大，第一也远比第二强。可是要挤进最前面，就需要投资最强势的股票、最强势的板块。投资经验丰富一点的基民都会发现排名前十的基金往往重仓品种都是当年最火爆的板块。但是这个行业也有一句话：红不过三年！翻阅历史数据，年化收益第一的基金经理从来没有连庄三年，而且往往在第三年会栽大跟头，道理也很简单，过于激进的投资策略总会遇到问题的。笔者相信很多基金经理也明白其中道理，可是相较于默默无闻，人总是自负地更愿意为自己的未来博一博，反正钱也不是自己的。

（2）A 股是一个机构散户化市场。一般投资者都认为散户是机构眼中的韭菜，可以很轻松地收割，前半句并不是说完全错误，可是谈轻松收割似乎是有严重问题的。除了通过利益输送等方式，实际上中国的机构在过去是随散户规则而运行的。论追涨杀跌，相当多的机构一点也不比散户理性，这也是每年有大量的机构亏损严重的原因之所在。A 股的市值世界第二，但与美国市场相比还是有明显的差距，大概只有后者的 20%，但是我国股市每天的交易量在

2015 年的牛市中是世界第一。所以在这样的一个市场中，就算是公募主动管理型基金的基金经理，交易也是非常频繁的，前面举的国泰互联网+基金就是众多典型代表之一。

（3）基民是一个善忘群体，大多数并不会从失败中学习。都说“金鱼的记忆只有 7 秒”，被证明是假的，但是基民的记忆肯定只有一根大阳线的时长。即使前一年亏损严重，只要一根大阳线也能改变他们的信仰。买基金依然盯着的是：去年基金业绩排名、平台推荐广告、最近涨得最好的，“基金经理我认识，很有名”。当然最常见的是“我朋友说行情好，都买了，我也就一起买一点儿”之类的。所以关于证券市场的游戏已经玩了百年，规则虽然一再改变，但是人性的贪婪与懒惰却从未改变过。

那么，为什么要选择被动管理型基金呢？

（1）最大的优点就是其缺点——人的因素非常小。被动管理型基金因为事先已经确定好投资策略、仓位的限制、投资标的等等因素，所以基金经理在其中的作用相对于主动型基金来说要小得多。所以在投资决策的过程中不用过多地考虑人的因素。人是投资过程中最大的变量，即使是巴菲特，其后 20 年的投资业绩相较于前三十年也有相当明显的下滑，甚至近 20 年都没有跑赢标普 500 指数。更别提那些仅仅通过简历，就可以判断投资哪位基金经理所管理基金的做法了。

（2）费率更加低。因为被动指数型基金人的因素非常小，管理也非常简单，所以费率水平相较于主动管理型基金要低很多。投资收益从某种程度上讲是不可测、不固定的，而费用却是可计算且固定的。

（3）投资的逻辑证据更加可靠、稳定。在 A 股市场，每两年会有超过一半的基金更换基金经理，部分基金经理前后的业绩波动也非常巨大，而被动指数型基金是否更换基金经理对于基金的运作没有任何实质的影响。而且相较于基金经理较短、波动性大的职业生涯，指数型基金无疑是更加稳定、更有连续性的存在。

（4）从投资结果来看，投资市场从来只有一个判定标准，那就是赢亏。指数基金中超七成都能战胜沪深 300 指数，而运作超过五年的主动管理型基金中超过 70%都跑输了沪深 300 指数。

（5）更能克服投资者弱点。其实无论是主动型基金还是被动型基金，都有自己很显的优缺点，并没有绝对的好坏之分。只是被动管理型基金在克服普通投资者弱点方面更加合适一些。被动型基金人为因素小，变量小，这样有利于减少投资者心理波动，从而影响投资者投资策略。

被动管理型基金有非常客观、长期的历史记录，可参考性更强，在投资者制订投资计划的过程中有非常重要的参考意义，而当面对基金净值波动变化时，可以找到更多的历史数据做支撑。

3.5　投资逻辑决定投资结果

一、投资逻辑是基金定投的灵魂

投资前心潮澎湃，投资后如果大涨则变成坐立难安，天天在想如果下跌，自己到手的利润就得而复失。如果下跌则心中万分忐忑，害怕继续下跌，又怕错过反弹，天天盯着股票软件看。如果持续下跌，则每天后悔咒骂。这是股票市场中大多数“韭菜”的投资心态，根本问题在于他们的投资由情绪所主导，而非投资逻辑。对于基金定投这种长期的投资品种来讲，价格一时的变化是表象，决定投资成败的是投资逻辑，这是基金定投的灵魂。

（1）没有比较就没有标准，对比沪深300同期，医药行业依然表现较好。

从图3.6我们可以看到，沪深300医药ETF在各个阶段的涨幅都是要优于沪深300的，并且在各个阶段的走势也要强于沪深300。沪深300医药卫生指数是由沪深300指数样本股中的医药卫生行业股票组成，以反映该行业公司股票的整体表现。也就是说，在好公司如云的沪深300里，医药行业也是个极具优势的行业。为什么会如此？在笔者看来，这主要有两方面的原因：其一，医药行业既是大消费板块又是高科技板块，双重优势属性注定了高增长。另一方面则是市场中的资金对于医药行业的偏爱。

阶段涨幅　季度涨幅　年度涨幅　下载天天基金手机版，随时查看阶段涨幅　截止至 2019-11-01　更多>

	近1周	近1月	近3月	近6月	今年来	近1年	近2年	近3年
阶段涨幅	4.52%	9.41%	18.41%	13.96%	45.20%	29.23%	17.44%	46.06%
同类平均	1.01%	2.92%	5.44%	3.94%	31.05%	26.62%	-2.81%	7.69%
沪深300	1.43%	3.61%	3.92%	1.00%	31.28%	24.40%	-1.11%	17.66%
跟踪标的	4.55%	9.56%	18.10%	9.98%	41.35%	24.85%	11.04%	38.41%
同类排名	22 | 1321	18 | 1313	40 | 1252	127 | 1171	173 | 1079	367 | 1028	85 | 806	58 | 617
四分位排名	优秀	优秀	优秀	优秀	优秀	良好	优秀	优秀

图3.6　易方达沪深300医药ETF、跟踪标的、沪深300近3年走势对比

资料来源：天天基金网。

（2）“黑天鹅”事件并没有改变笔者的长中短期投资逻辑。长生生物疫苗事件的影响实际在消息曝出的第一周还没有完全显现出来，而是在周末一篇微信文章的巨量转载后才完全爆发，在整体上击垮了医药板块。这里笔者只想说“黑天鹅”事件是投资者无法预测的，这和后面接连出现的医药“黑天鹅”事件一样，都是人力无法预知的。但这些事件和投资医药医疗的逻辑并不相关。

①长期逻辑。随着中国经济的发展，人们对于医药医疗的支出比例越来越高，并且中国目前已经开始面临老龄化问题，在未来 20 年只会越来越严重，这构成了中国医药医疗长期发展的基本土壤。疫苗事件的影响只是一时，这并不能改变医药行业的长期发展趋势。

②医药医疗板块在 2016 年至 2018 年 1 月前经历了明显弱于大盘的弱势震荡期，这是对于过去十年医药医疗行业分别在证监会公布的 48 个一级子行业中涨幅排名第一与第五的一种修正。而在近两年与医药同属大消费与抗周期的白酒饮料、家电等整体涨幅都远胜于医药。在经历了这一波“黑天鹅”的冲击后这种客观事实并没有弱化，反而得到了加强。

③疫苗事件造成的市场情绪问题，是 2018 年给予的绝佳投资机会。可以说这一波下跌过程中，情绪是绝对的主导因素，但情绪消散后医药医疗行业的中长期基本面依然保持，而从 2018 年的行业整体业绩来看，医药行业超 85%的公司处于正增长状态，依然独占鳌头。并且在这种快速下跌过程中机构船大不好调头，反而亏损比普通散户严重。这个时候它们的选择只会是在底部偷偷加仓，而不是杀跌，可以说这反而是一次难得的“上车”机会。

最终历史给我们开了一个玩笑，医药板块在 2020 年因为疫情的原因，其价值重新被市场所认可。在市场围绕 3000 点上下震荡时，医药 100 指数再次创出多年以来的新高。疫情看似一个偶然因素，但是医药整体的上涨是历史的必然，因为疫情让普通人、机构都再次确认了一点——医药行业是不受任何经济事件影响的硬性需求。

股票价格一时的涨跌是无法预测的，我们的投资应当遵循是我们的投资逻辑，当市场没有证明我们的逻辑是错误的，就不需要太过在意短期的价格变化。要做到这一点，需要具备很多能力。

二、实现投资逻辑所需要的丰富能力

（1）对于股票和股票市场的认识。1000 个人眼里就有 1000 个哈姆雷特，1000 个人对于股票市场的理解也各有不同。

简单谈谈笔者的理解：

①国运、个人时运很重要。曾经美国某杂志评选出世界 100 位投资大师，其中超过 80 人都是美国人，像我们常听到的巴菲特、索罗斯、芒格无一例外都是美国人。每年的诺贝尔奖美国也是最大赢家，因为过去的 100 年美国在经济、文化、军事各个方面都是世界第一。股市同样不例外，美国投资大师多是因为美国资本市场是世界上最大的资本市场，股市也保持着长期稳定发展。国家与个人是深深捆绑在一起的，国运昌盛，才能百业兴旺，人才辈出才能成为常态。笔者永远记得在 2008 年美国金融危机时巴菲特的几句话：做空美国是极大的错误，他会永远做多美国。不要低估美国经济的抗风险能力，的确危机在美国爆发，波及全球，但是美国却先于日本、欧洲走出影响。A 股市场的发展最重要的决定因素就是国民经济的持续健康发展，虽然目前的 A 股还存在很多问题，但是股市是经济晴雨表的基本功能是不变的，国运昌盛是一切的根本。

②股市中唯一证明有效的理论是：好的股票最终会有一个好的价格。价值决定价格，价格围绕价值波动，这是政治经济学中的基本理论。运用到股市，就是好公司、好股票最终会有一个好价格。

③股市短期是一个投票机，长期是一个称重机，更长期则是一个游戏机。前面两句是著名的价值投资大师格雷厄姆所说，意思大概是短期市场的价格是由交易者们的情绪所决定的，长期是股票内在价值所决定的。最后一句是笔者加的，意思是投资股票市场要有一个游戏的心态，不要太紧张，同时要想在游戏中获胜，必须要坚持正确的方法。跟“德州扑克”一个道理，坚持正确的打法，并不能保证你每一次都能赢，但是长期来看，每次进入扑克大赛的奖励圈的人都是那些老面孔。

（2）对于人性深刻的理解。投资终究是人在操作，所以在这个过程中了解人性就成了必修课。股市中有一个投资流派叫“投资心理学”，研究的就是人们在投资过程中的心理变化。每一位投资大师实际上都是一位心理学大师，而股市中也有一种说法叫“投资到最后投的就是心态”。

（3）基金定投是一种人生态度。前面更多的是从股票市场全局讨论，而基金定投本身也有自己的特点。因为研究单只股票可以从很多方面去判定其价值，但是基金定投的标的中指数基金成分股众多，而且相关标的也不是个人决定的。这既分散了风险，也包含了风险。例如医药 100 中就有三家疫苗公司：长生生物、智飞生物、康泰生物，在疫苗事件没有发生前它们都是大牛股，但事件发生时一定会受影响。基金定投投资的是一个行业，甚至是一个国家经济的方向。而定投本身是一种长期投资的方法，两者的结合就注定了基金定投是一种前瞻性与方向性的投资，无需在意一些短时、小概率事件的影响。这跟我们对待人生的态度是一样的，一个二十岁出头的小伙子多受一点挫折绝对不是一件坏事，这对他以后有帮助。即使投初期相关标的出现下跌或出现多只黑天鹅，也无需太过在意。

三、基金定投的长线投资逻辑

基金定投是长线投资，讲求的是长期投资逻辑，并不是单纯某种投资流派，成败的关键是投资逻辑是否最终在现实中得到印证。

（1）因果关系逻辑。这是最常见的逻辑关系，例如定投证券行业指数是因为看中其与股市高度正相关，而 A 股股市牛熊周期明显，所以定投证券行业指数符合基金定投两大前提：最终会上涨，能够发挥微笑曲线作用。定投医药 100 时，看中的是医药医疗行业长期发展趋势，可以说行业指数类基金基本上都是属于典型的因果关系逻辑。

（2）概率逻辑。上证 50、沪深 300 的定投更多体现的是一种概率思维，因为其代表 A 股核心资产，代表中国经济主体。只要中国经济持续发展，这些行业龙头大概率会不断做强做大。非行业、非主题类的指数型基金大体投资逻辑也是概率思维。因为指数的组成与股票之间没有什么必然联系，即使在同一行情下之间的走势也可能相差巨大。

3.6　基金定投的止盈与止损

“会买的是徒弟，会卖的才是师傅”，这是股票市场中一句流传度很高的话，这说明在证券投资交易过程中，买对了只是解决了问题的一半，何时卖才是更难做的决定。

从本质上讲，何时结束投资，出发点都是一样的，就是投资逻辑被证实或是被否定之时，就可以进行止盈或止损。但是这个说法太抽象，并不实用，所以笔者为大家总结了五个方法。

（1）目标法。在投资前所有的人心中都有一个目标，这是一个决策的按钮。当投资结果达到了目标后，投资者自然会考虑结束，这是一个比较容易做的决策。难的是目标的确定，如果只是想赚到十个点就结束，这不难。可是如果想以基金定投为自己女儿储备一笔教育创业基金，这时目标受多重因素的影响，就变得很难了。以目标法为止盈止损条件，关键难点是个人定投目标的设立。

（2）点位法。每个指数的走势都是可以在K线图中展示的，以点位进行标志，以点位为止盈止损标准是最直接了当的方法。如果你定投上证综指指数基金，假设A股前两波牛市每当超过4000点以后就进入了牛市行情的末端，在这种假设下当指数涨到4000点以上时，就可以考虑止盈。同时2016年至2019年这四年中当指数每次跌破3000点之后都会有一段很长时间的调整期，在这种假设下，你也可以进行止损操作。点位法直截了当但缺点相当明显，没有人可以判断什么点位是高点，什么点位是低点，基于点位的判断都极具主观性。

（3）盈亏比例法。这是一种股票投资中最常见的投资纪律，常用于止损。即买入一只股票后，设立一个止损点，当到达这个止损点后纪律性地强行平仓。止盈也是同样的道理，设立一个收益点，达到即卖出。这里需要强调的是定投的盈亏有两个角度，一个是收益率，另一个是绝对值。这两个值是根据每个人的实际情况而定的，笔者只能给出自己的建议，收益率负向收益率最好设在-20%。因为基金定投是长期投资，能够承受更加大一些的波动。正向收益率，根据品种不同可以调整，中线为30%。绝对值的损失为两个月的结余收入，盈利的绝对值则不建议设限。盈亏比例法的缺点是以自身财务承受能力为投资标准，并没有考虑投资品种的特性，以此方法基金定投不能够投资证券行业指数基金、医疗行业指数基金等，只能选择比较稳健的上证50、银行业指数基金等抗周期波动品种。

（4）周期特性法。前文专门论述过中国A股的强周期属性，牛熊市股市之间的差别极为巨大。所以投资者可以考虑以品种周期特性为依据，完全遵循市场规律与品种的特性进行基金定投。证券行业指数基金就是典型代表，等待熊市主下跌浪过后，证券行业会经历极长时间的慢熊走势。这段时期绝大多数时间里证券行业都会表现弱势，在这段漫长的时间里应通过基金定投积累大量的便宜筹码，等待下一波大级别的行情到来，历史上证券股在一波牛市中整体涨幅接近10倍的情况都出现过。虽然目前这种市场体量让这种情况再次出现变得没有什么可能性，但是2015年证券行业指数在一年不到的杠杆牛市中，还是获得几倍的收益率，这是典型的二八定律的体现。这种方法的缺点也极为突出，第一，对人性的考验过大，不是一般投资者能够驾驭的。第二，所依据的都是过去的历史，可是历史从不会简单重演，各种极值假设也很难全部实现。

（5）时间法。以时间为依据，时间不到坚决定投，甚至在定投的过程中不看不想，等到时间到了也不管盈亏、市场趋势直接退出。这个方法想要取得好的效果需要两个前提，第一是时间要足够长，第二是品种要选择对。假设你定投上证50十年，超99.9%你可以取得相当不错的投资收益。可是你定投三个月上证50，结果只能靠猜。或是你只定投一年的证券行业指数，结果肯定靠猜。

事实上，对于基金定投的止盈与止损，有两个非常重要的原则。其一，不要奢求买在最低点、卖在最高点，投资者要完美判断市场高点、低点谈何容易，既然定投基金是细水长流，那么止盈止损也不必苛求一次就成功。其二，定投早期不止盈，中、后期要谨记止盈。定投早期不止盈：部分投资者可能运气好，或者市场刚一转暖就进入市场，然后刚定投几个月就有了不错的收益，但由于积累的资金不多，即使赎回，对投资者影响也有限，起不到强制储蓄的作用，这个时候止盈意义不大。后期止盈则可以根据市场情绪、指数涨幅以及估值等判断牛市已经到来，就可以按照既定策略止盈了。

至于笔者上文提到的五个方法，它们都有自己的优势，也都有自己的缺点。问题的关键在于没有任何一种投资方法是完美无瑕的，工具的使用技巧是使用者懂得根据工具的特性在特定的条件灵活使用。笔者提到的方法只是给大家提供一种思路，在基金定投的止盈止损中要结合实际才能取得良好效果。

3.7　基金定投年复合收益率计算

收益率大概是投资者最为关心的问题了。不过定投的收益率，计算起来会比一般的投资收益率要麻烦一些。我们来具体看一看定投的年复合收益率是怎么算的。

如果我们定投了一年的沪深300，累计获得了20%的总收益，那么，第一周的资金投入时间为1年，而第52周的资金才刚投进去，这两周投入的资金的年化收益率当然不相同。这时候，我们就需要用IRR公式计算，即内部收益率。内部收益率是把每期投入资产的收益率计算出来，再求加权平均数，得出最终的年复合收益率。这个计算比较复杂，但如果我们用Excel表格，插入一个IRR公式就可以立即得到答案。

举个例子：假设我们使用定期定额法，每月定投1000元，累计投入12000元；一年后，我们账上有15000元。

如果算持有收益率，为：

$$(15000-12000)/12000=25\%$$

如果算年复合收益率，就要用Excel表格插入IRR公式（见图3.7）：

A	B	C
一月	-1000	
二月	-1000	
三月	-1000	
四月	-1000	
五月	-1000	
六月	-1000	
七月	-1000	
八月	-1000	
九月	-1000	
十月	-1000	
十一月	-1000	
十二月	-1000	
期末资产	15000	←此处填期末的账面资产
月复合收益率	3%	←此处插入公式：=IRR（B1:B13)
年复合收益率	49.15%	←此处插入公式：=（1+月复合收益率）^12-1

图 3.7　用 IRR 公式计算年复合收益率

资料来源：网上公开资料《基金定投如何计算年化收益率?》。

我们每个月定投 1000 元，在 B 列分别录入“-1000”，记住，这里一定要是负数，代表资产流出；

期末资产为 15000 元，则录入“15000”，这里是正数，代表资产流入；

在月复合收益率上，插入公式：=IRR（B1：B13），则得到月复合收益率 3%；

在年复合收益率上，插入公式：=（1+月复合收益率）^12-1

通过 IRR 公式先计算出月复合收益率，再换算成年复合收益率，最终我们计算出，定投的年复合收益率为 49.15%。是不是高得令人可怕？对于短期定投而言，年复合收益率远比持有收益率高。

一般定投期限低于 1 年的投资人，没必要使用 IRR 收益率计算，因为得出的数值，是根据目前的收益率计算出的预期年化收益。而如果定投 3~5 年，甚至 10 年或更久，用 IRR 公式计算出的年化收益率，才是最佳的复利参考数值。如果我们平常是每周定投一次，在使用 IRR 公式时，应先计算出周复合收益率，再换算成年复合收益率。

值得注意的是，如果不考虑市场所处的状态，始终每个月买入相同的金额，那么长期定投下来的年复合收益率和指数本身的平均上涨速度比较接近。换句话说，从现在开始，每个月定投等量的金额，不管牛熊市，持续二三十年，在 A 股的收益率差不多在 10%左右。当然，如果采取合适的再平衡策略，并选择正确的投资标的，长期来看，定投的年复合收益率是有希望达到 12%

甚至 15%的。

3.8　微笑曲线的五种模型

微笑曲线是基金定投的核心逻辑，如果不能够很好地理解“微笑曲线”如何发挥作用，那么不可能从容面对证券市场的波动。

微笑曲线标准图形如图 3.8 所示。

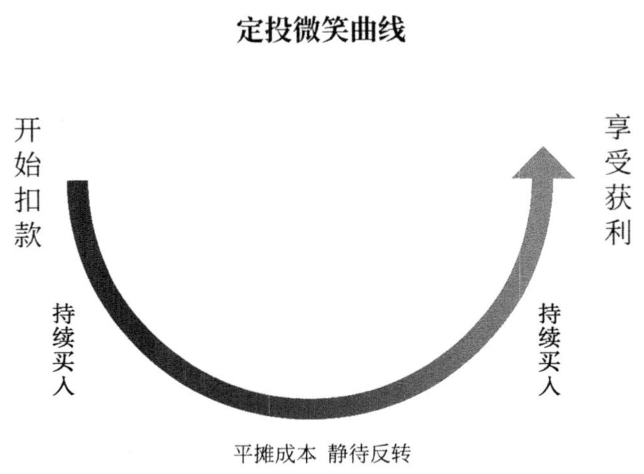

图 3.8　定投微笑曲线

资料来源：网上公开资料。

解析：“微笑曲线”理论原本是科技制造业施振荣提出，主要是指产业结构方面。而后基金定投以此为蓝本也发展出一套微笑曲线理论，但是互联网上的绝大多数解析重其形不重其义。

外在形式：持续买入、平摊成本、静待反转

上述三个词通常用来解释微笑曲线的优势，因为分批持续买入，那么建仓成本就是不一定的，可以通过长时期定投来达到平滑曲线的目的。

因为成本比较平滑，可以保证平均成本在一个比较靠近震荡中轴线的区间而远离最高点，即使短期亏损，也可以等待行业反转从而保证获利。这是微笑曲线发挥作用的原理，但这是只重其形不重其理。

问题：

(1) 你如何保证投资品种一定会反转?

上述这个互联网上最常见的微笑曲线图形最大的问题就是假设了一个前提——行情反转。股票市场变化无常，相当部分基金实际上无法反转，例如石油行业指数经过11年，仍然只有其顶峰点位的20%，即使是2015年的牛市也只恢复到2007年30%的水平。何况还有很多主动管理型基金因为基金经理管理不善被清盘，就算是指数型基金也存在被清盘的可能。所以想要微笑曲线发挥作用一定要在投资逻辑上能够确定定投品种最终一定会上涨。

（2）持续买入时间是多久？持续买入就一定能摊薄成本，让成本曲线平滑吗？

持续买入是微笑曲线发挥作用的重要条件，因为这样可以摊薄成本，可是在极端情况下需要持续定投多长时间才能让定投曲线平滑呢？不可否认的是我国股票市场是一个波动性极大的市场，相当一部分品种的单边下跌可以持续很久，而幅度也是惊人的。以上证综指为例，2007年10月16日达到6124点，如果你在这个位置开始等额定投，需要十年后的牛市也就是2015年年中才能回本，这对于定投来说显然是无法接受的。持续买入并不能保证微笑曲线一定会发生，至少在投资者可接受区间内，不讲品种的选择、择时，不对A股的特点进行分析就谈微笑曲线都只是徒有其表。

微笑曲线理论实践中的变形与设定才是合理利用微笑曲线的根本，笔者为大家假设了基金定投过程中最典型的五种形态，现实中的各种变形也是以此为根本。

模型一：

解析：图3.9假设定投指数多年来围绕3000点上下震荡，假设定投资时长为五年，最后结束时点位又回到了初始阶段的3000点附近。

这种走势非常接近2016—2019年三年多的股市综合指数的走势，在此期间大盘也是在3000点附近反复高低震荡。假设未来我们定投的恰巧是上证指数跟踪基金，想要盈利需要哪些条件。

在相对低点开始定投，因为模型一中3000点上下的时间长短、波动幅度都是一致的，所以想要盈利必须在3000点以下多定投一些份额。这一点也决定了基金定投再平衡战略中最基本的行为，要选择在一个相对低点开始定投，同时在标的连续下跌的过程中逆向操作，即加倍定投。当然这是建立在你确认定投品种最终会回到原点的基础上。

在相对高点卖出，因为模型一中股指最终会走向假设的3000点，也就是原点，想要获利则需要在高于这个点位的时间卖出，所以基金定投的开始是在下跌过程中，而结束往往是在高点。根本上讲，基金定投赚取的利润还是靠价

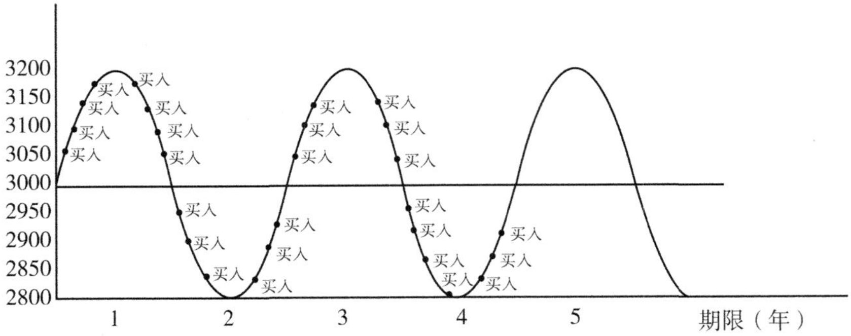

图 3.9　微笑曲线模型一

差，低买高卖是核心。

在实战中，笔者个人投资中也一直坚持此种原则，在 3000 点以下阶段一直保持着双倍定投，接近或者在其上时则保持正常定投节奏。

模型二：

解析：图 3.10 假定所投资品种的点位走势始终是波动上涨，5 年内从 3000 点上涨到 6000 点。2015 年 1 月 5 日—2019 年 8 月 30 日，中证白酒指数从 2500 点上涨到 8600 点，也就是说在不到五年的时间里，这个行业指数整整涨了 240%。

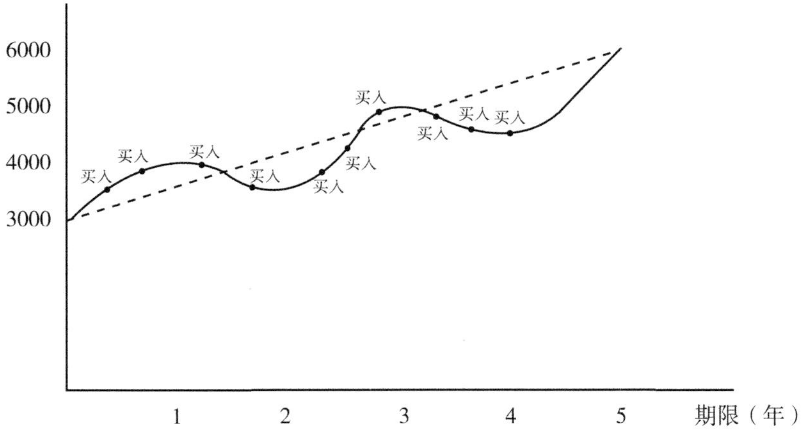

图 3.10　微笑曲线模型二

在此模型下的盈利要求：

（1）很显然此指数最大的盈利要求就是选出如此优秀的基金品种，然后能够坚持完成持续5年的基金定投计划，这样才可以拿到绝大部分的收益。选对基金这一条我们假设可以完成，但是在现实中很少有人能够坚持到底。因为此类基金定投时间超过两年，实际年化收益就已经可以达到1倍，在如此高的收益率情况下，绝大部分投资者都会选择获利了结，希望能够等到下次低点再进行投资，只是这一等则可能是永远。这就是人性，也是投资最难的部分。

（2）在此类走势中微笑曲线所发挥的作用即是降低波峰波谷的幅度，同时通过小幅多次的定投稳定投资者心态。因为从理论上来讲，这种形态最佳的理论投资方式是越早一次性购买收益越高，但是这样峰值峰谷对于投资心态影响也越明显。如果过早定投收益曲线会变得更加平滑，收益率体现形态也只有微笑曲线的后半段。同时多次小额定投也是一种强烈的心理暗示，那就是所投资品种长期肯定是上涨的。

这一点读者可能比较难以理解，我举一个例子，以医疗板块为例，多年来都保持稳定增长，追求最高收益当然一次性购买是最好的。可是医疗板块在2018年受市场和兄弟板块医药影响也出现了短期下跌。但因为长期上涨积存的收益有助于普通投资者稳定心态继续坚持，同时在2019—2020年医疗板块整体不断刷出新高，投资者再回头看收益曲线时就会有一种错觉，就是医疗行业指数基金一直以来都是稳定向上的。

模型三：

解析：图3.11模型假设定投指数在3000点附近开始定投，五年内绝大多数时间里都在3000点下方运行，到5年定投期结束阶段才开始快速拉升。现实中最符合此指数走势的行业就是证券行业指数，2007年10月证券行业指数随着牛市的冲顶也到了行业最高点位2751点，可是很快熊市到来，行业指数在10年内绝大多数时间在低位1000点以下运行，可是2015年杠杆牛市中又在短短的不到一年的时间里上涨到2995点的高位。

在此种模型走势下的盈利要求：

（1）尽量回避大高点阶段。这类品种有极为明显脉冲式上涨属性，容易形成历史性高点，如果在这个冲高过程中采用基金定投这种投资方式，非常容易在高位牢套大量筹码，并且在下跌过程中造成前期过于严重的亏损，冲击投资者信心，而使其放弃定投。

很多基金定投初学者都喜欢追过去一年的非常强势的品种，而像蚂蚁财富、天天基金这些平台都会不断推送过去一年的强势品种来吸引流量关注。它

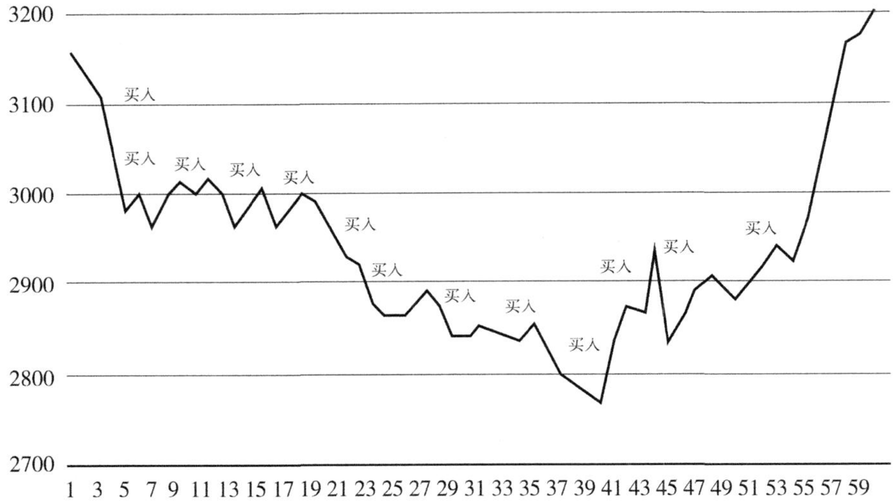

图 3.11　微笑曲线模型三

们忽视了这极容易造成追高的情况，基金定投最佳的定投时间是品种处于弱势阶段，甚至定投的早期阶段小幅亏损才是最佳状态。

（2）能够确认定投品种最终一定可以回到高点。模型三中定投的所有时间指数始终都在初始线下方运行，就算长期定投因为微笑曲线的原因，甚至有可能获得微利，但是绝大多数时间里我们都面临着可能亏损或理论性亏损的压力。这时我们就需要确定定投品种最终可以涨回去，而不是一种持续衰退、最终不可能再次回到高点的品种。在实际投资过程中，我们最常面对的情况就是模型三这种，这也是完美发挥微笑曲线定律的模型，因为当最终点位回到3000点时，则意味着在3000点下方的定投额都转为盈利，而且收益曲线也会显现“微笑形态”。

（3）拥有足够的资金储备、成熟的心态、正确的投资逻辑。如果你选择定投的品种是模型三这种类型，那么意味着你想要投资成功，需要的条件是比较苛刻的。第一，你需要有比较稳定的资金储备，因为长时间的不盈利或微利，意味着这一部分资金是长时间被占用的，半途而废意味着投资的完全失败。第二，面对极长时间的投资效果不佳后，短时间的暴涨，能够做出正确的买卖选择同样是对投资心态的重大考验。第三，模型三中支撑投资者走出“黑暗”的是正确投资逻辑。对证券行业指数而言只有两条：只要中国经济持续增长，与之相匹配的证券市场就会不断发展，在这个过程中就必定有牛熊市。还有一点就是“二八定律”，80%的利润绝大多数都是在20%的时间内获得的，模型三中的走势才是正常状态。

模型四：

解析：图3.12是定投初期为持续上涨期，但是到中后期相应指数快速下跌，从此长期保持低位运行，现实中最接近此模型走势的就是创业板指数。2015年的牛市中，创业板指数从2015年的1500点一年之内迅速冲高到4000点，然后以更加快速的方式回落到2000点以下，随后的三年多时间里一直在2000点以下运行。

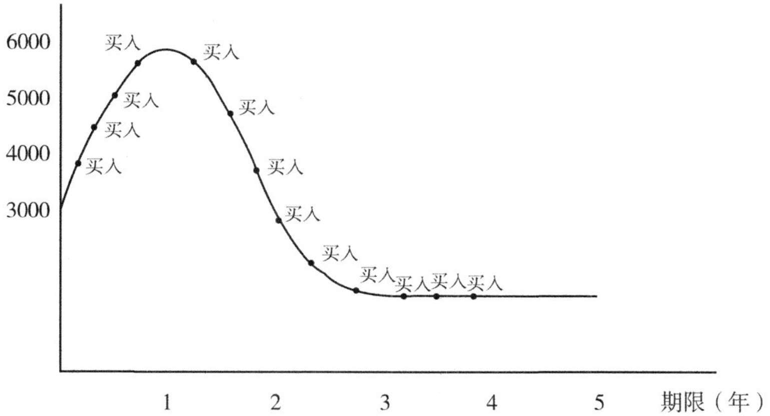

图3.12　微笑曲线模型四

此种模型走势下的盈利要求：

（1）理论上能够找到最低点进行重仓定投。此品种想要获利的难度极大，理论上要在最低点位区域进行双倍再平衡操作，让持仓线不断下移，尽量接近最低点，才有可能盈利。

（2）对比证券行业指数基金与创业板指数，我们需要确认一个问题。证券行业本身依托于证券市场，只要证券市场发展，有牛市时，证券行业是最大、最直接的受益者，必然会有明显的拉升过程，这在历史上5波牛熊市中得到了充分体现。而创业板指数则不一定，虽然永远无法上涨的可能性比较小，但是不代表不可能。因为目前A股的机构化趋势越发明显，资金越发集中于龙头白马股，而创业板本身要先行实施注册制，科创板在某种程度上讲功能也与其有所重叠。所以我们并不能想当然地认为创业板就一定可以再次崛起，创出新高。

模型五：

解析：图 3.13 假设定投初始阶段为 3000 点，在后续的 5 年中不断定投，但是整体指数却不断震荡下行，这是我们非常不愿意看到的情况。与证券、创业板指数不同的是，此指数模型在不断地阴跌，现实中最接近此模型的行业指数为石油，从 2007 年行业指数最高的 3407 点一路下跌到今天，即使是在中间 2015 年的牛市之中也只不过涨到最高的 1455 点，近 11 年间都在不停地、缓慢地连创新低。

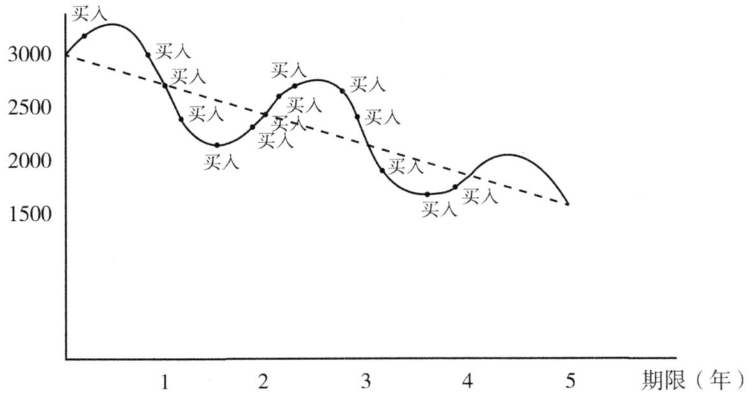

图 3.13　微笑曲线模型五

此类模型是我们基金定投中一定要回避的品种，因为持续地震荡新低，行业周期、股市周期都不能起到明显作用，这个时候即使是微笑曲线也是无能为力。因为其发挥作用最重要的前提条件就是确认此品种最终是一定会上涨的。

用“微笑曲线”去理解定投中的一些思维：

（1）基金定投是一项长期投资，是用时间换空间。微笑曲线中的持续投资并没有标明时长，但是总体上，基金定投需要一段足够长的时间让微笑曲线发挥作用。例如，定投证券行业指数需要的时长，大概是一波熊市转牛的过程。又或者定投的是白酒指数这种过去几年非常牛的指数，你也需要持续定投和持有，才能真正拿到其主要上升段的收益。况且白酒在这一波大牛行情前有两年的大跌阶段，当时因为限制“三公”消费与白酒塑化剂风波造成白酒一年多的持续大跌。基金定投中想要微笑曲线发挥作用，首先投资者要预估一个时间周期，这个周期的具体长短需要跟投资逻辑挂钩。

（2）基金定投并不适合市场处于牛市高景气阶段投资。我们可以看到在这五种模型下，考虑到A股脉冲式牛市的特点，在A股定投绝不是像有些人所说的不用考虑择时。不过投资者要明白虽然精准择时是不可能的，但是要尽量回避在市场牛市阶段进行定投，因为这样很容易造成初始仓位站岗，需要极长时间平滑曲线。

（3）基金定投中用微笑曲线克服短期亏损造成的心理冲击。永远不要用金钱去考验人性，人都是经不住“足够”价格的考验的！所以基金定投过程中初期小额的定投造成的短期亏损额不宜过大，否则绝大多数投资者是无法坚持的。而微笑曲线告诉我们初期小额亏损恰恰是最佳的定投状态，当明白这一道理后，投资者就比较容易接受初期波动带来的影响。

（4）不追求完美，追求正确的投资逻辑，而不是绝对的投资结果。理论与实践之间总是有很多意想不到的差别，没有人能预测未来，当我们投资逻辑清晰明确时，也只不过增加了投资获利的可能性与空间。但这绝不是完美的，中间也需要我们做一些力所能及的再平衡操作。基金定投过程是一个实践投资逻辑的过程，相信一个正确的投资逻辑会带来好的结果。

第4章　实战基金定投品种分析

4.1　A股定海神针——上证50

如果只能选择一只基金定投品种，笔者会留下上证50。如果投资股票的范围只能限定在一个很小的范围，笔者会选择从上证50的成分股中去选。因为上证50指数就是A股的定海神针，代表中国经济的中坚力量。

上证50指数编制方案：上证50指数以上证180指数样本股为样本空间，挑选上海证券市场规模大、流动性好的最具代表性的50只股票组成样本股，综合反映上海证券市场最具市场影响力的一批龙头企业的整体表现（见图4.1）。选样方法：对样本空间内的股票按照最近一年总市值、成交金额进行综合排名，选取排名前50位的股票组成样本，但市场表现异常并经专家委员会认定不宜作为样本的股票除外。

成分券名称	权重（%）	成分券名称	权重（%）	成分券名称	权重（%）	成分券名称	权重（%）	成分券名称	权重（%）
中国平安	16.79	农业银行	2.45	中国银行	1.37	中国联通	1.01	三安光电	0.65
贵州茅台	10.43	工商银行	2.24	国泰君安	1.35	中国人寿	0.98	复星医药	0.45
招商银行	6.44	海通证券	2.01	万华化学	1.26	宝钢股份	0.91	中国国航	0.44
恒瑞医药	4.95	中国建筑	1.94	中国中车	1.23	华夏幸福	0.91	洛阳钼业	0.42
兴业银行	4.79	中国太保	1.91	光大银行	1.22	建设银行	0.86	南方航空	0.4
伊利股份	3.11	保利地产	1.81	上海银行	1.17	中国重工	0.85	中国交建	0.39
中信证券	3.01	中国国旅	1.55	中国石化	1.15	中国石油	0.84	工业富联	0.32
交通银行	2.71	海螺水泥	1.48	华泰证券	1.12	中国中铁	0.83	药明康德	0.24
民生银行	2.69	上汽集团	1.45	中国神华	1.07	中国铁建	0.76	中信建投	0.18
浦发银行	2.58	三一重工	1.39	海尔智家	1.03	新华保险	0.7	中国人保	0.16

图4.1　上证50指数成分券名称及权重

资料来源：中证指数有限公司官网。

4.1.1　品种的选择及原因

上证50成分股分析：

（1）权重占比主体是以活跃度、市值综合考量。我们可以看到中国平安、贵州茅台权重均超过 10%，在上证 50 中权重远远超过市值第一的工商银行，这是因为上证 50 指数的制定会考量活跃度、流动性等综合指标。

（2）过去几年牛股占比非常高，中国平安、贵州茅台、招商银行、恒瑞医药，这前四大成分股过去十几年在 A 股中算绝对的超级大牛股。这说明上证 50 的制定标准能很好地跟踪市场资金方向，反映市场发展方向。

（3）总体金融股是第一权重，50 只成分股中金融股占了 21 家。金融为百业之母，是经济的中枢系统。它在上证 50 之中占据主导地位实属意料之中。同时金融股中银行股占比最高，其低估值、低波动属性决定了上证 50 整体的波动幅度不会太大的特性。

（4）全部为行业龙头，我们可以看到所有成分股都是行业龙头，除银行外，其余个股在行业中基本不是第一就是第二。这充分说明上证 50 整体大蓝筹特性，反过来讲入选上证 50 也是上交所大蓝筹身份的认证标准之一。

上证 50 特性分析：

（1）具有调控市场的工具属性，因为上证 50 涵盖上交所最主要的大蓝筹品种，所以 2016 年股灾时期，平准基金入市采取的策略就是直扑上证 50，稳定了上证 50 也就稳住了市场火车头。上证 50 金融股绝大部分股份是不交易的，大部分掌握在两金公司手中，这是政策资金的大本营。

（2）政策资金定下限，职业机构定上限。如果说金融类个股是政策资金的大本营，上证 50 中其他品种则是各大公私募基金、海外机构资金的主战场。政策资金决定了上证 50 最大权重金融股的下限，让其保持稳定。而其他品种则是职业机构主要购买方向，它们的上涨幅度、活跃程度远超金融股，恒瑞医药、贵州茅台在过去十年涨幅超过了 20 倍，就是最好的体现。

上证 50 品种确立：

（1）上证 50 最优选择答案是明确的：上证 50ETF。可以通过证券软件买，因为是场内基金，手续费用最低，与指数贴和度最高。如果不想用证券软件买，那么每家基金公司都有跟踪上证 50 的品种，不选择增强型即可。

（2）上证 50 指数与央视 50 的对比。在日常工作中，经常有投资者问我们一个这样的问题："定投央视 50 是不是比定投上证 50 要好？感觉央视 50 比上证 50 要更加全面。"笔者的观点是上证 50 要比央视 50 好得多。

两方业绩对比：根据表 4.1 我们不难看出除了近三个月央视 50 的表现要优于上证 50 以外，其他时间都是上证 50 的表现更为优秀。时间越长，上证 50 的优势越明显，尤其是当考虑到 2016 年和 2018 年这两年熊市中的表现，上证 50 的优势就更明显了。这是为什么？

表 4.1　**2019 年 11 月 1 日，央视 50 和上证 50 代表基金业绩对比**

	招商央视 50	建信央视 50	易方达上证 50
近 1 周	1.51%	1.40%	1.08%
近 1 月	3.84%	3.55%	2.73%
近 3 月	6.67%	5.05%	4.52%
近 6 月	6.50%	4.56%	8.27%
今年来	37.26%	33.07%	47.80%
近 1 年	32.33%	28.90%	41.04%
近 2 年	8.51%	4.79%	29.79%
近 3 年	51.68%	49.75%	75.46%

央视 50 指数则以基本面指标为基础（见表 4.2），全面考量上市公司创新、成长、回报、治理、责任五大要素。其中，创新、成长、治理、责任是较为主观的指标。而成分股似乎又和上述评价体系没有太大的关联。例如承德露露、东阿阿胶有什么创新吗？是核桃有创新出新品种，还是阿胶不用杀驴了？责任则更让人不知道明确的边界在哪里。又或是，难道因为吃药很重要，所以 50 只股票中竟然有 7 只医药股？而从这五大评价体系以及样本股调整来看，央视 50 是一个不够稳定的指数。

当然，央视 50 本身也是有一定优势的，那就是相较于上证 50 而言，它可以投资深市，选择面更广。只不过按照上述标准，为什么爱尔眼科、五粮液这种超级大牛股没有入选？而如果单纯按交易量、市值、行业代表性三条标准，这些股票则一定可以入选。

上证 50 的情况又如何呢？

一方面，上证 50 编制规则上规模大、流通性最好、最有代表性。事实上，你将上交所中规模前 100 名、流通性前 100 名、50 个主要行业中每个行业选两只股票一重叠，同时符合上述条件的股票基本上就构成了上证 50 的主体成分。其标准可数据化，表现也更加稳定。

另一方面，上证 50 本身的先发优势。这一点也就是前文提到的“政策资金定下限，职业机构定上限”。

表 4.2 **央视 50 成分股**

序号	股票简称	序号	股票简称	序号	股票简称	序号	股票简称	序号	股票简称
1	贵州茅台	11	美的集团	21	大族激光	31	上汽集团	41	中天科技
2	汇顶科技	12	青岛啤酒	22	海康威视	32	福耀玻璃	42	碧水源
3	兆易创新	13	广联达	23	韵达股份	33	东软载波	43	鲁泰 A
4	古井贡酒	14	双汇发展	24	汇川技术	34	中国神华	44	承德露露
5	恒瑞医药	15	乐普医疗	25	中国太保	35	兴业银行	45	峨眉山 A
6	云南白药	16	德赛电池	26	东阿阿胶	36	钢研高纳	46	建设银行
7	中国平安	17	科大讯飞	27	万科 A	37	海尔智家	47	民生银行
8	海螺水泥	18	复星医药	28	同仁堂	38	天士力	48	天津港
9	格力电器	19	招商银行	29	迪安诊断	39	机器人	49	工商银行
10	法拉电子	20	伊利股份	30	国电南瑞	40	双鹭药业	50	中国银行

总的来说，上证 50 是一个更专业的指数，而央视 50 更像是一个主动管理型指数。如果是基金定投，笔者永远都会选择定投上证 50。除非来一个上深 50 指数，笔者才会考虑。

投资金额的确定：

（1）根据个人收入结余情况，不建议超出 20%。这一点是基本原则，根据个人情况可以做一些增减。

（2）基金组合中上证 50 应当是底仓配置，占比不能低于 20%。上证 50 是基金定投组合中基础配置，无论任何人在做基金组合时，如果不配置上证 50，笔者都认为这是一个外行。因为上证 50 具备稳定器的作用，具有中和极端行情的特点，是抑制波动的利器。更何况上证 50 攻守兼备，十分符合目前 A 股走向机构化的趋势。

4.1.2 实战操作策略

（1）再平衡策略的制定。上证 50 的再平衡策略主要集中在市场处于绝对弱势期，每当市场出现波动时，笔者建议投资者可以考虑加倍定投上证 50 品种。在市场进入正常阶段，少看少动为最佳选择。这是一个以稳为主要特点的定投品种，所以无需太多调整，多余的操作只会起反效果。

（2）止盈与止损策略。上证 50 在市场处于弱势阶段或震荡期时，可以采用目标法与时间法。即在设计的时间内达到目标收益即可考虑止盈。止损则适合采取盈亏比例法，因为波动性较小，如果连上证 50 都出现大幅调整，则说明市场有可能处在历史极端趋势之中。

总结：上证 50 是基金定投中最适合基金定投初学者练手的品种，拥有投资逻辑易理解、品种走势攻守兼备、成分股公司名气大、业绩发展参考资料足等众多优势。如果你没有做过基金定投，想要做一个尝试，上证 50 是不二选择。

4.2　定投沪深 300 就是在赌国运

沪深 300 指数是中证指数有限公司推出的最重要的指数之一，从其意义上来说对照的就是美国的标普 500 指数。市场上有一种说法，定投沪深 300 就是在赌国运，这种说法到底有没有道理，笔者将从几个角度为大家去做分析。

4.2.1　品种选择及原因

1. 中证指数公司给沪深 300 的标准定义

沪深 300 是对样本空间股票在最近一年（新股为上市以来）的日均成交金额由高到低排名，剔除排名后 50%的股票，然后对剩余股票按照日均总市值由高到低进行排名，选取排名在前 300 名的股票作为样本股。它是由上海和深圳证券市场中选取 300 只 A 股作为样本编制而成的成分股指数。沪深 300 指数样本覆盖了沪深市场六成左右的市值，具有良好的市场代表性。沪深 300 指数是沪深证券交易所第一次联合发布的反映 A 股市场整体走势的指数。

解读：沪深 300 的运行、制定、计算等规则比上述要复杂，细节不在我们的讨论范围内。但是梳理以上一段讲述不难看出，如果要在市场选择出一个最能代表市场主要形态的指数就是沪深 300，因为其选择了 A 股主要行业的龙头股，总市值可以占到全市场 60%以上，剔除了相当部分垃圾股和小市值股票。可以说沪深 300 指数的走势直接决定了大盘总体的走势，其成分公司是中国经济各行各业的核心。

2. 标普500对于美国经济的意义

①标普500指数指的是标准普尔加权计算在美国上市500家公司的一个股票指数。这个股票指数由标准普尔公司创建并维护，标准普尔500指数覆盖的所有公司，都是在美国主要交易所，如纽约证券交易所、NASDAQ交易所的上市公司。

②标普500指数是由标准普尔公司1957年开始编制的。最初的成分股由425种工业股票、15种铁路股票和60种公用事业股票组成。从1976年7月1日开始，其成分股改由400种工业股票、20种运输业股票、40种公用事业股票和40种金融业股票组成。

③标准普尔的服务涉及各个金融领域，主要包括：对全球数万亿债务进行评级；提供涉及1.5万亿美元投资资产的标准普尔指数；针对股票、固定收入、外汇及共同基金等市场提供客观的信息、分析报告。

④标准普尔1200指数和标准普尔500指数已经分别成为全球股市表现和美国投资组合指数的基准。该公司同时为世界各地超过220000家证券及基金进行信用评级。标准普尔已成为一个世界级的资讯品牌与权威的国际分析机构。

想要了解美国股市的基本状况、企业经济状况最简单的手段就是分析标普500，这个指数是最能代表美国股市的。沪深300对标的就是标普500，两者对于两国国内股市的意义是基本一致的，所以巴菲特推荐定投标普500的引申含义就是“长期投资美国”。

3. 沪深300指数成分股的变迁史

图4.2为沪深300近5次样本股调整调出股票的相关情况，我们可以看到其中有不少周期股以及经营管理出现明显下滑的上市公司被剔除了。此外，还有诸如乐视网、*ST保千、ST康美、*ST康得等这样的垃圾股被调出了成分股。

图4.3为沪深300近5次样本股调整调入股票的相关情况，我们可以看到有不少细分行业龙头以及上市时间不是特别长的优质上市公司被调入了名单，如长春高新、工业富联、药明康德、兆易创新、中国人保等。

从上述两份名单来看，随着中国社会经济的发展，沪深300也在慢慢地改变自己的成分股构成。那些能代表新经济方向以及前景良好行业中的上市公司

2017年6月	2017年12月	2018年6月	2018年12月	2019年6月
深圳能源	中国宝安	神州高铁	中金岭南	国新健康
中集集团	华数传媒	东北证券	中天金融	*ST盐湖
农 产 品	神州信息	航发控制	万向钱潮	启迪桑德
锦龙股份	苏宁环球	国海证券	吉林敖东	中信国安
新兴铸管	华闻传媒	游族网络	美锦能源	首钢股份
一汽轿车	电广传媒	奥飞娱乐	国轩高科	西山煤电
万丰奥威	浪潮信息	贵州百灵	大北农	招商公路
中环股份	紫光国芯	胜利精密	金正大	万丰奥威
百润股份	利欧股份	海格通信	山西证券	*ST康得
神州泰岳	广电运通	裕同科技	江苏国信	索菲亚
爱尔眼科	怡亚通	张家港行	万达电影	第一创业
蓝色光标	二三四五	视源股份	华谊兄弟	永泰能源
银之杰	圣农发展	掌趣科技	首创股份	ST康美
汤臣倍健	乐视网	上海电力	中文传媒	厦门钨业
捷成股份	华策影视	*ST保千	首开股份	辽宁成大
中恒集团	万达信息	信威集团	陆家嘴	华安证券
天地科技	歌华有线	城投控股	南京新百	广深铁路
外高桥	海信电器	中船防务	鹏博士	中国核建
*ST中安	中国船舶	百联股份	隧道股份	大唐发电
奥瑞德	广汇能源	*ST油服	江苏有线	
锦江股份	金证股份	张江高科	太平洋	
鲁信创投	东软集团	海南橡胶	际华集团	
四川长虹	中粮糖业	三角轮胎	中远海发	
通化东宝	小康股份	中原证券	金钼股份	
梅花生物		中信重工		
东方电气		招商轮船		
庞大集团		玲珑轮胎		
凤凰传媒				
人民网				
吉祥航空				

图 4.2 沪深 300 近 5 次样本股调整调出名单

资料来源：中证指数有限公司官网。

将会越来越多地进入沪深 300 指数中。

经过每隔半年的一次的一次样本股调整，截至 2019 年 11 月 1 日，沪深 300 的行业权重分布及十大权重股如图 4.4 所示。

相较于上证 50，沪深 300 还包含了深交所的龙头，比如可选消费龙头格力电器、美的集团，主要消费龙头五粮液等。此外，该指数中还包括创业板市值排名靠前的温氏股份、爱尔眼科等。也就是说，从整体上看，沪深 300 的优质上市公司更全面。其最能反映中国 A 股市场上市股票价格的整体表现。

2017年6月	2017年12月	2018年6月	2018年12月	2019年6月
首钢股份	美锦能源	北新建材	藏格控股	古井贡酒
中南建设	鞍钢股份	招商公路	沙隆达A	攀钢钒钛
美年健康	信立泰	三花智控	长春高新	金科股份
顺丰控股	赣锋锂业	万丰奥威	恒逸石化	传化智联
必康股份	申通快递	荣盛石化	新和成	广联达
老板电器	索菲亚	光启技术	苏泊尔	万达电影
三七互娱	龙蟒佰利	盈趣科技	韵达股份	鹏鼎控股
世纪游轮	江苏国信	三环集团	中航光电	长城证券
世纪华通	完美世界	蓝思科技	东方雨虹	华林证券
裕同科技	乐普医疗	华能水电	海大集团	芒果超媒
张家港行	爱尔眼科	中国巨石	科伦药业	温氏股份
视源股份	智飞生物	中油工程	康弘药业	安迪苏
圆通速递	信维通信	恒力股份	沃森生物	陆家嘴
片仔癀	华能国际	海澜之家	利亚德	北汽蓝谷
中天科技	南山铝业	通威股份	白云机场	天风证券
南京新百	五矿资本	亨通光电	华电国际	青岛港
华安证券	隆基股份	方大炭素	济川药业	中国人保
江苏银行	白银有色	山西汾酒	中航沈飞	长沙银行
杭州银行	广州港	通化东宝	九州通	中科曙光
中国电影	浙商证券	财通证券	中信建投	
中国化学	中煤能源	广汽集团	工业富联	
三角轮胎	大唐发电	三六零	养元饮品	
上海银行	华友钴业	中海油服	药明康德	
中原证券	欧派家居	美凯龙	兆易创新	
中国银河		成都银行		
玲珑轮胎		合盛硅业		
金隅股份		海天味业		
贵阳银行				
汇顶科技				
步长制药				

图4.3　沪深300近5次样本股调整调入名单

资料来源：中证指数有限公司官网。

4. 定投基金的选择

沪深300是目前市场主力基金定投品种，各大基金公司都有追踪该指数的基金，所以我们以选取原则为主，大家可以自主决定具体的品种。

首先，长期定投不要选择增强型，因为与基金定投的基础优势有冲突。通常基金公司跟踪的指数型基金会推出所谓增强型，是指在原指数的制定规则与股票范围内，基金经理根据实际的市场情况调整部分品种的仓位占比和成分股数量。从根本上讲，增强型指数基金更接近成为主动管理型基金，随之而来的就是更高的管理费、交易费用，以及更大的波动。

行业名称	占比	十大权重股简称	行业	权重
金融地产	38.30%	中国平安	金融地产	7.59
主要消费	13.14%	贵州茅台	主要消费	4.64
工业	11.07%	招商银行	金融地产	2.94
可选消费	10.38%	格力电器	可选消费	2.39
信息技术	8.11%	恒瑞医药	医药卫生	2.23
医药卫生	7.15%	美的集团	可选消费	2.23
原材料	5.74%	兴业银行	金融地产	2.2
公用事业	2.15%	五 粮 液	主要消费	2.02
能源	2.04%	伊利股份	主要消费	1.4
电信业务	1.92%	中信证券	金融地产	1.36

图 4.4　沪深 300 行业权重分布及十大权重股

资料来源：中证指数有限公司官网。

例如，天弘沪深 300 指数 A（000961）的管理费率为 0.50%（每年），托管费率为 0.10%（每年）。而富国沪深 300 指数增强（100038）的管理费率为 1.00%（每年），托管费率为 0.18%（每年）。

其次，大公司、长时间、低费用这三条通行准则。通常情况下笔者建议购买较大基金公司的指数产品，因为公司规模越大，经营风格反而更被动、不激进。而大公司的指数型基金购买金额体量大，不易被清盘。基金运营时间越长越好。第一，运营时间越长，可参考数据越多，可以更好地判断基金经理的跟踪水平。第二，运营时间越长，基金规模越稳定，对于长时间定投有明显的好处。低费用：指数型基金的一大好处就是较低的管理费用和交易成本费用。因为是跟踪现成指数，任何从业者都可以完成，所以谁当基金经理不是很重要。通常情况下被动型基金经理都会身兼数只此类型的基金。再加上被动跟踪调整次数，占比都非常少，也客观上降低了税费成本。所以在选择此类基金时我们需要比较一下每一家的购买费用，还有相关购买平台，例如像蚂蚁财富、天天基金网一般是一折优惠。

最后，第一大成分股的调整轨迹。购买任何股票型基金前都需要看一下前十大成分股的结构和变动历史，结合盘面分析基金经理的投资水平与风格。其中第一大成分股的变化情况是最重要的，因为这是基金经理最看中的股票。虽然是沪深 300 指数中的股票，主要是参照指数的变动，但是实际的操作上，基金经理还是有一定权限的，其中第一大成分股具有最显著的特征，最具参考意义。

4.2.2 实战操作策略

1. 沪深300总体策略

周期策略：即牛熊策略，是指在周期低谷以短暂、少量的亏损，换取长时间积累较为便宜的筹码，等到牛市行情来临后，再选择高点卖出。因为A股是一个强周期市场，牛熊市之间点位差距极大，且熊长牛短非常适合这种策略。总的来说这种策略是以周期为依据，一个完整的定投周期就是一个完整的牛熊周期。沪深300是一个最能代表市场大势的指数，所以每一波牛熊它都不会错过，或者说每一波牛熊市的判定，都是根据它的走势来的。

长时间策略：是以时间为策略标准，但是只有在较长的时间周期里才能体现出定投的优势。例如：笔者今年33岁，准备65岁后退休，距离这个时间还有32年。在这段时间里笔者持续定投沪深300，其核心理念就是相信未来30年中国经济会持续稳定发展，这时与市场一时涨跌已经没有任何关系了。

点位策略：以2019年8月份股票指数为例，一直在3000点下方运营，假设你认定3000点以下为微笑曲线中轴线下方，这意味着在此建仓的拿到的筹码未来都可以获利。这个时候你可以完全制定3000点以下每个月都坚持定投或是双倍定投的策略，通过这种方式来放大收益率。

增减性策略：越跌越买，越涨越卖！理论上要想取得最大的收益率就需要在最底部建最大的仓位，但是没有谁能知道真正的最底部，所以基金定投通过化整为零，从相对低点开始定投，在定投初期承受少量亏损的情况下，不断小幅建仓。当点位不断下跌时，理论上也意味着越接近底部区域。

2. 沪深300的止损与止盈

①目标法。投资的目标最终还是为了盈利，所以基金定投过程中完全可以根据自身的盈利目标进行止盈，假设你的目标就是投资1万元，年化盈利达到10%即可。当你赚到1000块时就可以结束定投，即使定投时间没有达到，还有部分资金没有购买。反之，止损是一样的原理，达到止损金额时，就可以毫不犹豫地进行止损。此种方法比较适合投资能力弱的初学者，因为其不符合基金定投的规律。

②点位法。当投资者认定一个点位是高点，一个点位是低点时，假设是正确的，理论上在接近低点位时不断地持续定投，接近最高点位时再卖出。这种方法最大的问题是点位的高与低不是人可以预测的。可是在实际投资过程中我

们又不得不做出多次假设，基金定投的好处就在于可以提高容错率。假设我们认为 3000 点是低点，我们开始定投，即使错了也可以不断定投到 2500 点。而我们认为 4000 点是高点，在接近它时我们可以选择卖出，即使短期涨不到，但是持续定投，迟早是有可能到达这个点位的。此种方法的效果与点位预测的准确率是息息相关的，带有很强的主观色彩与运气成分。此方式在定投的过程中可以做为止损止盈的组成部分，但是不可以是根本。

③时间法。时间法是指在定投前设计一个大概的定投时间，中间无论标的的走势如何，一定要坚持到定投的时间结束。这个方法的好处在于不掺杂人的主观感受，受行情波动较小。并且可以比较良好地发挥基金定投的特性，所以推荐在定投过程中以时间法为买卖点的主体设计，中间可以掺杂一些目标、点位的想法。

4.3　证券行业指数——穿越牛熊周期

4.3.1　品种选择及原因

一、品种的确定

因为证券行业板块的公司并不多，所以市场中跟踪证券行业指数的基金也不算太多。截至 2019 年 11 月 1 日，市场中比较有代表性的证券行业指数基金如表 4.3 所示。

表 4.3　目前市场中跟踪证券行业的指数基金

序号	基金名称	基金代码
1	富国中证全指证券公司指数分级	161027
2	申万菱信申万证券分级	163113
3	国泰中证申万证券行业指数	501016
4	招商中证全指证券公司指数分级	161720
5	鹏华证券分级	160633
6	易方达证券公司分级	502010
7	华安中证全指证券公司指数分级	160419

续表

序号	基金名称	基金代码
8	融通证券分级	161629
9	长盛中证证券公司分级	502053
10	汇添富中证全指证券公司指数 A	501047
11	南方中证全指证券 ETF	512900
12	华宝中证全指证券 ETF	512000
13	华夏中证全指证券公司 ETF	515010

资料来源：作者根据网上公开资料整理。

在确定的过程中，我们遵循以下筛选原则：

（1）指数类基金优先，因为指数型基金费用更低，更有代表性，可以更好地排除人为因素的干扰。

（2）基金成分股更均衡者优先。中信证券是行业龙头股，在历史数轮的周期中综合表现更为优秀，所以很多证券指数基金中信证券的占比都非常高。如果单论投资一只证券股或是定投一只证券股，无疑笔者会首推中信证券。可是我们采取基金定投的方式投资证券行业指数基金，看中的就是其周期共振幅度大，80%的时间内承受更大的波动甚至是亏损都是在计划之内的事情，因为20%的牛市共振中它的上涨空间会更大，这样才能取得更高的投资收益率。所以如果采取基金定投的方式，笔者反而更倾向于份额分布更为均匀的品种。

（3）综合费用低者优先。因为基金定投是长时间投资，基金的综合持有费用也是需要考虑在内的，价优者得是一个常识。

二、投资金额的确定

根据家庭与个人情况进行配置，原则上定投金额不超过家庭月结余的20%。证券行业指数基金是一个高波动品种，需要长期忍受亏损状态。在这种情况下，投资者在定投前一定要考虑清楚多大的绝对亏损额不会影响你事先的定投计划，可以保证自己能够定投下去。例如 2016—2018 年三年时间证券行业整体跌幅达到了 70%，如果你在 2015 年 6 月证券行业顶峰进行定投，你的收益率在 2018 年最坏时期在-25%与 30%之间。这个时候很多投资者都没有办法坚持到 2019 年 2—5 月短短三个月证券行业指数近 60%的涨幅阶段。这一点是由证券行业的特性所决定的，这是一个强周期行业。

这里有一个简单的方法：定投金额×50 个月×30%的亏损率=绝对的亏损额。大家可以通过这个公式看下自己的情况，也就是在定投几年后，上述结果是否会动摇你之前的定投逻辑：你是否依然会坚信自己当初的结论？是否能做到即使是最终亏损，也可以淡定地认赔出局？

4.3.2　实战操作策略

再平衡策略的制定：从投资逻辑上我们一定要紧紧抓住证券行业指数就是股市的晴雨表这一特性。周期大概的高低点：全民牛市疯狂到极点阶段就是接近高点的阶段，此时证券一定会在高点，也意味着是定投可以结束并获利的阶段，此时只用提醒自己不要赚最后一个铜板即可。而人们都接近绝望时，也意味着市场离底部不是很远，此时只需要提醒自己，别人害怕时我贪婪即可。以市场真实的时间线来看，2018 年人们绝望之时就是相对低点，此时定投极佳。2019 年初，证券行业多股在 3 个月之内翻倍，也意味着短期高点已现。2019 年下半年市场在 3000 点反复震荡，后期牛熊难料，但是我们可以确认的是此处点位离 2018 年大熊市最低点比较近，而离 2015 年牛市高点还很远，所以此时定投虽然不是最佳阶段，但完全在接受范围之内。

根据前面章节中再平衡策略的手段及操作方法：

（1）初始阶段的判定。一定要回避牛市开始阶段定投证券行业指数类基金，因为证券行业受牛熊市影响高于市场上其他任何一个行业板块。这意味着牛市定投证券行业指数类基金，按过往经验，你所要承受的跌幅从来没有低于过 50%。初始阶段最佳肯定是熊市最黑暗时期，但是这个时间点比较难以判断，个人经验来讲建议在牛转熊之后一年即可。因为此时市场未必到达最低点，但是离高点也有了相当远的距离，定投并不要求投资在最低点位，相对低点即可。

（2）初始强势震荡期。证券行业因为是周期板块，震荡幅度大，不同于其他的定投，初期无论强弱都要坚持定投。证券行业指数类基金如果定投时间不久后，即出现强势上涨，是可以考虑卖出获利了结的。这里假设你是在 2018 年中进行定投，到 2019 年你的定投时间还不到一年，可是短期之内相关基金涨幅已经超过 50%，完全可以考虑提前结束定投。虽然 2019 年 5 月不一定是此轮最高点，但是短期获利过大，考虑到后期也有可能出现极大调整，提前结束为佳。

（3）初始弱势震荡期。本书中其他推荐品种，通常在初始定投阶段，即面对持续小幅阴跌时，笔者建议可以考虑加倍定投，以求能够在较低区域积累更多廉价筹码。但是证券指数类基金却不在内，原因是此基金波动幅度大、下跌周期长，拥有足够长的时间才能积累到较为廉价的筹码。

（4）中段弱势震荡期。这里的中段是以五年左右为标准时长的，进入中段后，筹码定投有一定比例，且位于单月定投额对于基金净值影响较小，此时即使是弱势震荡也可以考虑在某些特定点位，以认为较为合适的价格进行双倍定投。证券行业指数波动很大，投资也从来都没有万全之策，赚钱靠的就是你的眼光和决断力，中期阶段的弱势震荡下行走势，恰恰是建立仓位最佳时机。

（5）中段强势震荡期。这个阶段任何基金的策略都是一样的，按计划行事。因为这个阶段卖，没有拿到应该有的收益；加倍定投筹码并不便宜了，没有必要。

（6）末段强势震荡期。这个时点考验的是止盈能力，定投进入最后阶段面临着两种情况：一种是积累了一定的收益，但是离牛市预期似乎又有一点远。另一种则是没有什么利润，寄希望于末段的20%关键时间。其中证券行业指数大多是面临后一种情况，这种时候如果市场进入强势震荡期，投资者很容易获利了结。因为长时间地定投不见收益，对于投资者信心的冲击是巨大的，当出现短期暴涨时很难把握住，尤其是证券板块，即使在主升浪阶段也会体现出极强的博弈性。这里需要回到原点，回想一下当初定投证券行业指数看中的就是它的强周期性，相信只要股市整体上涨，证券股必成其中龙头主力之一，同时赚得超市场平均收益的收益。这一点至少在过去三十年是经过股市反复验证过的。

（7）末段弱势震荡期。当定投的份额已经很多，每月的定投金额对于基金净值影响比较小，市场又处于弱势时，建议可以采取隔月双倍定投的方式，具体的定投时间点选择两月中下跌幅度较大的月份。这个时期我们能做的事情就比较少了，主要是保持平稳心态，如果最坏的情况出现即计划定投时间已经到达，但是上涨周期依然没有到，同时资金与信心都所剩无几，则可以考虑一次性卖出30%左右，再减半定投，或是认赔出局。

止盈设置理论：

证券行业指数的定投逻辑基础是A股市场强周期性波动规律和证券行业指数对其有明显的放大。当我们的基金定投最终充分体现了这一点时，也就是说我们来到其20%的上升阶段，也就离我们的止盈不远了。不要试图去预测其最终能到达的点位，就像每一波牛市过程中都有人预测大盘可以到1万点以上一样，最后的结局都只说明了一件事情，这就是一个笑话。

我们只能通过历史和自身去找寻那个止盈点与止盈条件。根据对中国 A 股牛市持续时长的统计，我们可以看到 A 股牛市的持续时长最短为 10 个月左右，最长为两年半，大概率只有 15 个月左右。

第一阶段：个人建议在持续时间接近 9 个月左右时，可以考虑第一波减仓与停止定投，减仓程度根据自身情况决定，但是建议一定要高于本金金额，也就是将定投的成本资金取出，只留存收益。

第二阶段：可以将减仓分为三部分，每隔两个月或三个月取出。这也就是分批止盈，分别对应的时间长度是上涨整一年期、牛市平均时长、接近最长时间段。

第三阶段：实际上当市场走牛一段时间后，会表现出异常的亢奋，指数的波动范围会加大。这个过程大家可以根据实际情况和自身的收益预期进行权衡，可以随时进行止盈操作。

以上纯粹都是经验之谈，经验不代表科学，也远非标准答案。投资既要有计划，也要有纲领，最重要的是随行就市进行调整。止盈理论整体思想：不追求完美，不赚最后一个铜板，但一定要坚持赚到应该有的大部分收益，坚持完成定投计划。

止损设置理论：

投资有风险，入市需谨慎。投资过程中有很多的不可控因素，即使投资逻辑合理也不一定能够获得良好的收益。所以我们需要做好投资失败的准备，那么在何种情况下需要及时止损呢？

（1）中国经济持续危机，证券市场失去增长的长期基础。靠山吃山，靠水吃水，证券行业的所有从业者实际上跟农民很像，对于大环境的依赖程度都超乎想象。证券行业靠的是中国资本市场的健康发展，而中国资本市场靠的是中国经济的持续发展。反过来讲只要中国经济持续健康发展，中国资本市场内生动力就不会衰竭，牛熊周期就不会结束。世界上最伟大的投资家、投资银行都产生于美国，并不是因为他们真的比他国同行高明多少，只是因为 20 世纪是美国世纪，用巴菲特的行动和话来解释："永远做多美国。"

（2）投资逻辑链条断裂，如 A 股市场周期性特征消失，证券行业长期基本面与证券市场的重叠性和放大性消失。投资证券的核心逻辑链条有两条，第一条是如上所说证券行业存在的根基，第二条就是股市有明显的牛熊市，如果没有，整个投资链条就会断。那么 A 股会不会出现牛熊市消失的情况？其实这一点在美国是有所体现的。美国市场已经持续了 11 年慢牛，而近两波牛市之间的转换时间非常短，应该说这是未来 A 股市场的趋势。2016 年以后随着以平准基金为主体的国家资本进入市场，养老金、企业年金、社保资金、外资等机构资金引入，A股市场已经有明显的机构化特征，牛熊市变得不明显，结构化行情一直持续。但是股市诞生的时间超过200年，人性是没有变化的，有涨有跌、有牛有熊是无法改变的。未来A股的牛熊市转化很可能不会再像过去那么极端，但是相较美国还是会比较明显。

总结：证券行业指数基金的定投是一个完美的基金定投模型指数。极大的波动幅度、极强的周期性确保能够充分发挥“微笑曲线”，而且中国牛短熊长，有足够长的时间积累大量筹码。可是从实际地执行情况来看，这是一个对投资者考验最大的定投品种，在投资者不成熟阶段还是谨慎对待为佳。

4.4 银行行业指数——安全边际最高的定投品种

如果有人问笔者买什么股票最安全，笔者会说没有最安全的股票。但是如果有人问笔者投资什么行业最安全，笔者会回答是银行，因为银行业整体的安全边际最大。

4.4.1 品种选择及原因

一、为什么说银行业是我国股市中，以行业为单位，安全边际最高的行业

1. 估值最低

根据最新分类，证监会将全市场的上市公司分为了19个门类，90个大类。其中，金融业有106家上市公司，包括货币金融服务35家（以银行为主）、资本市场服务50家（以券商为主）、保险业7家、其他金融业14家。以这个为标准，我们统计了这90个大类行业在2019年11月1日的滚动市盈率加权平均排名，可以发现货币金融服务业是最低的。也就是说从整个市场来看，银行业的市盈率最低（见图4.5）。

2. 比重最高

据统计，截至2019年11月1日，银行业总市值10.71万亿元，占A股总市值的61.45万亿元的17.43%，是排名第二的保险业的总市值3.92万亿元的2.73倍。从这些数据就可以看出银行业在A股中的比重之高。

上市公司行业平均市盈率统计表

分类标准：证监会行业分类　　统计板块：深沪全市场　　更新日期：2019-11-01

行业编码		行业名称	公司数量	静态市盈率		滚动市盈率	
门类	大类			加权平均	中位数	加权平均	中位数
	I65	软件和信息技术服务业	209	55.02	66.85	52.04	63.1
J		**金融业**	**106**	**10.21**	**25.17**	**8.97**	**18.71**
	J66	货币金融服务	35	7.22	7.37	6.8	6.86
	J67	资本市场服务	50	37.53	56.43	25.79	33.35
	J68	保险业	7	22.88	24.43	13.13	14.11
	J69	其他金融业	14	18.74	41.51	16.95	29.64
K		**房地产业**	**127**	**9.77**	**13.94**	**8.64**	**11.49**
	K70	房地产业	127	9.77	13.94	8.64	11.49
L		**租赁和商务服务业**	**54**	**23.95**	**31.93**	**25.38**	**32.14**
	L71	租赁业	3	10.63	46.05	13.77	30.92
	L72	商务服务业	51	25.32	31.93	26.57	33.36
M		**科学研究和技术服务业**	**54**	**42.01**	**33.25**	**40.92**	**32.85**
	M73	研究和试验发展	7	75.15	NA	81.92	82.13
	M74	专业技术服务业	46	29.33	30.43	27.8	32.32
	M75	科技推广和应用服务业	1	NA	NA	NA	NA
N		**水利、环境和公共设施管理业**	**51**	**21.8**	**23.23**	**21.53**	**22.79**
	N76	水利管理业	0	NA	NA	NA	NA
	N77	生态保护和环境治理业	36	22.72	23.21	21.99	22.79
	N78	公共设施管理业	15	17.83	23.24	19.31	25.64
O		**居民服务、修理和其他服务业**	**1**	**51.5**	**51.5**	**NA**	**NA**
	O79	居民服务业	0	NA	NA	NA	NA
	O80	机动车、电子产品和日用产品修理业	1	51.5	51.5	NA	NA
	O81	其他服务业	0	NA	NA	NA	NA

图 4.5　上市公司行业平均市盈率统计

资料来源：国证指数官网。

3. 经济影响力巨大

金融业被称为百业之母，这是因为经济本质上是资本运转，其中最重要的一项就是以金融机构为核心枢纽。所以无论经济处于扩张还是收缩，处于健康还是危机，金融机构都必须保持稳定、健康。这也是我国金融政策制定的前提条件和首要考虑因素，恰恰是它的重要影响力，让它成为经济基石，稳若磐石是基本要求。

4. 政策保障度最高

“共和国长子”在不同领域里有不同说法，例如在地域上指的是东北，但是在经济领域指的则是以四大银行为代表的银行业，因为我国金融体系是建立在以银行为绝对核心的基础之上的，银行是我国管理层落实具体金融政策最重要的执行人。所以在我国银行业出现危机时，最高决策者都会毫不犹豫地采取最强的政策及资金支持。

著名历史事件：

①四大资产公司的设立。1997 年亚洲金融危机后，为解决银行体系巨额不良资产问题，1999 年国务院在借鉴国际经验的基础上相继成立中国华融资产管理公司、中国长城资产管理公司、中国东方资产管理公司、中国信达资产管理公司，分别接收从中国工商银行、中国农业银行、中国银行、中国建设银行剥离出来的不良资产。其中，中国信达资产管理公司于 1999 年 4 月成立，其他三家分别于 1999 年 10 月成立。成立之初，除信达的人员较为整齐之外，其余三家均临时从对应的国有银行抽调。当时财政部为四家公司各拨 100 亿元资本金，央行发放了 5700 亿元的再贷款，AMC 获准向对口国有商业银行发行了固定利率为 2.25%的 8200 亿元金融债券，并用这些钱向四大行收购 1.4 万亿元不良资产。

②国有四大行的上市。十几年前，四大国有商业银行上市也面临着不少障碍：不良贷款率过高、资本金不足和公司治理结构落后的问题，各银行在其股改、上市方案中均提出解决方案：资本金不足的问题将以发债的方式来解决；14000 亿元不良资产从 2004 年开始卖断给四大资产管理公司，部分以垃圾债券方式在产权交易所出售；另外，走公司化治理道路以满足资本市场的监管要求。随着上述障碍逐渐扫清，四大国有商业银行也迎来了各自的上市时刻。其中，当时财务状况最好的中国银行于 2006 年 7 月 5 日率先上市，资产规模居四大银行之首的工商银行于 2006 年 10 月 27 日上市。建设银行、农业银行的上市时间分别为 2007 年 9 月 25 日、2010 年 7 月 15 日。

③设立民营银行。设立民营银行，有其必要性：一是改变现有银行的竞争结构，提高银行的服务水平。目前我国大部分商业银行已经完成股份制改造，实现了上市，但国有银行占主导地位的局面并未改变，彼此之间存在严重的同质化竞争。引入民营银行并让其成长发展壮大，可以给国有商业银行带来竞争压力，形成“鲶鱼效应”。二是缓解中小微企业融资困难。近些年来，我国的中小微企业发展迅速，为社会创造了大量就业岗位。但中小微企业长期缺乏资金，以国有银行为主的商业银行体系不能有效解决中小微企业的资金需求。设立新的民营银行来破解这一难题，也是民营银行发展的依据之一。三是提供多样化、特色化的金融产品和服务。民营企业的资金困局和高利率民间借贷说明，银行市场存在多样化金融服务的需要，但缺乏相应的供给。一个运行良好的银行市场应是资金供给和需求达到平衡状态的市场。

5. 从历史的走势来看波动最小

从图 4.6 不难看出虽然银行也很难摆脱大盘影响，但是却有明显的三点不同：

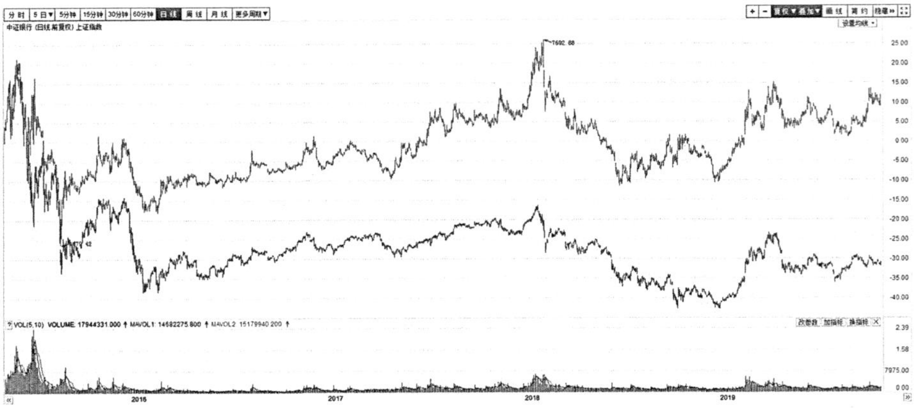

图 4.6　中证银行指数与上证指数近几年走势对比图

资料来源：东方财富金融终端。

①高峰更低。银行因为巨大的市值规模，其上涨需要大量的资金支撑，而 A 股成立以来一直投机性非常强。所以当市场处于做多情绪主导时期，银行的涨幅相较于其他板块有明显的差距。

②低谷更高。虽然银行在市场情绪全面做多的背景下并没有什么优势可言，但是在市场处于调整期阶段时却有极为明显的优势。跌幅最小，企稳最早，调整时间最短。这是因为银行股本身具有主力机构重仓、估值低、规模大的特性，容易成为机构抱团的主要对象。

③近几年走势与大盘出现明显差异。我们注意到 2016—2019 年银行股与大盘整体出现较为明显的分化，2016 年银行股在大盘大跌阶段却创出新高，在市场持续低迷阶段银行股却非常稳定。其原因在于：

首先，平准基金救市。2016 年股市出现单边持续下跌的情况，有爆发金融危机的可能，所以国家平准基金 2 万亿元果断救市。这个时候平准基金面临两个问题：①相较于 30 万亿～40 万亿元的市值规模，日均交易量破万亿的 A 股，2 万亿元虽然能发挥重要影响，但是并不能完全左右市场。②平准基金是国家财政拨款，这都是纳税人的钱，必定要完成不能亏损、不能大赚、顺利退出的任务。所以平准基金的第一目标就是上证 50，这是市场上平均估值水平最低、市值占比最大、成分股又不多，不至于分散力量的品种。而上证 50 中银行股占比超过半数，所以这一阶段在单边下跌的情况下，银行股却在这一时间点上不断创出新高。

其次，市场风格的变化。从平准基金入市，养老金、保险金股票投资占比上调，企业年金、外资等长线投资资金入市。A 股散户与机构力量对比出现根本性变化，机构化趋势越来越明显。机构化投资的典型特征用关键词来概括就是：大蓝筹、低估值、确定性增长、低波动、抗周期。银行股完美符合以上标准，所以近几年在市场不断调整的时期，银行股整体的表现虽谈不上很亮眼，但是却越发稳定。

最后，外部风险持续。2018 年后世界范围内贸易战频发，各国债务危机时有发生，我国外部经贸环境受到了很大的考验。这个时间段机构资金有了抱团取暖的现象，所以低估值大蓝筹的银行股成了各大机构底仓。

6. 未来的不确定性最小

在我国，银行有几个众人皆知的称呼，分别是："百业之母"，为各行各业提供金融信贷等服务；"共和国长子"，银行为我国金融行业的绝对核心，同时也是执行我国经济调控的核心执行者，历史上当银行业遇到各种问题时，国家层面都以国家力量进行救助；"国家队调控工具"，每当股市出现波动风险时，各种救市资金和国家平准基金等都是以银行为核心进行救市或是调节市场波动。所以从经济、政策、市场等各个角度看，银行都是在未来可预测时间内不确定性最小的行业。

二、银行行业指数基金拥有最高的安全边际，却也有可能获得一个低于市场中等水平的收益

1. 银行行业指数与上证 50 之间的关系

银行股在上证 50 中有 11 个名额，是第一大占比行业，银行股市值大约占到上证 50 总市值三分之一以上，而谈起净利润占比，在进入世界 500 强的中国企业中，中国银行业的利润占总利润的一半以上。可以说银行股决定了上证 50 的大方向，是上证 50 的核心组成与压舱石。

上证 50 是 A 股的核心基石，而银行则是核心中的核心、基石中的基石。银行指数也必然是整个市场中最抗跌的品种，同时在上涨周期中也不会成为涨幅靠前的品种。

2. 银行行业指数特殊的功能

中国四大国有银行一半以上的股份都在汇金手中，在 2016 年股市单边恐慌性下跌过程中平准基金入市救场，第一目标就是拉升银行股，以求最快速地稳定点位，所以银行股纷纷在这一阶段创出新高。同时像社保投资基金、养老金、企业年金、外资指数跟踪资金都是以银行股为压舱石。所以中国银行业股票在股市中有一个机构资金大本营的作用，也是股市稳定器，在极端行情下反而会比较稳健。

三、选择银行指数基金

1. 银行行业指数的选择及市场部分基金名单（见表 4.4、表 4.5）

表 4.4　**部分跟银行有关的指数**

序号	指数名称	成分股数量	简要说明
1	中证银行	30	中证银行指数选取中证全指样本股中至多 50 只银行业股票组成
2	内地银行	28	由中证 800 指数中的银行股票组成样本股
3	800 银行	28	选取中证 800 样本股中银行行业的上市公司组成
4	300 银行	22	由沪深 300 指数中的银行行业股票组成
5	300 商业银行	22	由沪深 300 指数中的商业银行行业股票组成
6	上证银行	24	以上证全指中所有银行股作为指数样本股，对个股设置 15%的权重上限
7	银行 AH	30	反映在中证银行上使用 AH 价格优选投资策略的整体表现
8	300 非银	36	选取沪深 300 指数中综合金融、保险行业的股票作为样本
9	沪港深通银行	43	基于中证沪港深互联互通结合指数样本股和中证沪港深 500 指数样本股，同时结合中证行业分类的主题定义，选取相应主题指数样本，从多种主题投资的角度反映了在沪港深三地上市的互联互通范围内证券的整体表现

资料来源：中证指数有限公司官网。

表 4.5　　中证银行指数跟踪品种

证券代码	基金名称	基金成立日	证券代码	基金名称	基金成立日	证券代码	基金名称	基金成立日
001594	天弘中证银行指数 A	2015/7/8	150255	易方达银行 A	2015/6/3	160517	博时银行分级	2015/6/9
001595	天弘中证银行指数 C	2015/7/8	150256	易方达银行 B	2015/6/3	160531	鹏华银行分级	2015/4/17
004597	南方银行联接 A	2017/6/29	150267	博时银行 A	2015/6/9	161029	富国中证银行指数分级	2015/4/30
004598	南方银行联接 C	2017/6/29	150268	博时银行 B	2015/6/9	161121	易方达银行分级	2015/6/3
006697	华宝中证银行 EIF 联接 C	2011/8/9	150291	中融银行 A	2015/6/5	161723	招商中证银行指数分级	2015/5/20
150227	鹏华银行 A	2015/4/17	150292	中融银行 B	2015/6/5	168205	中融银行	2015/6/5
150228	鹏华银行 B	2015/4/17	150299	华安中证银行 A 份额	2015/6/9	240019	华宝中证银行 ETF 联接 A	2011/8/9
150241	富国银行 A	2015/4/30	150300	华安中证银行 B 份额	2015/6/9	512700	南方中证银行 ETF	2017/6/28
150242	富国银行 B	2015/4/30	160418	华安中证银行指数分级	2015/6/9	512800	华宝兴业中证银行 ETF	2017/7/18
150249	招商中证银行 A	2015/5/20						
150250	招商中证银行 B	2015/5/20						

资料来源：中证指数有限公司官网。

2. 选择银行指数基金的参考标准

①费率最低。定投银行业指数型基金核心思想是不求大额回报，但求稳健增长。这说明定投收益不可能太高，所以相较于其他的基金在费率上就需要更在意一些，而且银行业指数基金的定投时间越长越好，自然日积月累的费用也要相对高一些。

②招商银行、工商银行、平安银行占比权重最高。虽然银行业指数编制有相应的规则，各股的占比也有参考。但是从实际市场基金的占比上，大多基金经理还是加入了一些自身的想法，笔者认为权重可以有偏重，但是最好是工商银行、招商银行、平安银行占比靠前。工商银行是银行业龙头，估值也最低，重仓符合核心逻辑，且稳定。招商银行是过去十多年中国银行中发展最顺利、最好的，上涨动力也最强。平安银行，背靠平安，发展迅速，增长潜力最大。这是笔者的见解，投资赚钱考验的还是你的眼光。

③在重仓股之外均衡为先。在前几大重仓股之外，其余持仓股最好是均衡分布，原因很简单，一个行业中优秀的是少数，平庸的始终是大多数。

具体品种的选择上，大家可以参考这几条标准，择优选取。

4.4.2　实战操作策略

1. 银行行业指数的再平衡策略

在 2016 年市场上哀鸿遍野时，银行指数却连创新高，于是互联网上有了这样的段子：我在牛市中被套，却在熊市中创了新高！这是因为证券市场中有大量机构投资者，它们在既定的策略中行事。例如：公募基金都有一个最低持仓线，也就是说市场无论下跌多少，公募基金都不能够空仓。这是为了对抗人性的弱点，并且相信市场最终是向上的，总的来说这一条规定在历史上大多数时期是正确的。又或者很多跟踪指数投资的机构如明晟指数将我国 A 股纳入其全球新兴市场指数，比例不断抬高，只要跟踪这个指数的机构投资者都会被动跟随买入。所以机构资金都会出现一种抱团行为，它们的主要目标就集中在市场“确定性”最强的品种，近几年的银行、白酒都是这个道理。所以当我们在进行银行业指数定投时，当出现短期持续下跌，或是市场面临较大风险时采取进攻的思路，加倍定投。在正常行情下延续正常定投策略即可，不用太过于复杂。

2. 银行行业指数的止盈策略

银行行业指数的盈利方式与其他牛熊市影响显著的品种还是有一些较为明显的区别，例如绝大多数基金公司的银行业指数基金第一重仓股并不是市值规模最大的工商银行，而是过去成长性最好的招商银行。只用看看招商银行的月线图对照时间表即可发现其过去五年主要的两波上涨都不是牛市阶段，而是市场处于震荡格局。定投银行业指数基本上是以时间换空间，空间相较于股市中其他品种并不算很大，但是比固定收益产品要高，笔者认为此指数可以长期无差别定投，到了你自己认为是时候或是出现 2016 年的情况时才考虑止盈。

3. 银行行业指数的止损策略

是股票就会有下跌的阶段，基金不过是一个股票集合，同样逃不出这样的命运。虽然银行业指数基金是长期来看最为稳健的组合，但是也不能够排除出现系统性风险的可能。如果出现计划以外的损失，这时我们有两种止损思路。第一种是本金亏损率的止损点，例如事先设计在计划的最后阶段如果本金损失超过 15%，就严格执行。第二种情况是金融危机，每隔十年左右西方经济体就会遇到一次金融危机。目前全球化程度越来越高，我们的金融行业同样深受影响，碰到这种情况则可以考虑迅速止损。

总结：银行业指数基金与前面证券行业指数基金在某种程度上是相反的，理论上银行业指数波动性小，周期不明显，不利于发挥微笑曲线的作用，在很多方面是不适合进行基金定投的。可是从实际投资结果上看，可以满足相当一部分投资者的需求，并可以取得满意的投资结果。

4.5　医药 100——永远的朝阳行业

每个人的一生内容都不尽相同，但是所经历的阶段却基本一致——生老病死，而在这个过程中我们都需要跟医院、医生、药品、医疗设备打交道。定投医药 100 指数其实是投资绝大多数人的生命过程，也是投资未来中国要面临的最严重的问题：老龄化。

4.5.1　品种选择及原因

1. 医药 100 指数的官方定义与其代表性分析

为反映医药相关行业公司股票的整体走势，中证指数有限公司于 2011 年

3 月 18 日正式发布中证医药 100 指数，该指数从沪深 A 股中挑选日均总市值前 100 位的医药卫生相关行业公司股票组成样本股，基日为 2004 年 12 月 31 日，基点为 1000 点，以沪深两市全部 A 股（非 ST、＊ST 股）作为样本空间。

2. 选样方法

首先，将样本空间中过去一年日均成交金额排名在沪深两市 A 股（非 ST、＊ST 股）后 20%的股票剔除。

其次，剩余股票中按照中证行业分类标准将归属于医药卫生和药品零售行业的公司股票纳入医药主题。

最后，由医药主题股票中过去一年日均市值排名前 100 的股票构成中证医药 100 指数样本股。

分析：其样本选择标准，简而言之就是选择没有明显经营危机的市值排名医药前 100 名的股票，截至 2019 年 11 月 1 日 A 股总计有 318 只医药股。应该说此种选样方法比较能够真实反映行业整体情况，同时隐含着一个优点、一个缺点。

优点：有效分散风险，目前市场上跟踪医药 100 指数的基金公司有两家，分别是天弘、国联安，都是采取 100 只成分股均占比 1%，当到达一个调整时间点后，高出部分就卖出，下跌部分就补齐，让指数重新回归成分组成。此种方式能够有效分散风险，以 2019 年 A 股市场上最大的财务造假案康美药业为例，其最顶峰时期市值超过 1000 亿元，是医药 5 强品种，可是随着财务危机的爆发直接连续跌停直到＊ST，面临退市可能，如果不采取这种均匀分布则可能造成重大损失。同样的事件还包括长生生物，从事发跌停到退市，股票已经失去流动性，根本没有什么机会退出。所以这种均值分布有效避免了突发风险。

缺点：无法全面体现龙头价值，2016—2019 年医药行业因为面临众多的调控措施，总体表现不佳。但是在市场寒冬期龙头股的价值会被放大，其中恒瑞医药股价一路上涨，市值最高的时候已经超过了 4000 亿元。如果没有明确的比例限制，按市值分布恒瑞医药无疑会成为所有医药主题基金的第一重仓股，重仓股的强势可以平衡行业整体的弱势。所以说医药 100 比较吃行业整体，行业整体较强时，它会显得更强势一点，面对弱势时比整体也要抗跌一点，但是不可能走出独立行情。

3. 中国医药行业前景分析

医药100的核心投资逻辑就是看好未来中国医药行业的整体发展，只要中国医药行业整体不断发展壮大，那么A股市值前100的医药公司必然能够分享到市场核心蛋糕。

中国老龄化背景：2018年，我国60岁以上人口占比达17.88%，65岁人口以上比重占比11.94%。根据联合国标准，当一个国家或地区其65岁以上老年人口数量占比超过7%时，即意味着这个国家或地区进入老龄化阶段。预计至2050年，我国60岁以上人口比例将达到34.1%，将进入重度老龄化阶段。从人口结构测算，自2022年开始，我国每年的新增老年人口将超过1200万，2022—2050年，我国将会进入加速老龄化阶段（见图4.7）。

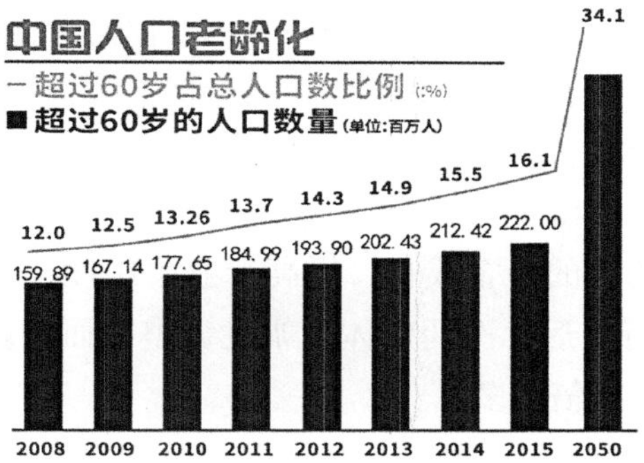

图4.7 中国人口老龄化

资料来源：地理沙龙号，《2018年我国60周岁以上人口占18%，正加速步入老龄化社会》。

医药行业特性分析：

第一，弱经济周期，强政策周期。因为医药消费是真正意义上的刚需，无法调配，所以医药行业受经济环境的影响非常的小。但是医药行业受政策影响极为明显，最典型的例子就是2018年实施的带量采购政策，2018年医药行业在年初风光无限，可是随着带量采购政策的推出，医药行业在下半年熊冠市场（见图4.8）。目前我国医保负担不断加大，未来人口老龄化这个问题会更加明显，所以保质降价就成了医疗改革的重点。

第二，未来医药降价与医药创新之间的关系。根据日美经验，当一个国家进入老龄化阶段，政府无力承担高额医疗费用之后都会选择打压药价，这其中

图 4.8　医药 100 指数 2018 年走势图

资料来源：东方财富金融终端。

受打击程度最高的就是仿制药。目前我国实行的带量采购只是未来医药降价的第一步关键性措施，后续还会有新的政策出现。但是在打压药价的同时，日美创新药医药企业却走出了历史级别的大牛市行情，因为创新药具有无可替代的作用，不在打压范围内。并且创新药企业面临全球竞争，政府考虑到国民身体健康与行业全球竞争力反而会给予鼓励。未来打压低端仿制药的过程中，反过来会刺激具备创新能力的药企成长，提高行业集中度。最典型的是例子就属 2018 年带量采购实行之后，医药整体大幅度调整，而创新药龙头恒瑞医药却屡创新高，市值涨了三倍之多。

第三，牛股集中营。以 2007 年 10 月 16 日上证指数创下历史高点 6124 点为起点，在笔者统计的个股涨幅排行榜的榜单中，排名靠前的医药股就有康泰生物、恒瑞医药、长春高新、鱼跃医疗、爱尔眼科等多只医药股（见表 4.6）。这足以说明这个行业的巨大成长性。甚至从某种程度上说，该行业就是牛股集中营。

表 4.6　　**2007 年 10 月 16 日至 2019 年 10 月 31 日 A 股涨幅排名**

序号	股票代码	股票简称	区间涨跌幅：前复权(%) 2007.10.16—2019.10.31
1	000620	新华联	1.32 万
2	002271	东方雨虹	1.10 万
3	600705	中航资本	5577.29
4	000156	华数传媒	3911.8

续表

序号	股票代码	股票简称	区间涨跌幅：前复权(%) 2007.10.16—2019.10.31
5	300601	康泰生物	3317.56
6	002714	牧原股份	3124.37
7	002001	新和成	3085.04
8	002236	大华股份	2827.13
9	600276	恒瑞医药	2632.94
10	000651	格力电器	2609.74
11	000661	长春高新	2578.43
12	002475	立讯精密	2534.87
13	002223	鱼跃医疗	2232.29
14	300015	爱尔眼科	2188.26
15	600406	国电南瑞	2005.76

资料来源：问财。

医药医疗行业是公私募基金经理的大本营。因为其他白马板块如白酒只有四大高端品种，选择范围太小，医药医疗行业则细分领域众多，分支龙头非常之多，因而提供了更多的选择。所以大量的基金经理都选择重仓投资此板块，甚至有很多知名基金经理直接标榜自己只做医药医疗，因为单一板块选择范围就足够大，整体也非常优质。

4. 医药 100 的基金定投品种选择

从表 4.7 来看，天弘中证医药 100A 更胜一筹。当然，投资者在选择具体哪一只作为自己的定投品种时，需要结合当时的实际情况来看。比如结合彼时两只基金各自的表现情况、前十大持仓及合计占比情况，以及基金规模。

表 4.7　**天弘医药 100A VS 国联安医药 100A**

	天弘中证医药 100A	国联安中证医药 100A
基金经理	陈瑶等	黄欣
基金规模	4.81 亿元	18.53 亿元

续表

	天弘中证医药 100A	国联安中证医药 100A
成立日	2015 年 6 月 30 日	2013 年 8 月 21 日
持仓,占比 1	金域医学,1.50%	恒瑞医药,2.17%
持仓,占比 2	健友股份,1.49%	金域医学,1.49%
持仓,占比 3	泰格医药,1.45%	大博医疗,1.31%
持仓,占比 4	安图生物,1.40%	药明康德,1.26%
持仓,占比 5	恒瑞医药,1.33%	迪安诊断,1.25%
持仓,占比 6	凯莱英,1.32%	海思科,1.24%
持仓,占比 7	康泰生物,1.31%	健友股份,1.24%
持仓,占比 8	大博医疗,1.27%	泰格医药,1.22%
持仓,占比 9	药明康德,1.23%	康泰生物,1.22%
持仓,占比 10	迪安诊断,1.22%	万孚生物,1.21%
前十大持仓合计	13.52%	13.61%
近 6 月	6.98%	4.87%
今年来	32.45%	28.26%
近 1 年	25.44%	22.01%
近 2 年	-0.67%	-6.84%
近 3 年	-2.05%	-9.24%

资料来源：天天基金网。

4.5.2　实战操作策略

（1）医药 100 投资再平衡策略。医药行业未来并不是行业整体的春天，而是属于创新药和医药巨头，未来医药头部企业的发展会越来越稳定。目前全国制药企业大概有 4000 家，A 股上市医药类公司不到 300 家。笔者选择医药 100 是想在分散与集中这两相矛盾之中取平衡，而相关的平衡策略个人建议以静制动。不必像后面医疗指数有过多的操作，长期坚持定投即可。

（2）医药 100 的止盈与止损。医药 100 的止盈与止损策略建议采取目标法，即未达到收益目标，则坚决持有。因为医药行业未来成长性是有保证的，只是过程受政策扰动比较明显，如果以不可控因素为止盈或止损信号，则会造成投资者心理波动加大，最终导致定投失败。

4.6 医疗行业指数基金——最具成长性行业

医疗行业与医药行业的投资逻辑是一样的，主要看中的是我国不断老化的年龄结构和快速发展的经济带来的医疗升级的投资机会。但是相较于医药行业而言，我国医疗行业公司起点更低，成长空间更大。统计过去15年中证指数公司公布的50个大的行业指数的走势，医疗行业以超过25倍的涨幅排名第一位，是一个极具成长性的行业。

4.6.1 品种选择及原因

一、医疗行业的投资逻辑

医疗相较于医药是一个更为宽泛的概念，例如：通策医疗是以口腔医院为主体的上市公司，包含口腔类中所有的环节。爱尔眼科本身除了治疗眼睛以外，一大利润来源是配眼镜。又或者像正海生物从事骨材料的研发，同样属于医疗范畴。从广义上理解，事关人们健康的领域都属于医疗范畴，但从实际与狭义的角度出发，市场上医疗卫生板块中主业没有归类到医药公司的都属于医疗板块。

这个领域的投资逻辑与医药有相同点，但是也有明显的区别。

根本逻辑：中国老龄化和国民经济不断发展，人们对于身体健康的重视程度和投入的增长，成为行业的长期发展基础。

不同点：医药是一个弱经济周期、强政策周期行业，而医疗受经济周期的影响稍强，但是相较而言，受政策周期的影响明显小得多，这一点在2018年实行的带量采购中就有鲜明的体现。因为医疗行业形成的费用多种多样，相当一部分不被医保所报销，自然也不是降价控费的主要目标。

医疗板块的品种非常杂，具体基金的选择上不会像医药一样主业非常清晰一致，这种复杂多样性是我们需要重点考虑的因素。

二、医疗行业基金本身的自有特性分析

（1）高成长性。医疗行业在2019年以前没有任何一家公司的市值超过千亿元，迈瑞医疗的上市及爱尔眼科的持续成长才改变了这个现状。这和我国世界上最大医疗市场之一的地位是不匹配的，要知道在欧美市值超千亿美金的医

疗类公司是超过十家的。时势造英雄，未来中国注定会产生一批大型医疗龙头公司。同时在过去十五年，医疗行业指数的涨幅在整个 A 股 48 个细分行业中大部分时间排名第一，近几年也仅略低于白酒行业。以上两点都充分说明未来医疗行业有着十足的成长性，是一个标准的成长型板块。

（2）弱经济周期性，弱政策周期性，无明显影响因素。因为人们的医疗服务需求是绝对的刚需，所以医疗行业整体受经济周期的影响并不明显。但是与医药一样都受政策影响，因为我国医疗体系是围绕公立医院与医保展开的，医疗器械的采购与使用都受到明显的政策影响。但医疗行业受到政策影响明显要小于医药行业，这是因为医疗行业复杂多样，很多也不需要公共服务资本来买单。

（3）高科技。医疗行业总体上是一个标准的高科技产业，是以技术专利与精密制造为基础的产业。例如美国的达芬奇手术机器人，一台设备售价就达到了 2000 万元人民币，由美国麻省理工、斯坦福联合开发，提供相应产品的公司市值达到了 600 亿美元。目前港交所、A 股的科创板都重点对这类企业上市提供便利，因为高科技企业代表着未来。

（4）范围宽广。医疗本身是一个很宽泛的概念。上到大型手术器械，小到手术中的一个特制刀片，甚至做按摩椅的也可以归类到医疗行业之中。

以上医疗行业的特性在 2020 年的疫情中都得到了非常明显的体现。

首先，医疗行业与医药一起组成了人们的刚性需求，全球都为了争夺各类医疗资源不惜一切代价。同时在此次疫情中也暴露了我国除开三甲医院外，其他中小城市的医院医疗基础设备条件存在非常严重的短板 。所以在疫情结束后，全国中小医院医疗基础设备的建设计划就提上了日程。

其次，医疗行业是一个具有多重属性的行业，如刚需、消费、高科技、高端制造等。其中，高科技这一点在此次疫情中体现得是最明显的。我们应该注意到在疫情全球扩散阶段，各国纷纷来我国采购呼吸机，看似我国呼吸机赚得盆满钵满，可是其核心零部件却需要进口。未来医疗领域 ，尤其是高端医疗设备的国产替代势在必行，也为我国医疗企业打开了广阔的发展空间。

最后，我国医疗行业的发展依然有非常大的空间，虽然医疗是过去 15 年所有行业中涨幅最大的，甚至在 2019 年全年也是全市场第一，但是医疗行业缺乏世界级一流公司，高精尖产品缺乏，我国大型三甲医院最一流的设备基本被美日欧垄断。未来十年以上的时间里我国医疗类公司依然拥有广阔发展空间，如果能够跻身世界一流水平，则可保二十年无忧。

三、医疗行业指数基金的选择

从前十大持仓股及占比、前十大持仓合计占比来看，华宝中证医疗指数分级与广发医疗指数分级表现差不多（见表4.8）。阶段表现方面，时间短一点，表现更好的是华宝中证医疗指数分级。时间拉长一点，表现更好的是广发医疗指数分级。不过考虑到基金规模这一因素的话，更值得我们考虑是华宝中证医疗指数分级。和上文的医药100一样，投资者具体选择哪只基金得结合确定投资时，以两只基金的实时表现来做决定。

表4.8　　**华宝中证医疗指数分级与广发医疗指数分级对比**

	华宝中证医疗指数分级	广发医疗指数分级
基金经理	胡洁	罗国庆
基金规模	3.80亿元	1.11亿元
成立日	2015年5月21日	2015年7月23日
持仓,占比1	爱尔眼科,9.47%	爱尔眼科,9.35%
持仓,占比2	泰格医药,9.31%	泰格医药,9.21%
持仓,占比3	美年健康,6.83%	美年健康,6.73%
持仓,占比4	乐普医疗,6.70%	乐普医疗,6.61%
持仓,占比5	卫宁健康,5.15%	卫宁健康,5.08%
持仓,占比6	通策医疗,4.93%	通策医疗,4.96%
持仓,占比7	鱼跃医疗,3.25%	鱼跃医疗,3.22%
持仓,占比8	药明康德,3.18%	药明康德,3.22%
持仓,占比9	华大基因,2.56%	华大基因,2.59%
持仓,占比10	山东药玻,2.43%	山东药玻,2.43%
前十大持仓合计	53.81%	53.40%
近6月	21.26%	19.73%
今年来	52.73%	51.31%
近1年	47.47%	46.09%
近2年	30.94%	32.13%
近3年	10.83%	13.49%

资料来源：天天基金网。

单单通过基金的各项业绩指标对比始终还是视野狭窄一点，在医疗领域我国十分著名的资产管理机构高瓴资本的“金眼、银牙、铜骨”策略还是非常值得借鉴的。站在巨人的肩膀上在某种程度上算是一种成功的捷径，我们看到高瓴资本无论是在一级股权市场还是在二级股票市场中都配置了大量的医药医疗类企业，毫不夸张地说，中国医疗卫生领域是高瓴资本的第一重仓领域（见图4.9）。其中我们又可以看到其在眼科、牙科、骨科这三类基本不属于医疗报销体系的医科有大量布局，从投资额与数量上可以总结为金眼、银牙、铜骨。

高瓴资本已经布局的生物医疗赛道

微信公众号：**海榕财富风险投研**　卓越投资者帮你看到未来　时间：2019/11/20

生物医疗赛道	公司名称	二级市场进入时间	二级市场预估成本	预估每股成本	至今收益率
CRO/CMO赛道	药明康德（SH:603259）	2019/7/26	48.3亿RMB	66.36RMB	48.40%
	泰格医药（SZ:300347）	2019/6/30	3.75亿RMB	45RMB	51.10%
	方达控股（HK:01521）	2019/5/30	4.05亿港币	3.31港币	46.50%
眼科赛道	爱尔眼科（SZ:300015）	2018/1/4	10.26亿RMB	16.5RMB	184.00%
骨科赛道	爱康医疗（HK:01789）	2019/9/10	5.3亿港币	7.01港币	42.30%
牙科赛道	隐适美（NASDAQ:Algn）	2019/9/30	2.8亿美金	200美金	35.00%
	齿科矫正（NASDAQ:SDC）	2019/9/30	0.4亿美金	13美金	-27.00%
辅助生殖赛道	锦欣生殖（HK:01951）	2019/6/25	5.7亿港币	8.54港币	69.80%
创新药赛道	恒瑞医药（SH:600276）	2015/12/31	4.38亿RMB	20RMB	361.00%
	百济神州(NASDAQ:BGNE)	2016/2/3	0.86亿美金	28.32美元	637.99%
	君实生物(HK:01877)	2018/12/24	3.22亿港币	23.5港币	10%
	信达生物（HK:01801）	2018/10/31	6.2亿港币	14.3港币	82%
	翰森制药(HK:03692)	2019/6/14	27.06亿港币	16.3港币	58.80%
连锁药房赛道	高济医疗（一级市场）	一级市场	一级市场	一级市场	
宠物医疗	瓴域集团（一级市场）	一级市场	一级市场	一级市场	

图4.9　高瓴资本已经布局的生物医疗赛道

资料来源：海榕财富风险投研。

参考像高瓴这种标杆投资公司的布局，能够帮助我们从宏观投资方向定位得更加精准。因为个人的能力再强也是有明显边界的，通过研究头部机构长远布局能够更好地理解和分享它们的研究成果。在选择医疗行业基金时也能够通过成分股的对照，沿着“金眼、银牙、铜骨”思路寻找更切合的品种。在把握买卖点时，同样可以参考其动作，例如高瓴一直重仓投资的爱尔眼科获利极为丰厚，但是其从无减持动作，说明它依然长期看好这家公司未来的发展。爱尔眼科作为医疗最老牌的龙头品种，如果最坚定的超级机构减持，对于我们的再平衡操作有重要的意义。

4.6.2 实战操作策略

1. 医疗行业指数基金的再平衡策略

医疗行业指数基金是一个波动非常大的指数，但是同时考虑到其高成长性与业绩稳定性，笔者认为整体再平衡战略则是以逢低加倍定投为主，并不需要做过于复杂的操作。因为其内生业绩稳定增长的特点，其向上攻击幅度大，而向下探底的幅度从历史表现来看也要小得多。

2. 医疗行业指数基金的止盈策略

医疗行业指数基金在止盈策略上有两个方向，第一个是参照牛熊周期，第二个是参照时间周期。医疗行业指数在牛市上升阶段的表现是要明显强于医药行业，因为盘子总体要小很多，成长性也更好一些。所以在定投的过程中如果碰到大牛市则完全可以考虑在相对高点进行止盈操作。对于时间周期，未来二十年都是中国快速老龄化的阶段，投资者可以根据自身的时间设定，定投时长到了之后，选择相对高点卖出。

3. 医疗行业指数基金止损策略

基金有涨有跌很正常，医疗行业虽然前景光明，但是也存在行业内从龙头股到其余各个成分个股估值水平 A 股细分行业第一的问题。高估值需要高成长来支撑，当医疗行业发展出现瓶颈时，可能会造成短期大幅下跌的情况。并且后期不排除管理层出台像限制药价一样的政策，因为我国大型公立医院确实存在无必要过多医疗检测等问题。所以医疗行业指数基金的定投，个人认为采取亏损率止损法比较合理，设定亏损比例为 15%～20%。因为医疗行业指数波动比较大，巨幅波动下如果超出投资者承受能力，则可以采取止损策略。定投医疗行业指数基金前，投资者一定要想清楚，切不可半途而废！

4.7　中证行业指数分析

4.7.1　常见中证行业指数

表 4.9　　　　　　　　　　　　常见中证行业指数

序号	指数代码	指数名称	成分股数量	指数说明	跟踪产品
1	000908	300 能源	10	由沪深 300 指数样本股中的能源行业股票组成	无
2	000909	300 材料	36	由沪深 300 指数样本股中的原材料行业股票组成	无
3	000910	300 工业	56	由沪深 300 指数样本股中的工业行业股票组成	无
4	000911	300 可选	31	由沪深 300 指数样本股中的可选消费行业股票组成	无
5	000912	300 消费	16	由沪深 300 指数样本股中的主要消费行业股票组成	无
6	000913	300 医药	29	由沪深 300 指数样本股中的医药卫生行业股票组成	易方达沪深 300 医药 ETF (512010)
7	000914	300 金融地产	73	由沪深 300 指数样本股中的金融地产行业股票组成	国投瑞银金融地产 ETF (159933)
8	000915	300 信息	33	由沪深 300 指数样本股中的信息技术行业股票组成	无
9	000916	300 电信	7	由沪深 300 指数样本股中的电信业务行业股票组成	无
10	000917	300 公用	9	由沪深 300 指数样本股中的公用事业行业股票组成	无
11	000957	300 运输	18	由沪深 300 指数中的运输行业股票组成	无
12	000928	中证能源	24	由中证 800 指数样本股中的能源行业股票组成	汇添富中证能源 ETF(159930)

续表

序号	指数代码	指数名称	成分股数量	指数说明	跟踪产品
13	000929	中证材料	111	由中证800指数样本股中的原材料行业股票组成	无
14	000930	中证工业	173	由中证800指数样本股中的工业行业股票组成	无
15	000931	中证可选	108	由中证800指数样本股中的可选消费行业股票组成	无
16	000932	中证消费	42	由中证800指数样本股中的主要消费行业股票组成	汇添富中证主要消费ETF(159926)等
17	000933	中证医药	78	由中证800指数样本股中的医药卫生行业股票组成	汇添富中证医药卫生ETF(159929)等
18	000934	中证金融地产	119	由中证800指数样本股中的金融地产行业股票组成	长盛中证金融地产指数分级(160814)等
19	000935	中证信息	101	由中证800指数样本股中的信息技术行业股票组成	鹏华信息分级(160626)
20	000936	中证电信	17	由中证800指数样本股中的电信业务行业股票组成	无
21	000937	中证公用	27	由中证800指数样本股中的公用事业行业股票组成	无
22	000986	全指能源	50	从中证全指样本股能源行业内选择流动性和市场代表性较好的股票构成指数样本股	广发中证全指能源ETF(159945)
23	000987	全指材料	421	从中证全指样本股原材料行业内选择流动性和市场代表性较好的股票构成指数样本股	广发中证全指原材料ETF(159944)
24	000988	全指工业	728	从中证全指样本股工业行业内选择流动性和市场代表性较好的股票构成指数样本股	广发中证全指工业ETF(159953)

续表

序号	指数代码	指数名称	成分股数量	指数说明	跟踪产品
25	000989	全指可选	450	从中证全指样本股可选消费行业内选择流动性和市场代表性较好的股票构成指数样本股	广发中证全指可选消费 ETF (159936)
26	000990	全指消费	131	从中证全指样本股主要消费行业内选择流动性和市场代表性较好的股票构成指数样本股	无
27	000991	全指医药	244	从中证全指样本股医药卫生行业内选择流动性和市场代表性较好的股票构成指数样本股	银华中证全指医药卫生 (005112)等
28	000992	全指金融地产	149	从中证全指样本股金融地产行业内选择流动性和市场代表性较好的股票构成指数样本股	广发中证全指金融地产 ETF (159940)
29	000993	全指信息	419	从中证全指样本股信息技术行业内选择流动性和市场代表性较好的股票构成指数样本股	广发中证全指信息技术 ETF (159939)
30	000994	全指电信	63	从中证全指样本股电信业务行业内选择流动性和市场代表性较好的股票构成指数样本股	无
31	000995	全指公用	76	从中证全指样本股公用事业行业内选择流动性和市场代表性较好的股票构成指数样本股	无
32	399975	证券公司	41	选取中证全指样本股中的证券公司行业股票组成	富国中证全指证券公司指数分级 (161027) 等
33	399986	中证银行	30	选取中证全指样本股中的银行行业股票组成	南方中证银行 ETF (512700) 等
34	H30165	房地产	96	选取中证全指样本股中的房地产行业股票组成	南方中证房地产 ETF(512200) 等

续表

序号	指数代码	指数名称	成分股数量	指数说明	跟踪产品
35	931009	建筑材料	36	选取中证全指样本股中的建筑材料行业股票组成	广发中证全指建筑材料指数A(004856)等
36	H30166	机械制造	213	选取中证全指样本股中的机械制造行业股票组成	无
37	H30169	资本品	561	选取中证全指样本股中的资本品行业股票组成	无
38	H30170	商业指数	81	选取中证全指样本股中的商业服务与商业用品行业股票组成	无
39	H30171	运输指数	82	选取中证全指样本股中的运输行业股票组成	无
40	H30172	耐用服装	173	选取中证全指样本股中的耐用消费品与服装行业股票组成	无
41	H30173	消费者	37	选取中证全指样本股中的消费者服务行业股票组成	无
42	H30174	媒体指数	63	选取中证全指样本股中的媒体行业股票组成	无
43	H30175	零售指数	50	选取中证全指样本股中的零售业行业股票组成	无
44	H30176	食药零售	12	选取中证全指样本股中的食品与主要用品零售行业股票组成	无
45	H30177	全指食品	111	选取中证全指样本股中的食品、饮料与烟草行业股票组成	无
46	H30178	医疗保健	50	选取中证全指样本股中的医疗保健设备与服务行业股票组成	无
47	H30179	医药生科	203	选取中证全指样本股中的制药、生物科技和生命科学行业股票组成	无
48	H30182	软件服务	180	选取中证全指样本股中的软件与服务行业股票组成	无

续表

序号	指数代码	指数名称	成分股数量	指数说明	跟踪产品
49	H30183	硬件设备	216	选取中证全指样本股中的技术硬件与设备行业股票组成	无
50	H30184	半导体	30	选取中证全指样本股中的半导体产品与设备行业股票组成	无
51	931160	通信设备	57	选取中证全指样本股中的通信设备行业股票组成	无
52	H30186	保险指数	7	选取中证全指样本股中的保险行业股票组成	无
53	H30187	化学制品	186	选取中证全指样本股中的化学制品行业股票组成	无
54	H30188	制药指数	166	选取中证全指样本股中的制药行业股票组成	无
55	H30189	电气设备	166	选取中证全指样本股中的电气设备行业股票组成	无
56	H30190	电子仪器	202	选取中证全指样本股中的电子设备与仪器行业股票组成	无
57	H30192	食品指数	50	选取中证全指样本股中的食品行业股票组成	无
58	H30193	纺织服装	68	选取中证全指样本股中的纺织品、服装与奢侈品行业股票组成	无
59	H30194	汽车配件	115	选取中证全指样本股中的汽车零配件行业股票组成	无
60	H30195	建筑工程	78	选取中证全指样本股中的建筑与工程行业股票组成	无
61	H30196	耐用消费	78	选取中证全指样本股中的家庭耐用消费品行业股票组成	无
62	H30197	多元零售	41	选取中证全指样本股中的多元化零售行业股票组成	无
63	H30198	油气燃料	22	选取中证全指样本股中的石油、天然气与消费用燃料行业股票组成	无

续表

序号	指数代码	指数名称	成分股数量	指数说明	跟踪产品
64	H30199	电力指数	50	选取中证全指样本股中的电力公用事业行业股票组成	无
65	H30200	交通设施	42	选取中证全指样本股中的交通基本设施行业股票组成	无
66	H30201	贸易经销	38	选取中证全指样本股中的贸易公司与经销商行业股票组成	无
67	H30202	软件指数	50	选取中证全指样本股中的软件行业股票组成	无
68	H30203	信息服务	77	选取中证全指样本股中的信息技术服务行业股票组成	无
69	H30204	酒店休闲	28	选取中证全指样本股中的酒店、餐馆与休闲行业股票组成	无
70	H30205	饮料指数	36	选取中证全指样本股中的饮料行业股票组成	无
71	H30206	纸类林业	30	选取中证全指样本股中的纸类与林业产品行业股票组成	无
72	H30207	电脑设备	18	选取中证全指样本股中的电脑与外围设备行业股票组成	无
73	H30208	专营零售	12	选取中证全指样本股中的专营零售行业股票组成	无
74	H30209	建筑产品	25	选取中证全指样本股中的建筑产品行业股票组成	无
75	931008	汽车指数	36	选取中证全指样本股中的汽车行业股票组成	广发中证全指汽车指数 A (004854)等
76	H30211	资本市场	45	选取中证全指样本股中的资本市场行业股票组成	无
77	H30212	生物科技	40	选取中证全指样本股中的生物科技行业股票组成	无

续表

序号	指数代码	指数名称	成分股数量	指数说明	跟踪产品
78	H30213	航天国防	47	选取中证全指样本股中的航空航天与国防行业股票组成	无
79	H30214	能源设备	18	选取中证全指样本股中的能源设备与服务行业股票组成	无
80	H30215	休闲用品	22	选取中证全指样本股中的休闲设备与用品行业股票组成	无
81	H30216	海运指数	10	选取中证全指样本股中的海运行业股票组成	无
82	H30217	医保设备	34	选取中证全指样本股中的医疗保健设备与用品行业股票组成	无
83	H30218	水务指数	12	选取中证全指样本股中的水公用事业行业股票组成	无
84	H30219	容器包装	23	选取中证全指样本股中的容器与包装行业股票组成	无
85	H30220	网络软件	50	选取中证全指样本股中的互联网软件与服务行业股票组成	无
86	H30221	复合公用	5	选取中证全指样本股中的复合型公用事业行业股票组成	无
87	H30222	公路铁路	16	选取中证全指样本股中的公路与铁路行业股票组成	无
88	H30223	航空公司	7	选取中证全指样本股中的航空公司行业股票组成	无
89	H30250	500 能源	14	在中证 500 指数中选取能源行业的股票作为样本股	无
90	H30251	500 原料	75	在中证 500 指数中选取原材料行业的股票作为样本股	南方中证 500 原材料 ETF（512340）
91	H30252	500 工业	117	在中证 500 指数中选取工业行业的股票作为样本股	南方中证 500 工业 ETF（512310）

续表

序号	指数代码	指数名称	成分股数量	指数说明	跟踪产品
92	H30253	500 可选	77	在中证 500 指数中选取可选消费行业的股票作为样本股	无
93	H30254	500 消费	26	在中证 500 指数中选取主要消费行业的股票作为样本股	无
94	H30255	500 医药	49	在中证 500 指数中选取医药卫生行业的股票作为样本股	南方中证 500 医药卫生 ETF (512300)
95	H30256	500 金地	46	在中证 500 指数中选取金融地产行业的股票作为样本股	无
96	H30257	500 信息	68	在中证 500 指数中选取信息技术行业的股票作为样本股	南方中证 500 信息技术 ETF (512330)
97	H30258	500 电信	10	在中证 500 指数中选取电信行业的股票作为样本股	无
98	H30259	500 公用	18	在中证 500 指数中选取公用事业行业的股票作为样本股	无
99	H30270	红利价值	50	选取股息率高且价值特征突出的 50 只股票作为样本股	无
100	H30439	1000 能源	21	由中证 1000 指数样本股中的能源行业股票组成	无
101	H30440	1000 材料	149	由中证 1000 指数样本股中的原材料行业股票组成	无
102	H30441	1000 工业	251	由中证 1000 指数样本股中的工业行业股票组成	无
103	H30442	1000 可选	147	由中证 1000 指数样本股中的可选消费行业股票组成	无
104	H30443	1000 消费	57	由中证 1000 指数样本股中的主要消费行业股票组成	无
105	H30444	1000 医药	96	由中证 1000 指数样本股中的医药卫生行业股票组成	无

续表

序号	指数代码	指数名称	成分股数量	指数说明	跟踪产品
106	H30445	1000 金融	49	由中证 1000 指数样本股中的金融地主行业股票组成	无
107	H30446	1000 信息	177	由中证 1000 指数样本股中的信息技术行业股票组成	无
108	H30447	1000 电信	31	由中证 1000 指数样本股中的电信业务行业股票组成	无
109	H30448	1000 公用	22	由中证 1000 指数样本股中的公用事业行业股票组成	无
110	399998	中证煤炭	31	从煤与消费用燃料行业选取相关上市公司作为成分股	无
111	399995	基建工程	50	以中证全指为样本空间,选取涉及建筑与工程业务的上市公司股票作为成分股	富国中证煤炭指数分级(161032)等
112	930606	中证钢铁	41	从钢铁行业中选取相关上市公司作为样本股	无
113	930697	家用电器	47	选择中证全指中家用电器行业的股票组成指数样本	广发中证全指家用电器指数A(005063)
114	930910	农牧渔	50	选取中证全指样本股中的农牧渔行业股票组成	无
115	930911	化学原料	47	选取中证全指样本股中的化学原料行业股票组成	无

资料来源：中证指数有限公司官网。

4.7.2　26 只指数型基金极简析

中证指数有限公司发布的行业指数中有基金跟踪的 26 只指数型基金极简析如表 4.10 所示。

表 4.10 **有基金跟踪的 26 只指数型基金极简析**

品种	极简析
300 医药	1. 医药行业成长性高，重合沪深 300 指数成分，基本可确定医药行业第一集团品种。2. 总计有 29 只股票，基金跟踪可以做到比较好的分散
300 金融地产	1. 金融地产是股市的绝对权重，代表着股市的重心，所以有相关跟踪指数是必然的。2. 金融地产是股市大周期的晴雨表，它们如果想有集体大涨幅，则需等待市场出现大级别行情。3. 金融权重过大，地产则受强政策调控影响，所以整个波动周期过长，并不是特别合适做定投
中证能源	1. 能源股在国家经济比重不断下降，经济结构的调整意味着能源消耗的降低，未来很难出现行业性大牛市，并不推荐做定投。2. 两桶油比重过大，其中中石油上市时估值天价，十几年过去了，也没有什么起色
中证消费	消费在国民经济中的比重越来越高，这是经济发展的必然趋势。所以跟踪消费指数的基金非常之多。从增长结构来看，消费属于模型一，个人认为可考虑长期定投
中证医药	选取了 78 只医药股，占目前医药上市股总比例的 25%，属于择优而选。相较于医药 100 在选择上范围更小，比重轻重明显。按照目前 A 股港股化，医药行业巨头化的趋势，这是一个更好的选择。推荐长期定投
中证金融地产	119 只标的，相较于 300 金融地产范围更广，但这却不是一个好的选择。因为金融与地产早已经进入巨头时代。中型公司未来想要超越发展的难度大大增加，再考虑到金融与地产的过大权重与大周期属性，不推荐定投
中证信息	信息行业代表着未来中国产业升级的必然方向，只是中国最好的科技信息类公司并没有在 A 股上市。A 股信息行业的股票质量有一定问题，很多时候受题材影响过大，极为不稳定。在定投方面这是一个笔者最无法判断的板块，所以个人选择不参与，宁可错过，不可选错
全指能源	能源是经济发展的基础，可是并不是未来，更像树根，永远没有果实有吸引力。除非我国能源企业能够在未来能源上取得历史性突破，但是这个可能太小。所以无论是中证能源还是全指能源，笔者都不看好
全指材料	材料行业是一个周期性波动极强的行业，从原理上来说比较适合做定投，可是从实操角度讲个人却不推荐。原因有两点，第一，周期不可控，材料行业的周期波动并不是全部正相关，相互之间无绝对的联系。第二，材料行业总体在经济中的比例是不断下降的，也就是长时间是处下降通道，对投资者考验过大，不推荐进行基金定投

续表

品种	极简析
全指工业	723 只成分股，说明这个行业范畴很宽，过宽的范围意味着行业属性并不强。目前股市概念中分为精密制造、高端制造、传统工业等，相互之间的表现千差万别，没有趋同性，并不适合进行基金定投
全指可选	大消费概念，成分股众多，指数组成因子由众多行业组成，属于主题性指数。优势并不明显，但是可以考虑进行基金定投
全指医药	244 只成分股，涵盖医药全行业。考虑到未来医药行业是创新药对降价控费的基本格局，个人认为在医药类指数中这个指数属于最差的。如果投资者优先考虑分散性，则可以考虑基金定投
全指金融地产	不推荐定投
全指信息	不推荐定投
证券公司	证券行业指数笔者在书中有专门的章节讲述，证券行业指数是基金定投的完美模版，适合成熟投资者进行长线布局，但不建议普通投资者参与
中证银行	银行在书中同样有详细介绍，适合风险承受能力较弱的投资者进行基金定投，实操难度小
房地产	房地产受政策调控周期影响过大，经常出现业绩暴涨股价却暴跌的情况。非市场因素高，并且不代表中国经济未来，不建议进行基金定投
建筑材料	板块主体由水泥与建材组成，行业周期性较强，适合在绝对低点进行定投。2019 年总体处于历史高位，需要等待机会。这是一个适合做基金定投的板块，但是对于投资者要求比较高，需要投资者评估自身情况，综合考虑
汽车指数	中国汽车行业已经进入饱和期，未来的增长主要取决于新能源汽车的发展情况，同时面临海外巨头的压制问题。个人不建议进行基金定投，行业整体前景不佳，容易出现模型五中的走势
500 原料	500 指数在 A 股中的定义可以理解为行业第二梯队的公司，有一定实力同时兼顾了成长性。可是这一点在原料行业是行不通的，这种原材料传统产业早已经进入巨头时代，第二梯队发展空间越发狭小，500 指数自身表现也明显弱于沪深 300 就是最好的证明。不建议定投
500 工业	不建议定投
500 医药	不建议定投
500 信息	不建议定投

续表

品种	极简析
中证煤炭	煤炭属于能源行业的典型代表，煤炭价格周期性波动大，如果能够把握住煤炭价格的变化周期，则非常适合做基金定投。但是对于投资者专业单向要求非常高，笔者认为是不达标的
基建工程	这是一个比较宽泛的概念，建筑、路桥、工程机械都属于这个概念，宽泛的概念如果不能像消费那样形成正向共振，则不适合做基金定投
家用电器	家用电器属于消费的核心板块，其中格力与美的占比权重极高，这是一个确定性极强的板块。适合风险承受能力较小的投资者进行基金定投，推荐。

4.7.3 为什么会发布这些行业指数

在中证行业指数清单中为什么有 300 指数+××行业、500 指数+××行业、1000 指数+××行业这种指数的存在？沪深 300 为典型的宽基指数，××行业则为窄基指数，这种模式从本质上来讲是希望综合利用它们的优点。沪深 300 代表蓝筹，再加上行业，则为某些行业的龙头品种，且这些行业体量比较大，还未形成垄断。

原因：(1) 以资金为导向，希望投资到市场关注度高更高的品种，从而获得流动性溢价。A 股过去的体量相较于我们的经济规模来讲，体量非常小，再加上大量国企股价是锁定不交易的，造成股市投机性极强。流动性则一直没有任何问题，就算是再小盘的垃圾股也不担心交易不出去。但是随着 A 股数量增加到了 3600+，以及 IPO 注册制的推进，未来会有大量的股票进入“仙股”行列，即有价无市或无价无市的阶段，股票失去流动性。像这种入选 A 股标志性指数的公司，因为有大量的被动投资资金进行跟踪，在流动性上则更胜一筹。这种优势未来在注册制全面推行、股票上市及退市不断加快过程中会不断加强，这也是港股投资中常常被人提到的流动性溢价效应。

(2) 质量认证。如果一家公司能够入选沪深 300 指数，从客观上就可以说明它的行业代表性、流动性好等特征，更通俗地讲就是它是龙头企业的最好证明。入选 500 指数代表有一定的规模实力，入选 1000 指数说明至少不是垃圾股。虽然这个标准并不是明面上的，但是从市场普遍心理来看这却是事实。300 指数+××行业，潜台词就是××行业龙头股票基金。

(3) 从交易逻辑来讲，股票交易属于价差型，即通过低买高卖来实现价差获利。这时我们首先需要保证的是有人愿意出更高价格来买你手中的股票。市场关注度高、流动性好、质量经过认证在未来足够长时间里都是交易的有利因素，所以由指数+行业的模式构成的基金是有天然交易优势的。

为什么整本书都采用中证指数有限公司发布的指数？

中证指数有限公司是目前国内最权威的指数公司，虽然各家基金公司也都有自己的增强型指数或是独创指数，包括像央视还有央视 50、央视 500 等，但是个人不建议采纳。

首先，其他指数目的不纯，思路不稳定。基金公司的增强型更多是体现基金经理个人投资偏好，人是不稳定的。增强型意味着基金性质由指数型基金变成主动管理型，在基金管理费上也更高，而基金经理一旦做好了，就极有可能跳槽到私募，到时新换的基金经理又是一种思路。

其次，水平不行。以央视 50 为例，无论是从投资业绩还是稳定性上来说，都明显弱于上证 50 指数。因为中证指数有限公司制定指数时并没有业绩压力，也没有参照物，可以从纯客观角度出发。而央视 50 想要打响自己的招牌，就需要全面超越上证 50 指数，所以在制定标准上会加入一些自认为超过上证 50 的标准，可是效果却是珠玉在前，后者只能望尘莫及。

最后，投资跟主流，随大势。因为中证指数有限公司制定的指数更有权威性，受市场认可度更高，所以我们在投资过程中一定要跟主流。投资的本质就是紧跟主流资金动向，把握大势，提前布局。标新立异在资本市场是一个贬义词，是一种愚蠢做法。

为什么基金定投，除标志性指数外，笔者选择的都是行业指数？

市场中除了几个以流动性、行业代表性、市值为制定标准的标志指数外，还有行业指数、主题概念指数、风格指数、地域指数等。但是有足够多选项的只有行业指数、主题概念指数，笔者选择前者的原因有如下几点：

（1）行业指数成分比主题概念更明确。以家电企业格力电器为例，它在行业指数中属于家电指数，而在主题概念指数中属于高端制造、大消费、国企改革等。一家公司所属行业是由其主营业务所决定的，有清晰明确的边界，而主题概念则不然，是变化多样的。投资就是判断未来，比较明显的是我们去判断一个行业的整体发展趋势要比去判断一个没有明确边界的股票集合要简单得多。

（2）行业共性更明确，未来更易判断。我们以水泥行业为例，无论是龙头海螺水泥还是冀东水泥，它们的股价都会受到水泥价格的变动影响，受错峰生产、环保标准等影响。而消费概念下的格力电器与贵州茅台股价的影响因素则完全不同，因为它们分属家电制造与白酒两个行业。我们投资的是指数型基金，是一个股票组合，我们希望判断这个指数未来的影响因素是明确的，这样才能通过分析这些因素来判断未来。

（3）行业指数人的影响因素更小。行业指数成分的配比有明确的规则，行业的格局也不可能在短时间内改变，无论是哪个基金经理，在跟踪相应的行业指数基金时配置品种与比例都无明显区别。但是概念板块则完全不同，两个基金经理的选择可以天差地别，人的因素是变量、不可测。所以选择主题概念基金跟基金定投的基本要求是有冲突的。

第 5 章　热门基金定投品种分析

虽然前文中我们详细列举了笔者认为比较有代表性的基金定投品种，并以此详细阐述了基金定投的投资逻辑。但是市场上可供选择的基金非常多，所以笔者分别从宽基指数、窄基指数（行业+主题）、主动管理型主题基金、王牌基金等各项标准中各再挑选出几只市场热门基金进行简单的评述，以供大家参考。

为了挑选标准的客观公正，笔者按蚂蚁财富平台中热门推荐策略选择，从近 6 月指数业绩排名、老牌牛基、热门板块、王牌基金经理四个角度选取了 20 多只最热门基金，一一分析，力求实战与理论相结合。

5.1　热门宽基指数基金分析

一、中证 500 指数基金

中证公司给出的官方选择标准：中证指数有限公司所开发指数中的一种，其样本空间内股票是由全部 A 股中剔除沪深 300 指数成分股及总市值排名前 300 名的股票后，总市值排名靠前的 500 只股票组成，综合反映中国 A 股市场中一批中小市值公司的股票价格表现。

指数修正方式：中证 500 指数的样本股原则上每半年调整一次，每次调整的样本比例一般不超过 10%。样本调整设置缓冲区，排名在 400 名内的新样本优先进入，排名在 600 名之前的老样本优先保留。

特殊情况下将对中证 500 指数样本进行临时调整。发生临时调整时，由过去最近一次指数定期调整时备选名单中排名最高的股票替代被剔除的股票。

在挑选宽基指数时，我们一定要清楚理解该指数的编制规则，这样才能清晰认识到其波动规律与品种特性。

特性一：中证 500 指数制定标准时间是在 2004 年，那个时候两市交易股票总数不足 1500 只，减去沪深 300 和后 20%及 ST 股后自然代表的就是中小市值股票。可是时至2020年，两市股票数量早已经超过3000只，此时中证500指数中公司的平均市值在180亿~200亿元。应该说中证500目前比较精准的成分组成应该是代表中盘股，而小市值股票中证1000也许更加合适。

特性二：通过图5.1不难看出，从2015年杠杆牛市至2020年3月中旬，中证500的走势与沪深300比起来明显要弱，这与早十年的走势大相径庭。造成这种现象的原因有：首先，A股在2016年平准基金救市，外资、养老金、保险金等各类长线资金入市后已经开始走向成熟化，即以龙头白马为代表的大蓝筹股成为各机构资金的配置重点。可是中证500的制定规则意味着它不会与沪深300重合，所以它享受不到这部分红利。其次，相较于主板市场，创业板走势明显有其独立性，2019—2020年创业板接近翻倍，但是中证500成分股中大概只有31只股票在创业板最大的100只股票中，所以其也没有完全享受到小市值股票的成长性。再次，中证500的制定规则容易产生一种现象，即相关品种长期走强后很容易被沪深300纳入指数，这样其王牌品种就不能长久带动指数上涨。例如历史上创业板长牛股爱尔眼科、乐普医疗曾经都入选过中证500。最后，其只有等像牛市这样的普涨格局才能有较好的发挥，因为在上交所上市的中证500成分股，即上证500股票的总体质量并不差，市值适中，在普涨的行情下表现会比较好，不容易出现踏空的情况。

图5.1 2015—2020年中证500与沪深300收益率对比图

资料来源：天天基金网。

总体评价：笔者不愿意以基金定投的形式定投中证500。因为如果看好A

股长期走势，那么可以定投上证 50、沪深 300 这样的核心龙头资产。如果看好未来某一个时间段市场的行情，那么可以定投中证 1000 这种波动性、爆发性更强的品种。跟踪中证 500 的 ETF 虽然是目前市场上规模最大的指数型基金之一，但笔者确实不喜欢它这种两不靠的特性。

非典型提问：定投中证 500，可以享受到 5G 概念、芯片概念的红利，为什么不定投?

个人意见：如果你看好未来一段时间 5G、芯片等科技概念股，那么你可以直接投资相关主题基金。上述问题属于一种典型的投资逻辑错误。

二、中证 1000 指数基金

中证 1000 指数是由中证指数有限公司编制，其成分股是由中证 800 指数样本股之外规模偏小且流动性好的 1000 只股票组成，与沪深 300 和中证 500 等指数形成互补。中证 1000 指数成分股的平均市值及市值中位数与中小板指、创业板指、中证 500 指数相比都更小，更能综合反映沪深证券市场内小市值公司的整体状况。

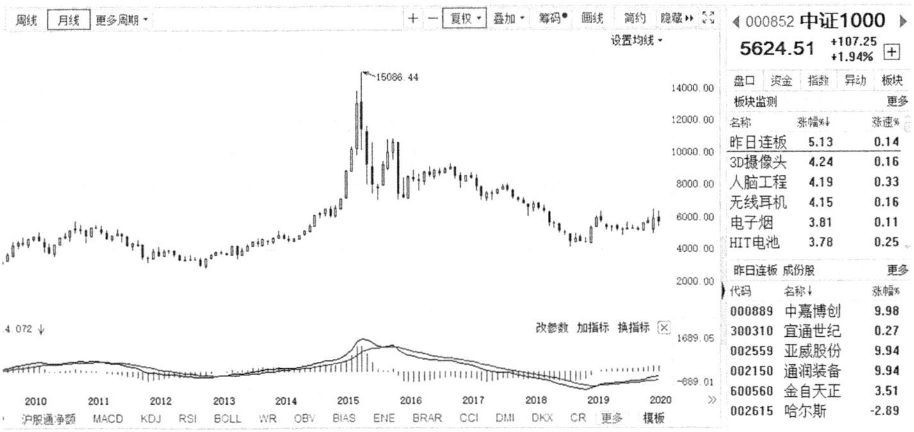

图 5.2　中证 1000 指数月线图

资料来源：天天基金网。

特性分析：

特性一：代表着 A 股中小市值股票，但是并不代表创业板。很多人把创业板等同于小市值股票，这是不对的。要知道迈瑞医疗的巅峰市值超过 3000 亿元，是深证 100 成分股。真正的中小市值股票代表指数是中证 1000 指数，而非创业板指数。

特性二：牛熊市周期性表现天差地别。第一只中证1000基金于2015年6月成立。在成立后的一年正好是2015年杠杆牛市的主升浪，相较于指数一倍左右的上涨幅度，其总计上涨近三倍，但是此后的熊市与近几年的震荡市中其回调幅度也远大于其他指数。近一年虽然创业板指数涨幅接近一倍，但是其总计涨幅不超过25%，这也客观说明了其代表特性与创业板指数有很大的区别，小盘股从2016年至今总体弱势表现是比较确定的，这也是A股走向成熟的一个体现。通过观察中证1000的月线图（见图5.2）可以看到在2014—2015年的杠杆牛市中，中证1000从最低的2500点左右涨到了15000点，总计涨幅达到极为惊人的6倍左右。而经过四年的调整，目前的点位又回到了5600点左右，跌幅超过60%。

总体评价：中证1000是最能代表小盘股总体表现的股票指数，当市场整体进入大牛市阶段其强度会明显大于主板指数。但是在熊市与震荡行情中，其调整幅度又非常大。目前A股机构化特征越来越明显，未来所谓的周期牛市的上涨幅度也会越来越小。所以定投中证1000想要获得超过市场平均收益的难度也在不断加大，笔者不建议普通投资者以抓牛市周期的角度去定投这个品种，因为波动幅度太大。市场走向机构化时代后，未来想要抓到像2014—2015年这种行情的难度较大。

三、长城创业板指数增强A

选取长城创业板指数增强A（001879）为例子是因为它是蚂蚁财富上定投指数基金中的第一热门基金，也正好以此基金来讲解一下创业板指数与增强两个概念。

创业板指数特点：首先，指数选样以样本股的“流通市值市场占比”和“成交金额市场占比”两个指标为主要依据，体现深市流通市值比例高、成交活跃等特点。其次，指数计算以样本股的“自由流通股本”的“精确值”为权数，消除了因股份结构而产生的杠杆效应，使指数表现更灵敏、准确、真实。最后，指数样本股调整每季度进行一次，以反映创业板市场快速成长的特点。

从创业板指数编制方案来看，指数选样入围标准有6个：①在深交所创业板上市交易的A股；②有一定上市交易日期（一般为三个月）；③公司最近一年无重大违规、财务报告无重大问题；④公司最近一年经营无异常、无重大亏损；⑤考察期内股价无异常波动。创业板指数的初始成分股为指数发布之日已纳入深证综合指数计算的全部创业板股票；⑥在指数样本未满 100 只之前，新上市创业板股票在上市后第十一个交易日纳入指数计算；在指数样本数量满 100 只之后，样本数量锁定为 100 只，并依照定期调样规则实施样本股定期调样。

选取方法：

①创业板指数从创业板股票中选取 100 只组成样本股，以反映创业板市场层次的运行情况。②初始成分股为发布日已纳入深证综合指数计算的全部创业板股票。③在创业板指数样本未满 100 只前，新上市创业板股票，在其上市后第十一个交易日纳入指数计算。④当创业板指数样本数量满 100 只后，样本数量锁定不再增加，以后需要对入围的股票进行排序选出成分股。⑤创业板指数选样指标为一段时期（一般为六个月）平均流通市值的比重和平均成交金额的比重。选样时先计算入围个股平均流通市值占创业板市场比重和平均成交金额占创业板市场比重，再将上述指标按 2：1 的权重加权平均，计算结果从高到低排序，在参考公司治理结构、经营状况等因素后，按照缓冲区技术选取创业板指数成分股。

以上是创业板指数的基本制定规则，只需要仔细阅读，再结合市场我们就不难得出以下几个结论。

结论一：创业板指数，更恰当的名字应该是创业板 100 指数。2010 年时创业板股票数量有限，创业板指数在前五年基本可以代表整个创业板股票的总体情况，而目前的创业板指数只能综合反映创业板头部公司的状况。因为创业板股票总数量截至 2020 年 3 月 12 日为 805 只。这个时候创业板指数跟创业板之间的关系就有一点像上证 180 与上证综指之间的关系。

结论二：以流通市值与交易量为入选的核心。创业板指数多年发展后，目前的核心龙头股基本都属于蓝筹品种。以 2019 年 12 月 31 日创业板 50ETF 的持仓及比例来看，前十大成分股的平均市值早已经超过千亿元。

增强型指数与指数 ETF 到底孰优孰劣？

1. 收益率比较

第一阶段：高度重合阶段。2017 年 6 月 16 日开始正式运行—2019 年 3 月，在这一阶段，波动、收益率情况都与创业板指数、同类跟踪创业板指数基金相差无几。

第二阶段：2019 年 3 月—2020 年 2 月，拉开与同类平均收益率的差距，并在这一年获得超额收益。在此区间获得了超创业板指数 40%的收益率，应该说这一阶段基金经理选择的增强品种总体表现强于创业板指数。

第三阶段：2020 年 3 月进入调整期，在这一阶段增强指数的跌幅大于同类与创业板指数 5%。

图 5.3 长城创业板指数增强 A 与同类平均、沪深 300 的走势比较

资料来源：天天基金网。

2. 相对稳定性比较

两者在过去三年振幅基本保持一持，在上涨景气阶段，长城增强型走势要大幅跑赢创业板指数。但是在短期利空大幅下跌阶段，其跌幅也要更大一些。

3. 费用比较（指数基金以基民更易买到的联接基金为代表）

经过简单比较（见表 5.1），我们能够看出指数型 ETF 在费率上是有明显优势的，综合来看每年可以节省 0.6%左右的费用，如果短期操作频繁则费用优势更明显。

同时，我们可以得到以下几个结论：

①从长期看增强型指数相较于其他指数并无绝对的优势，虽然头部品种总体表现要优秀一些，但是同类平均水平并无优势可言。两者之间保持的差距并不保证拉平多交的持有费用，而长城创业板指数增强型是同类中表现最佳的品种，不具代表性。

表 5.1　　创业板联接基金和增强型基金费用比较

	易方达创业板 ETF 联接 A	长城创业板指数增强 A
申购费	0.12%	原费率 1.5%，打 1 折 0.15%
赎回费	小于等于 6 天，1.50%。大于等于 7 天，小于等于 364 天，0.50%。大于等于 365 天，小于等于 729 天，0.25%。大于等于 730 天，0.00%。	小于 7 天，1.50%。大于等于 7 天，小于 365 天，0.50%。大于等于 365 天，0.00%。
管理费	0.5%	1%
托管费	0.1%	0.15%
认购费	小于 100 万元，1%。大于等于 100 万元小于 500 万元，0.5%。大于等于 500 万元，每笔 1000 元。	小于 100 万元，1.2%。大于等于 100 万元小于 300 万元，0.8%。大于等于 300 万元小于 500 万元，0.4%。大于 500 万元，每笔 1000 元。
销售服务费	无	无

②指数增强型核心品种与指数本身相关性非常高，更多区别在于小持仓股和持仓比例的细微差别。可是指数增强型持仓的好坏是很难界定的，相当于一个变量，基金经理水平高则好，水平差则起反作用。所谓的增强更像是一个变量，而费用的差别则是一个定量，两者之间的差别就在这里。

如果是一次性购买需具体问题具体分析，但如果是定投，笔者更看中投资逻辑的稳定性，不建议选择增强型。

适合买增强型指数基金的时间段是行情走势处于强势阶段，因为增强型在仓位上更加集中，有利于在强势阶段获得更高的收益率。同样的问题是处于弱势阶段，也有可能跌幅更大。此基金开始运行时间 2017 年 6 月，此时创业板已经在 2015 年 7 月以后的两年时间里进行了深度调整，进入了相对平缓期。

四、建信深证基本面 60ETF 联接 A

产品及运营规则介绍：本基金主要采取完全复制策略，跟踪标的指数的表现，即按照标的指数的成分股票的构成及其权重构建基金股票投资组合，并根据标的指数成分股票及其权重的变动进行相应调整。基金投资于标的指数成分股票及备选成分股票的比例不低于基金资产净值的 90%。

本基金将根据标的指数的成分股票的构成及其权重构建股票资产投资组合，但在特殊情况下，本基金可以选择其他证券或证券组合对标的指数中的股票加以替换，这些情况包括但不限于以下情形：（1）法律法规的限制；（2）标的指数成分股流动性严重不足；（3）标的指数的成分股票长期停牌；（4）其他合理原因导致本基金管理人对标的指数的跟踪构成严重制约等。

在正常情况下，本基金对标的指数的跟踪目标是：力争使得本基金日均跟踪偏离度的绝对值不超过 0.2%，年跟踪误差不超过 2%。如因指数编制规则调整或其他因素导致跟踪偏离度和跟踪误差超过上述范围，基金管理人应采取合理措施避免跟踪偏离度、跟踪误差进一步扩大。

解析：任何指数型基金，理解其制定规则是最为重要的。本基金的官方解释比较长，专业术语较多。但是从名字来简析就能知道其大概特性：①投资于深交所股票，不限于主板。②投资的股票基本面是第一考察标准，这意味着不能投资 ST 类股票。③60ETF 联接 A，本基金跟踪的是市场公开发行的 ETF 品种，虽然是宽基但是成分股只有 60 只，相较于深交所的股票数量，明显会集中投资于龙头蓝筹品种。

品种特性分析：

①深圳证券交易所股票成长性更高。在中国两大交易所设立时虽然没有强制性划分，但是基本延续着上海证券交易所主要给国有大中型企业提供上市交易的场所。深圳证券交易所则主要给民营企业提供上市交易场所，并且深交所除主板外，还陆续推出了中小板、创业板，并设立了更加灵活的上市规则。因为这些特性，结合中国经济发展史，深交所股票总体比上交所更具成长性，这甚至不需要对比数据，每个有经验的投资者都深有感受。

②深圳 60ETF 成分股基本都是由小做到大的龙头公司，例如：万科、美的集团、温氏股份，爱尔眼科等等在上市之初都不能算是大公司。而上证 50 成分股绝大多数上市前就是国有大型企业，甚至很多在行业中都具有垄断地位。

③深圳 60ETF 成分股以消费类、制造业为主体。因为民营企业经营的成长首先是从国营资本延伸不到和退出领域成长起来的。并且经营主体更加灵活，随着经济结构的调整而调整，产业方向与上证 50 以金融及垄断行业为主体还是有明显的区别。

如果说上证 50 代表着国有核心企业，深圳 60 则代表着民营核心企业和高度市场化地方国企，两者合并起来就代表着中国经济的整体。同时我们也可以认为两者的结合是对沪深 300 的一种优化，因为沪深 300 本身还会包含很多能源、重工、建筑等代表传统的产业，成长性受到明显影响。

在以上认识下，如果你不想选择沪深 300，又想把个人投资命运与国家核心资产相捆绑，也许上证 50+深证 60 的组合是一个不错的选择。

五、华宝中证科技龙头 ETF（515000）

华宝科技 ETF（简称为“科技 ETF”），代码 515000，于 2019 年 7 月 22 日成立，首募规模 10.37 亿元（人民币），有效认购户数为 14956 户。“华宝科技 ETF 的推出填补了市场同类产品的空白，一方面华宝丰富了自身的产品线，另一方面也给投资者提供了新的投资渠道和工具。尤其是对高科技行业、高科技类股票有兴趣的投资者而言，它提供了很好的参与工具。”华鑫证券私募基金研究中心总经理傅子恒在接受采访时表示。

据悉，华宝科技 ETF 跟踪的中证科技龙头指数，由沪深两市中电子、计算机、通信、生物科技等科技领域中规模大、市占率高、成长能力强、研发投入高的 50 只龙头公司股票组成，是一只真正意义上的“全科技”指数。该指数最新的十大权重股中，既有中国创新药龙头“恒瑞医药”，也有全球安防龙头“海康威视”，同时也囊括 A 股纯正的人工智能第一股“科大讯飞”、消费电子龙头“立讯精密”等一系列极具核心竞争力的 A 股科技龙头企业。值得一提的是，目前该指数的成分股中还没有科创板股票，华宝基金表示，科创板中符合该指数编制要求的股票也将有机会纳入。

解析：华宝科技 ETF 是 A 股成立的第一只科技主题的 ETF，虽然是主题类基金，但是因为属于 ETF，所以我们还是将其归类于宽基指数。既然是科技主题的 ETF，那么 A 股市场上哪些板块可以归类进科技板块之中？同时，这些板块的龙头公司能否担得起中国科技企业的未来？

成分股分析（见图 5.4）：

（1）第一大成分股：恒瑞医药——创新药龙头，占比 9.99%。它是目前 A 股市场 200 多只医药股中市值第一个突破过 4000 亿元的上市公司，是过去十年整个 A 股市场所有上市公司中涨幅榜排名第一位的股票。此外，排名靠前的还有本基金第六大持仓—长春高新。创新原研药确实是未来大国科技竞争制高点之一，恒瑞医药作为第一权重股并没有太大问题。投资任何基金，分析其成分股组成时，第一大权重股往往反映了基金管理者的投资逻辑与选股水平。

（2）并不能代表中国最优秀的科技公司，国内很多科技类公司并没有在 A 股上市。这是因为科技密集型公司往往需要漫长的资本投入期，意味着长时

股票持仓　债券持仓　更多 >

股票名称	持仓占比	涨跌幅	相关资讯
恒瑞医药	9.99%	4.02%	股吧
海康威视	7.42%	3.48%	股吧
立讯精密	7.10%	8.44%	股吧
京东方A	6.52%	1.77%	股吧
中兴通讯	5.10%	3.53%	股吧
长春高新	3.80%	3.86%	股吧
科大讯飞	3.22%	0.99%	股吧
恒生电子	3.02%	2.45%	股吧
歌尔股份	2.74%	8.95%	股吧
三安光电	2.72%	0.50%	股吧

前十持仓占比合计：　51.63%

持仓截止日期: 2019-12-31　　更多持仓信息>

图 5.4　华宝科技 ETF 截至 2019 年年末前十持仓

资料来源：天天基金网。

间不能盈利，这是不符合过去 A 股的上市规则的。这造成像以阿里、腾讯为代表的互联网巨头，医药研发投入全国首位的百济神州等企业都不在其中。以美国科技板块为对比参照，此只 ETF 成分公司对标，完全不在一个量级。

（3）入选公司在国内有一定优势，但是缺乏国际竞争力。应该说入选前十大成分股的公司在国内某些领域是有领先优势的，但是对照国际同行，甚至是国内同行业，都难言第一梯队。恒瑞医药虽然是国内创新药龙头，但是值得注意的是它 80%以上的利润是来自于仿制药，同时还没有一款真正意义上被国际主流标准认证的创新药。海康威视经过高速发展期之后，近两年负面新闻丛生，科技含量并不算高。京东方 A 近两年的成绩值得肯定，但是高端市场对标日韩还有明显差距。中兴通讯在 5G 方面有比较多的技术专利，但是核心零部件并不在自己控制范围内，企业抗风险能力有明显的问题。其余成分股的情况大同小异，既有一定的竞争优势，但是缺点也显而易见。

投资建议：本 ETF 基金是以科技为主题，实际上各个成分股来自不同的行业，其周期波动的要素并不一致。从设置本意上来讲是希望通过科技优势来战胜周期，长期走势能够战胜市场。但是从具体的成分股分析来讲，其是否能够长期战胜市场还是存在一定的变数。因为科技企业发展到一定阶段后，所面临的竞争并不单单来自国内，还要面对国际竞争。客观地讲，笔者并不十分看好本 ETF 能够长期大幅度战胜市场周期，科技的成色略显不足，这也是 A 股科技类公司面临的主要问题。

5.2　热门行业指数基金分析

一、招商中证白酒指数分级

此只基金是过去三年各大基金销售平台最火的基金之一（见图 5.5），原因有二：首先，业绩在同类基金中稳定在前三之列。其次，白酒行业投资逻辑非常简单，核心四大成分股普通投资者也比较了解。在此两大优势的加成之下，其成为爆款基金也是正常的。

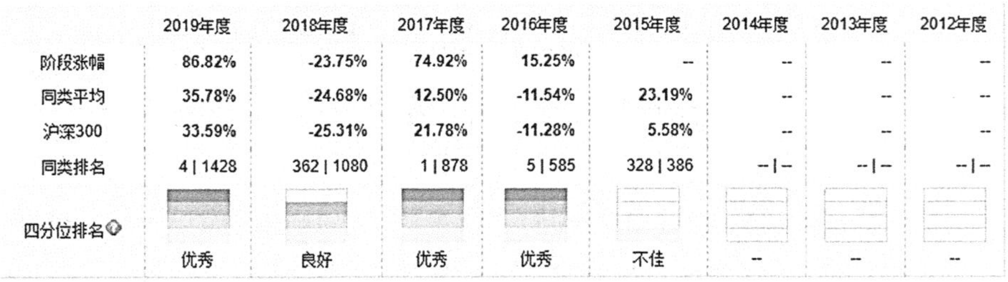

	2019年度	2018年度	2017年度	2016年度	2015年度	2014年度	2013年度	2012年度
阶段涨幅	86.82%	-23.75%	74.92%	15.25%	--	--	--	--
同类平均	35.78%	-24.68%	12.50%	-11.54%	23.19%	--	--	--
沪深300	33.59%	-25.31%	21.78%	-11.28%	5.58%	--	--	--
同类排名	4 | 1428	362 | 1080	1 | 878	5 | 585	328 | 386	-- | --	-- | --	-- | --
四分位排名	优秀	良好	优秀	优秀	不佳	--	--	--

图 5.5　招商中证白酒指数分级基金年度涨幅情况

资料来源：天天基金网。

白酒行业投资逻辑简述：

①强大的品牌提价能力，茅台出厂价与经营商实际市场出售价格相差近一倍，这给了茅台巨大的提价空间，市场供需上也是供不应求。五粮液、泸州老窖、洋河股份也有一定程度的议价能力，市场供需关系良好。这给了白酒行业非常稳定的盈利预期，抗风险能力强。

②中国千百年来形成的白酒文化造成了稳定的市场基础。虽然近些年人们对于健康越来越重视，但是白酒文化根深蒂固，尤其是高端白酒包含社交、投资等多重属性。这里讲一个小故事：茅台某位前董事长跟马云说现在的年轻人都不爱喝白酒了，茅台未来的路会不好走。马云回答道：“等他们到 40 岁以后，自然就会爱喝茅台了，不用担心，我原来也不爱喝，现在觉得喝起来挺有意思！”

③抗经济周期，盈利稳定。白酒消费属于日常消费，基本不受经济周期的影响。即使是2020年新冠病毒疫情影响的也是中低端白酒市场，从全年消费来看，并不会影响高端白酒。上述四家中茅台还会像2019年一样，刚刚好完成全年业绩目标，这是由超强市场统治力所决定的。

白酒行业指数四大成分股说明：白酒行业并不是所有的公司都赚钱，因为从居民消费习惯来看，以白酒为代表的烈酒消费总体是保持着稳中有降的。白酒行业的成长逻辑并不是量上的增长，而是质量或者说是价格的上涨。随着经济发展和人们消费能力提升，对于白酒品牌追求日益提高。在总量得不到提升的情况下，谁拥有更强的提价能力，谁就有了更强的盈利能力。

放眼目前全国白酒市场，每个地域都有自己的地域特色白酒品牌，能在全国展开提价攻势的品牌只有四家：贵州茅台、五粮液、泸州老窖、洋河股份，四家公司的提价能力独立于其他品牌，但是它们之间又形成一个梯形关系，茅台强于五粮液，泸州老窖次之，洋河股份再次之。正是因为这种品牌关系，我们看到了所有白酒主题基金前四大重仓股都是这四只，同时它们在市值上也成倍数关系。

需要说明的是茅台与五粮液相对于后两者属于高一档的存在，两者都是行业龙头，并且都属于超一线蓝筹品种，两者的地位在A股中也是举足轻重的。两者之间关系也非常微妙，虽然茅台是老大，但是目前市场涨幅过大，已经位居A股前五。所以2019年以来五粮液总体走势要强于茅台，但是无法撼动茅台强大的品牌价值和出厂价与零售价巨大的差价造成的投资属性。

从白酒行业投资逻辑、四大高端品牌的现状来看好像这个行业是完美的投资标的，但是现实来讲定投招商中证白酒指数分级存在着几个明显的问题：

①最重要的问题：最佳时机已过。好的资产没有一个好的价格，也不会是一项好的投资。证券类投资赚的是价差，讲求的是低买高卖，白酒类股票最大的问题就在于目前的价格处于历史高位。白酒行业指数从2014年4月的4000多点跌到1579点的历史低位，后面四年时间则总计涨了5倍，而四大名酒平均涨幅更是达到了10倍以上（见图5.6）。真的是很难想象这样的一个点位，能够归类到“低”上。

②除去四大成分股，其他股票鸡肋般存在。从基金的成分股看出，无论基金成分股如何变，前四大成分股都是四大品牌。变化规律也无非是茅台高了，买五粮液。五粮液高了，买泸州老窖。后者高了，再换洋河股份。四只股票总体仓位始终保持在50%以上，这是因为除开这四大品牌以外，其他白酒并没有提价能力。如果是笔者操盘，这四只股票合计占比应该会始终保持在70%

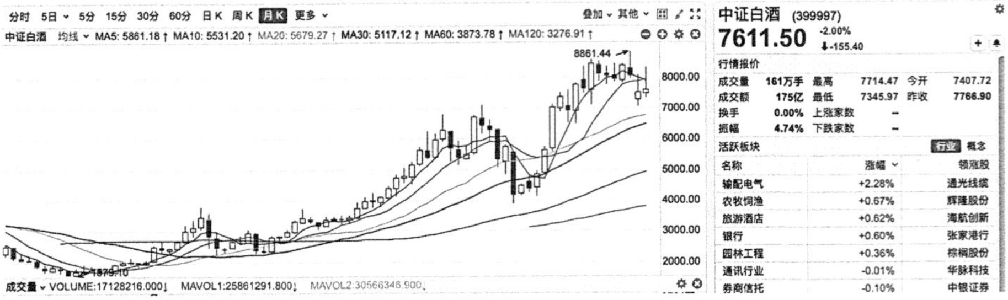

图 5.6　中证白酒指数月 k 走势图

资料来源：choice 金融终端。

以上，因为其他白酒股股票如同鸡肋食之无味弃之可惜。这对于基金定投者而言，基金分散风险的属性明显减弱，明明有最优选，但是无法选择。

③白酒行业抗周期特性与基金定投原理有冲突。定投的基本逻辑是利用周期特性在低位区间拿到便宜筹码，等到周期高点实现时间换空间，低买高卖。可是白酒经过几年历史级的增长已经到达一个历史性的高位。虽然基金定投中可以有前文中提到的模式一，但那是指在稳定增长中前段，白酒属于危机后的爆发性增长。同时一旦白酒涨起来，我们也很难指望再次出现政策性打击或是塑化剂危机 2.0 版。无明显周期波动的特性，让投资者很难找到长时间低点区间。

投资建议：如果上天再给一次类似塑化剂危机或是政策危机，那么白酒行业指数是值得投资的一个行业。可是反过来想，既然发生行业性危机时都敢于投资，那么行业处于正常状态下当然也没有问题。只是定投此品种我们需要注意以下几点：首先，长时间定投。因为白酒目前的涨幅需要较长时间的盘整才能够让估值显得合理。其次，不可以有过高收益奢望，我们不可能指望茅台再给一次三年涨十倍的神话了。定投招商白酒为的只是追求一个相对稳定的收益，而不是暴利。最后，每逢低点，可以大胆加倍定投，如果碰到行业较大危机也不用过度紧张，行业基本逻辑不破，就是天赐良机。

二、工银瑞信农业产业股票

农业基金很少能够进入基金热门，而工银瑞信农业产业股票这只行业主题基金能够进入热门板块原因是因为近两年猪肉超级周期的存在，猪肉价格长时间创出历史新高。基金定投绕不开的一个概念就是周期，周期低点定投，忍受中短期亏损，等待长期反转的到来。

目前本基金重仓股牧原股份、温氏集团、新希望等都是规模以上养猪大户，而这几只股票的市值也都在历史最高位，其实控人在中国财富榜上也是攻城拔寨。可是笔者认为这只基金短期不好说，但是基金定投肯定是不合适的。

理由一：超级猪周期顶点在不远处。虽然根据行业相关资料，预测猪肉的供应在未来两年都有可能比较紧张，但是近一年的价格是建立在极为紧张的心理预期上，这会造成一种不合理溢价。更为重要的是股票市场是一个预期决定一切的领域，猪肉价格无法保持历史高点，也就无法保证利润的大幅度增长。如果通过增加供应来增厚利润，又客观地会造成猪肉价格下降。从多方信息来看 2020 年下半年供需改善还是大概率事件。

理由二：猪肉作为最重要的单一食品，猪肉在 CPI 中的占比虽然经过调整有比较大的下降，但是依然保持着 3%左右的比例，对于我国 CPI 和食品类价格有风向标的作用。因为近一年的猪肉价格狂涨，带动 CPI 高企已经影响到了我国宏观经济的健康。2019 年下半年经济增速只有 6%，但是 CPI 已经进入 5 时代，这明显已经进入不可忍受的地步（见图 5.7）。物极必反是常理，在经济领域也是一样。

月份	全国				城市				农村			
	当月	同比增长	环比增长	累计	当月	同比增长	环比增长	累计	当月	同比增长	环比增长	累计
2020年02月份	105.2	5.2%	0.8%	105.3	104.8	4.8%	0.8%	105.0	106.3	6.3%	0.9%	106.3
2020年01月份	105.4	5.4%	1.4%	105.4	105.1	5.1%	1.4%	105.1	106.3	6.3%	1.4%	106.3
2019年12月份	104.5	4.5%	0.0%	102.9	104.2	4.2%	0.0%	102.8	105.3	5.3%	-0.1%	103.2
2019年11月份	104.5	4.5%	0.4%	102.8	104.2	4.2%	0.3%	102.7	105.5	5.5%	0.5%	103.0

图 5.7　CPI 走势图

资料来源：东方财富网。

理由三：不可低估我国管理层有形之手的管理能力。2020 年新冠病毒疫情中我国向全世界展现了超强的组织动员能力，所以不要低估政府在管控物价方面的能力与决心。猪肉价格不正常上涨已经持续半年有余，各级政府利用多方手段提升猪肉供应，希望尽快促进猪肉价格拐点的到来。因为 CPI 高企限制了我国金融政策空间，在疫情与经济多重因素影响下，我国需要一个稳定的物价水平。

投资建议：基金定投者基本思考都是基于长期思维，绝不可短视，也就是不要只看眼前短期收益。定投过程中我们应当尽量避免在周期强势且处于高点阶段时开始，这样只会事倍功半，同时也要明白物极必反的道理。以 2020 年 3 月 13 日这个时间点，笔者并不建议定投这只基金。

三、广发中证全指建筑材料指数 A

分析一只基金时，最重要的事情就是看成分股的组成，本只基金虽然叫建筑材料指数，但是经过简单的成分股分析，笔者认为叫水泥行业指数更为准确。其前十大成分股基本是由水泥股组成，第一大重仓股单只占比超过 15%。如果要投资这只基金，我们第一任务需要考虑的就是未来一年甚至数年水泥行业的周期状况。

①从水泥建材行业指数来看，这是一个强周期行业，每一个周期高低点之间相隔三倍左右。如此大的起伏意味着非常适合做基金定投，如果定投策略得当，是可以取得非常高的收益率的。

②截至 2020 年 3 月 13 日，水泥价格区间依然处于一个历史相对高位，未来水泥价格能否持续维持高位运行甚至突破成了关键。

以下笔者谈谈个人对于水泥行业的理解：

首先，我们研究水泥行业，天天看 K 线、研报没有意义。我们需要研究水泥行业本身，所以笔者建议投资水泥行业类股票、基金的投资者都需要关注一下水泥行业目前最常用的网站——中国水泥网（见图 5.8）。掌握行业信息是投资的第一步，尤其需要关注水泥价格指数与水泥股价之间的背离现象。

其次，水泥股的周期性决定因素是水泥价格，价格的支撑来自两点，第一点是市场需求，第二点是错峰生产，控制产量。

2020 年全球受到新冠疫情影响，经济在一季度受到重创。在此基础上要完成全年的经济发展目标，三驾马车中消费与出口都难当大任，所以国家提出了新基建，加大投资是确定事件。3 月各省市推出未来一年的基建投资额目标总计超过 26 万亿元，虽然中央一再强调新基建，但是根据国泰君安研究，新

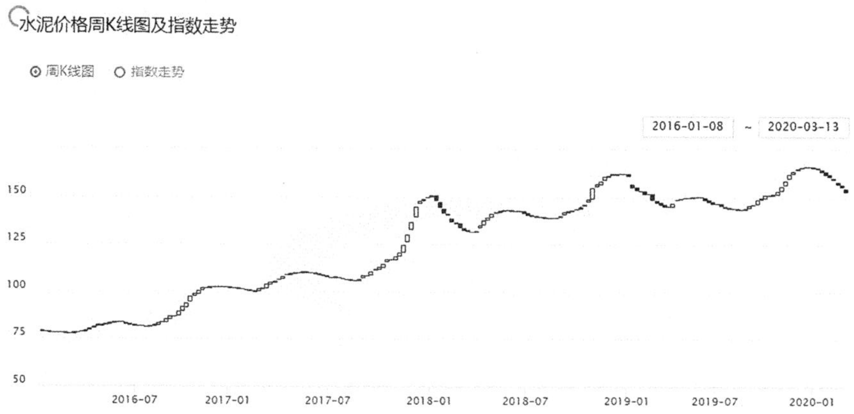

图 5.8 水泥价格周 K 线图及指数走势

资料来源：中国水泥网。

基建在这其中的投资占比还是极低的。而传统基建中水泥行业是主要受益方之一，所以在基建需求端是有比较好的保证的。第二个需求点就是房地产需求，2019 年全年房地产市场虽然从价格上是稳中有降，但是房地产一手市场产销及投资还是保持着一个历史高位水平。2020 年虽然上层一再强调“房住不炒”的主基调，但是房产调控渐进式，局部放松也是无奈之举。更为重要的是房地产作为我国第一大支柱产业，国家要控制的是炒房价，并非单纯打压房地产。可以说 2020 年我国经济需要一个产销两旺的一手房市场，这并不代表着房价必然暴涨。从需求面上来说水泥行业 2020 年的基本盘是不错的，这决定了水泥行业 2020 年整体的盈利预期没有问题。

再次，错峰生产是否会继续，能否执行到位。过去三年水泥价格进入历史高位主因并不是供不应求，而是环保+行业行政关停部分产能+协同错峰生产，人为控制了供应。这种现状能维持多久，目前来看大家还有动力，但是也需要我们时刻观察。

最后，通过跟踪水泥价格指数可以看到 2020 年同时期水泥价格水平要比往年高出 5 个百分点，随着一季度末全国复工。水泥价格可能出现短期上扬，而全年需求总量能与往年持平，工期压缩，则价格水平可能全年保持景气。

综上所述，笔者个人对于水泥行业全年的业绩预期还是比较看好的，这个核心要素有了判断之后，后续我们还需要做几件常规的事情。确认基金费率，确认基金的历史走势，确认基金规模即考虑是否有可能被清盘，本只基金规模不足一亿，但是成立以来业绩相较沪深 300 有明显优势，清盘风险不大。

四、国泰国证新能源汽车指数

新能源汽车主题基金，从实际来讲应该算有两个方向，第一个电池提供商，同时电池又分为直接制造商和原材料提供商。第二个才是新能源汽车，既有像比亚迪这种全产业链自主造车企业，也有只提供汽车组件或是汽车零部件厂商。下面笔者结合本基金的重仓股来解释一下这个行业的特性（见图 5.9）。

股票持仓　债券持仓　更多 >

股票名称	持仓占比	涨跌幅	相关资讯
宁德时代	4.75%	0.71%	股吧
汇川技术	4.59%	-1.32%	股吧
比亚迪	4.56%	2.26%	股吧
上汽集团	4.36%	0.16%	股吧
天齐锂业	4.34%	-1.02%	股吧
赣锋锂业	3.81%	-0.59%	股吧
华友钴业	3.80%	-1.79%	股吧
亿纬锂能	3.72%	0.42%	股吧
亨通光电	3.32%	-1.33%	股吧
先导智能	3.07%	0.00%	股吧

前十持仓占比合计：　40.32%

持仓截止日期: 2019-12-31　　更多持仓信息>

图 5.9　国泰国证新能源汽车指数截至 2019 年年末前十持仓情况

资料来源：天天基金网。

持仓股分析：

宁德时代为全球最大的新能源汽车电池供应商，从 2018 年 6 月 29 日上市至 2020 年 3 月 12 日实现了超 4 倍的收益。

比亚迪、上汽集团是新能源汽车主要制造商，其中比亚迪拥有全产业链技术，未来有较强竞争力。

天齐锂业、赣锋锂业、华友钴业、亿纬锂能都属于锂电池原料提供商。

汇川技术、亨通光电等都是给新能源汽车提供技术服务支持的企业。

现阶段新能源汽车整个产业链，真正赚钱的是电池原料提供商与电池供应商，而直接造车在补贴退潮后实际是亏损的。

了解行业基本现状是我们投资行业类基金的关键。接着我们就可以拿市场中另外一只比较有代表性的新能源汽车基金与之对比了（见表5.2）：

表5.2 两只新能源汽车基金业绩对比

	国泰国证新能源汽车指数	申万菱信新能源汽车混合
基金规模	4.62亿元	5.31亿元
近6月	9.82%	16.83%
今年来	-2.75%	-3.41%
近1年	2.13%	21.05%
近2年	-20.01%	1.56%
近3年	-13.36%	20.79%

两只同样主题的基金为什么申万菱信新能源汽车混合业绩全方位优于前者，因为后者属于主动管理型，没有必要受基本主题概念过多的限制，在成分股的选择上锂电池原材料与电池供应商上的仓位更重，而减少了目前处于亏损的汽车制造商的占比。虽然新能源汽车是未来的方向，但是目前全球范围内没有一家纯新能源汽车制造商能实现盈利，都处于巨额亏损状态。未来相关制造商还要面临特斯拉国产化在国内带来的强大的品牌压力，成败难料。但是汽车上游企业则可坐等市场不断做大，同时我国在新能源汽车中上游领域是有很强的国际竞争力的。如果你看好新能源汽车领域的基金，那么选择合适时期长期定投，成分股配置上要符合行业基本特征。二选一，笔者明显会选择后者进行定投。至于定投时间上的选择当然择低而选，不能在特斯拉概念最火的时间段开始。

五、国联安中证全指半导体ETF

时间2020年3月16日晚间，特别标注时间是因为评测此基金时当日市场出现极为剧烈的波动与下跌。基金单日净值损失超过6.5%，同日上证50、沪深300的跌幅分别为3.1%、3.65%。这也从侧面说明半导体行业公司普遍存在市值相对较小、波动性巨大的特性。

这一点通过分析其前十大成分股就非常清晰了（见图5.10）。

（1）前十大成分股占比非常集中，这也是该基金波动幅度巨大的重要原因之一。市场上ETF类基金的成分股少则数十只，多则几百只，并且前十大

股票持仓　债券持仓　更多 >

股票名称	持仓占比	涨跌幅	相关资讯
兆易创新	12.48%	1.95%	股吧
汇顶科技	8.74%	4.20%	股吧
长电科技	7.75%	3.60%	股吧
紫光国微	6.74%	0.46%	股吧
北方华创	6.74%	0.72%	股吧
纳思达	5.48%	4.18%	股吧
华天科技	5.15%	2.16%	股吧
圣邦股份	4.80%	-2.55%	股吧
士兰微	3.84%	0.32%	股吧
卓胜微	3.67%	1.58%	股吧

前十持仓占比合计：　65.39%

持仓截止日期: 2019-12-31　更多持仓信息>

图 5.10　国联安中证全指半导体 ETF 截至 2019 年年末前十持仓情况

资料来源：天天基金网。

成分股占比一般不会超过 50%。因为份额的过度集中会让 ETF 缺乏代表性，本只 ETF 前十大成分股占比达到了 65%，要知道 A 股半导体概念板块总计有 120 只股票。

（2）前十成分股市值总体偏下，以中小市值股票为主。虽然我国半导体需求量巨大，芯片年进口量达到千亿美金以上，但是国内半导体企业还是以中小规模公司为主。半导体概念股中只有 4 到 5 只股票刚过千亿市值，这还是建立在行业接近 100 倍市盈率的基础之上。本只 ETF 基金属于以中小体量市值公司为主体，自然涨跌幅度也非常大。

（3）中国半导体核心企业并不在 A 股上市，行业概念大于实质。其实上述两点都不是本基金最核心的问题，我国半导体企业中以中芯国际为代表的核心企业是在港股上市。我国半导体产业面临着美日欧的技术封锁，发展压力巨大，胜败难料。从目前来看，本只半导体 ETF 的核心问题还是缺乏过硬龙头，行业实力与现状并不匹配现阶段的超高市盈率。

以上只属于笔者个人的理解，在股票中有一个重要的投资概念叫“能力圈”。半导体属于高端制造中的核心塔尖部分，属于市场最热点部分，一直以来都属于妖股众多的板块。高波动、高幅度、周期性受国内外政治、经济、市场的影响。所以笔者从未参与本题材的任何投资，给予所有本基金定投者的建议是本基金投资难度比较大，需要投资者对于本行业主要公司有比较深刻的理解。

六、国泰国证房地产行业指数分级

本只基金并不在蚂蚁财富推荐基金的名单中，但是笔者认为从实战的角度，分析房地产行业对于我们定投窄基有很强的示范作用。房地产行业指数基金实际上还有一个南方中证房地产 ETF，可惜基金规模只有 0.22 亿元，而低于 0.5 亿元的基金很容易被清盘，最终影响我们长期投资计划，所以选择了这只行业指数分级基金。

图 5.11 为本基金与同类、沪深 300 从 2013 年 3 月—2020 年 3 月的走势图，我们发现三者高度重合，只是本基金总体涨幅要大一些。一旦将时间拉长到 8 年，就会发现房地产行业与沪深 300 的走势非常趋于一致了，这说明两个指数的同步性很强。

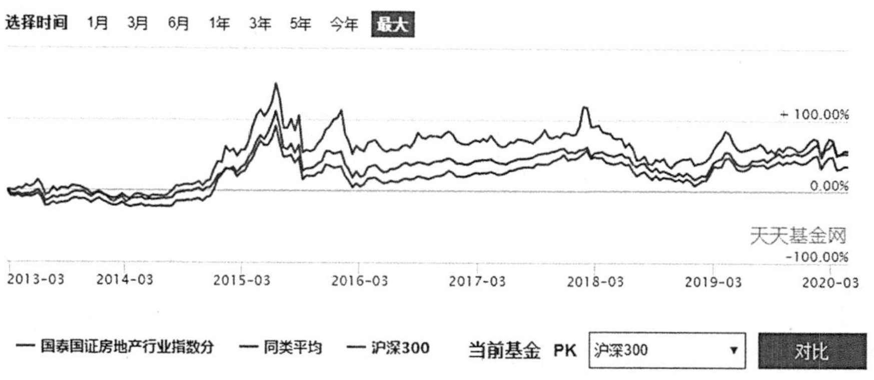

图 5.11　国泰国证房地产行业指数分级与同类、沪深 300 走势对比图

资料来源：天天基金网。

为什么沪深 300 与房地产行业指数之间的同步性如此之强呢？在分析完基金之后，我们再来讨论。

（一）基金成分股分析

分析：前十成分股占比大概 50%左右，其中前七名可以排进中国房地产前二十强，万科 A 与保利地产的占比明显要高于其他个股（见图 5.12）。形成这种局面的原因有中国房地产企业很多都是在我国香港地区上市，尤其是一些民营房地产公司，例如前五强中的恒大、融创。因为在香港上市可以方便这些公司海外发债，同时国内上市早年排队周期长，且对于房地产公司有一定隐性限制。

○ 国泰国证房地产行业指数分级 2019年4季度股票投资明细　　来源：天天基金　截止至：2019-12-31

序号	股票代码	股票名称	最新价	涨跌幅	相关资讯	占净值比例	持股数（万股）	持仓市值（万元）
1	000002	万科A			变动详情 股吧 行情	14.94%	370.17	11,912.06
2	600048	保利地产			变动详情 股吧 行情	13.35%	657.63	10,640.43
3	001979	招商蛇口			变动详情 股吧 行情	7.15%	286.89	5,700.41
4	600340	华夏幸福			变动详情 股吧 行情	5.91%	164.04	4,707.84
5	601155	新城控股			变动详情 股吧 行情	3.59%	73.89	2,860.86
6	600383	金地集团			变动详情 股吧 行情	3.46%	190.01	2,755.13
7	600606	绿地控股			变动详情 股吧 行情	2.66%	304.79	2,118.31
8	600177	雅戈尔			变动详情 股吧 行情	2.23%	255.16	1,778.50
9	000656	金科股份			变动详情 股吧 行情	2.04%	211.51	1,624.36
10	002146	荣盛发展			变动详情 股吧 行情	1.98%	160.46	1,577.29

图 5.12　国泰国证房地产行业指数分级 2019 年末前十大持仓股

资料来源：天天基金网。

（二）行业特性分析

分析房地产行业特性笔者并没有选取行业重要数据，因为中国房地产行业公司众多，数据资料并不精准。万科作为中国房地产行业经济状况最好、品牌价值最高的房地产公司，一直是业内标杆性企业。而且早两年万科就提出“活下去”，财务管理情况也算是业内最好的公司之一，所以分析万科就可以很好的代表整个行业（见图 5.13）。

①超重资金密集型产业。

超高负债率：万科 2019 年负债率为 84.36%，而且过去四年负债率一直都处在高位。内地房地产公司学习的模板是香港地区房地产公司，但是香港一线房地产公司的负债率一般都控制在 30%~40%。国内一线房地产企业恒大、万科、融创、保利等都在 80%以上，融创甚至高达 90%。

超大单位的财务数据：我们注意到万科资产负债表中的总资产、总负债都超过万亿元，财务数据金额都非常之大。

极高的纳税额：总利润为 551 亿元，但是营业税金及附加达到了 329 亿

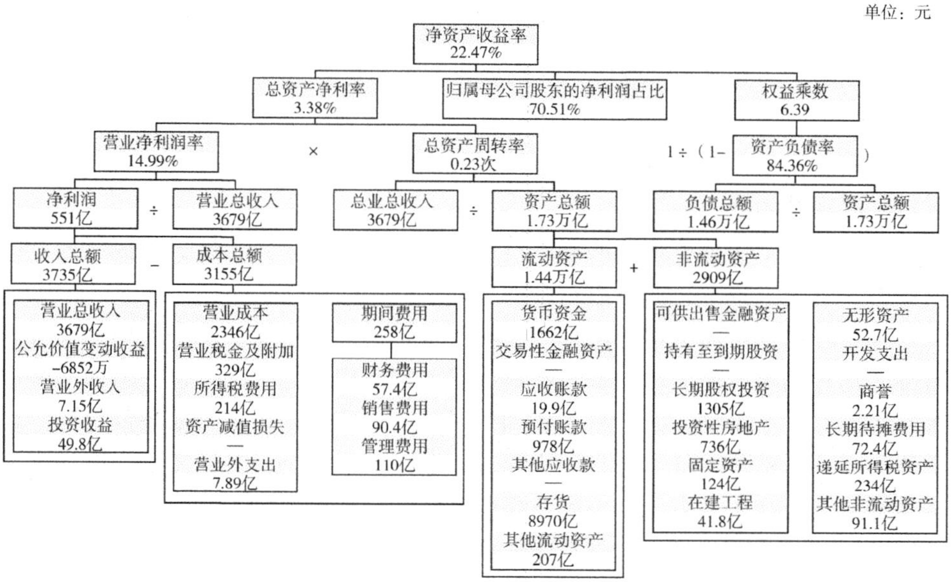

图 5.13 万科 2019 年财务杜邦分析图

资料来源：choice 金融终端。

元，超过了净利润的一半。

超大额的流动资产与现金流：流动资产总额达到了 1.44 万亿元，其中货币资金达到了 1662 亿元。

以上种种数据都表明了房地产是一个重资金型产业，其实目前的房地产行业整个运转逻辑都是围绕着钱来展开。随着行业的成熟，我们注意到各大房地产公司由创始人领导转型为由职业经理人领导的过程中，职业经理人团队往往都有非常过硬的财务背景。因为整个行业从拿地、项目运营、营销回款，都是以资金运转为核心思路。笔者常常认为目前的地产公司只不过是披着地产表皮的金融类公司。

②超强辐射能力型产业。房地产是我国第一大产业，巨量资金运作，自然也拥有巨大的产业辐射能力。中国房地产巅峰期可以占到 GDP 的 10%，直接带动发展的产业据统计达到 256 个，直接与间接创造的就业岗位超过 1 亿个，根据国际货币基金组织的测算带来的就业岗位达到总就业的 14%。虽然各家机构数据有一些出入，但是没有人否认房地产是中国第一大产业，第一大就业岗位贡献者。

③房地产具有多重属性。房地产不是一个简单的商品产业，因为房产作为一种生存必需品有其刚性居住属性，同时房产作为一种投资品，也具有投资属性。再则房产占中国居民财富比例达到 70%，是社会主要的财富分配方式。最后，房产因为其多重属性让其成为我国金融信用体系最大的基石，我国贷款存量中近一半都是房贷。所以说房地产对于中国经济的影响是方方面面的，同时也是决定性因素。

在了解以上房地产行业的基本特性后，我们才能够真正地去把握房地产的周期性，这是投资本行业指数基金的关键。

强金融周期：因为房地产是一个超重资金密集型行业，房企使用的杠杆非常高，房企的融资能力与融资成本就成了关键。房企之间的融资能力和融资成本在国内有一个阶梯，以万科、保利为主的大型国企与央企贷款条件更好，融资能力强，发债成本低。可是同为前五强的恒大、融创、碧桂园的融资能力与成本却要大大高于前者。中小民营房企融资和成本则更加困难，所以在金融政策紧缩时，房企融资难，也就只能选择信托、海外债等高息融资渠道了。

同时银根收紧时，个人房贷利率升高，办理难，也会影响到个人通过按揭贷款购房的热情。所以当处于金融宽松周期时，房地产产销两端都会受到积极影响，反之亦然。

强行政周期：可是当房价不断快速上涨时，投资属性就会压倒居住属性，造成需要改善居住条件的人群失去购买能力。这样会造成严重的社会问题，同时因为财富效应，社会资本会大量进入房地产，造成产业空心化的现象。可是如果一味打压房价，房价突然快速下跌，金融属性又会发挥作用，大量的金融机构会出现大量坏账，从而引发金融危机。

同时我们需要注意到的一点是房产作为一种社会主要财富，因为高房价引起的分配不均，造成了目前社会对于房地产过度负面的评价。

为了解决这一系列问题，采用行政手段去调控房地产市场就成了必然，一二线城市的限购、限贷政策就是典型。总体的思路是房住不炒，保持房价稳定。所以当房地产过热时，虽然房地产企业当年利润丰厚，但是市场预期调控加码，往往房地产公司股价表现不佳。当房地产市场处于过于弱势阶段时，经济增长情况也难言良好。此时房地产市场显得风雨飘摇，这时调控政策会进入松绑期，金融政策也会走向宽松。因为社会经济需要一个产销两旺的一手房市场，去带动整个社会发展，去解决中国 2.7 亿进城务工人员的就业问题。

2020 年 3 月中国房地产面临什么形势呢？

①疫情重创房地产销售，国家统计局数据显示，1—3 月份，商品房销售

面积21978万平方米，同比下降26.3%。其中，住宅销售面积下降25.9%，办公楼销售面积下降36.2%，商业营业用房销售面积下降35.1%。商品房销售额下降39.8%。而根据人民法院公告网的数据，截至2019年10月31日，2019年宣告破产的房地产相关企业数量已经超过400家，且进入2019年下半年后，破产房企数量增速有所加快。

②中国经济一季度受疫情影响，经济增长陷入短期停滞。截至2020年3月15日，一季度经济数据还未披露，但是可以预见的是受疫情影响一季度经济陷入停滞，不排除负增长的可能性。

③全球为应对疫情危机，开启新一轮的量化宽松。为了应对美股持续性的熔断式下跌，美联储多次下调利率，最终直接降至零利率，并开启了新一轮量化宽松。在此背景下我国央行反而保持克制，同一时间只是采取了定向降准为市场提供合理流动性。

以上是2020年中国房地产的基本状况，可是为什么笔者会认为以一年为单位，2020年最适合定投的品种是房地产行业指数基金呢？

①全球流动性泛滥，2020年中国流动性宽裕是确定性事件。在2008年美国金融危机爆发后，美联储开启一轮量化宽松。同一时期我国为了应对全球经济衰退，推出了4万亿经济刺激计划，后面以金融房地产为核心，市场进入全面反弹期。本轮我国吸取上轮经验没有采取过度激进的“放水”策略，调控水平得到提高。但是适当保持市场流动性充裕是必须的，2019年开始结束去杠杆，2020年保证适度流动性宽裕，这都是必要的逆经济周期调控的手段。

②国民经济受到疫情重创，更重要的是就业形势严峻，国家需要一个产销两旺的一手房房地产市场。很多人把房地产调控单纯地理解为打压房地产，这个观点是错误的。持有这种观点的人大多是对财富分配的不满，并不客观。房地产调控的核心目的是为了控制房价过快过高的增长，主要压制的是二手房市场。调控的目的是希望房价的上涨与居民收入增长相匹配，并不是希望房地产崩盘。2020年我国经济比任何时候都需要一个产销两旺的一手房市场，适度地控制二手房房价，才是根本思路。就在2020年3月，新土地改革试点在八个省市试点，正是希望合理调节城市土地供应，激发地方经济发展活力。

③房地产公司，地方财政承压，房地产政策调控进入松绑期。不得不说2020年上半年中国房地产公司承受了巨大的考验，往年春节前后的“小阳春”行情彻底没了指望。虽然房地产消费更多的是短期受到压制，需求并不会因此消失，但是国内房地产商的运营模式是用少量的本金、极高的杠杆、账期等手段撬动项目。晚几个月的时间就有可能让状况不佳的开发商出现资金断裂。不

佳的市场情况会严重影响开发商拿地热情，要知道地方财政收入过半是依赖土地财政收入的。所以每当出现行业性危机时，地方解绑调控的意愿是非常强烈的，只是受中央管控，无法放开手脚。2020 年全球经济出现较大问题，对于房地产的政策松绑力度虽然不如 2014 年，但是渐进式的松绑措施还是陆续出台。我们不能排除 2020 年未来的时间里新的大规模松绑措施推出的可能性。

④行业第一季度受重创，股价进入底部区域。基金定投的核心就是利用定投标的方式在分散风险的同时，尽量在周期低位区域获得尽量多的便宜筹码，等到行业进入上升周期，在 20%的时间里赚取 80%的利润。本书中笔者多次提到这个根本投资逻辑。

通过房地产行业月线走势图（见图 5. 14），我们可以看出来房地产行业指数在 2015 年 6 月到顶之后就开始一路调整，2018 年之后进入下降通道。相信大家应该还有印象，上一波全国房价的高点是在 2015 年开始正式起动，2016 年底到达高峰。这也印证了我们的观点：房地产股票对于房地产市场转暖更为敏感，快速反应。但是当房价进入高位后，房地产调控紧随而至，在调控政策还没有发挥作用时，股价就先行进入调整。房地产行业已经调整近四年，此次疫情更是加速行业洗牌，让房地产市场以更快的速度进入了一个周期低谷。

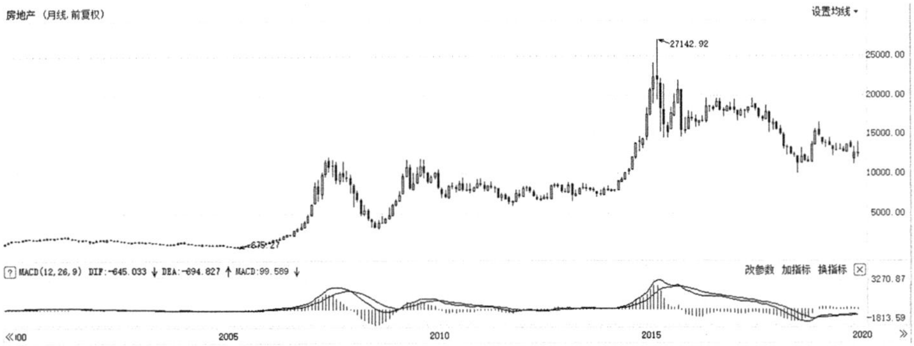

图 5. 14　房地产行业指数月线走势图

资料来源：choice 金融终端。

我们注意到国泰国证房地产行业指数基金要比房地产行业指数走势强一些，这是因为万科与保利在基金中的份额被加大了。这也从侧面说明本基金的股票配置还是比较合理，拥有更强盈利能力。

以上四点是笔者认为 2020 年最适合定投的行业指数基金是房地产的原因，需要注意的是笔者是以一年为单位。因为目前的房地产调控反应要比过去二十年强，行政力量对于周期影响越来越大。笔者并不建议长期定投。再则即使我们不定投房地产行业指数，也要深入研究房地产周期对于整个经济周期的影响。前文笔者说过定投沪深300就是定投国运，而近十五年，中国经济核心命脉就是房地产。两者之间的关系就是火车与火车头，前者代表整体，后者决定方向。虽然我国在努力改变经济结构，但是不是一两个周期就可以完成的，而房地产永远都会是中国经济的重要支柱产业。

5.3 热门主题基金分析

一、广发小盘成长混合（LOF）

此基金出现在蚂蚁财富App软件的多个推荐界面，足以说明其人气非常之高，为什么呢？

此基金成立已经有十五年，拿到了900%的收益率算是相当不错的成绩了，折合复利年化收益率接近16%。但是我们需要注意的是本基金取得超过市场同类平均收益率是在2017年担任经理的刘格菘任期内取得的（见图5.15）。

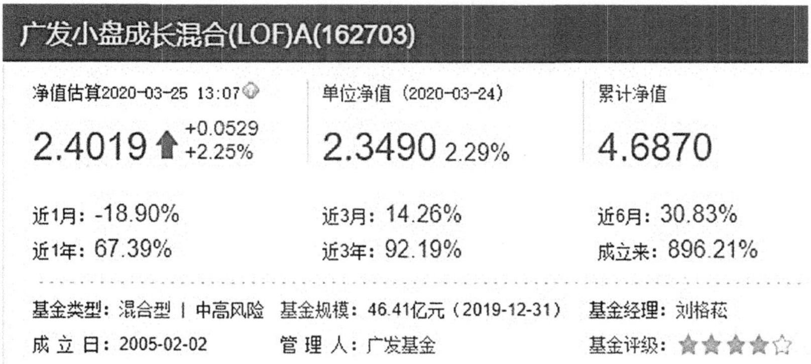

图5.15　广发小盘成长混合基本情况

资料来源：天天基金网。

主题分析：①小盘。通常意义下是指公司总市值在200亿元以下，或是中小创科三大板块的平均线及以下市值的股票，我们就会认定其为小盘股。

②成长。成长股并不单指中小盘股票，只要符合主营收入与利润或是其他

内在价值每年稳定快速增长都可以定义为成长股。

③混合。通常指股债混合，这种形式的基金可以给基金经理更高的操作自由度。

④LOF：上市型开放式基金。

成分股分析：

①翻看近三年的重仓股，可以看出基金经理的选股中创业板股票占比确实非常高，但是都是像康泰生物、亿纬锂能、乐普医疗等创业板龙头股票。从市值来看，这些股票都不能算小市值股票，但是成长性较好。所以笔者认为小盘这个主题和实际建仓是不符合的，成长主题笔者认为基金经理把握得没有问题。本基金 2019 年年末前十持仓情况如图 5.16 所示。

○ 广发小盘成长混合(LOF)A　2019年4季度股票投资明细　　来源：天天基金　截止至：2019-12-31

序号	股票代码	股票名称	最新价	涨跌幅	相关资讯	占净值比例	持股数(万股)	持仓市值(万元)
1	300601	康泰生物	103.00	-1.90%	变动详情 股吧 行情	9.55%	504.75	44,311.69
2	600703	三安光电	24.00	4.21%	变动详情 股吧 行情	9.22%	2,331.07	42,798.45
3	300661	圣邦股份	239.60	1.96%	变动详情 股吧 行情	8.76%	160.95	40,637.51
4	300014	亿纬锂能	59.15	1.67%	变动详情 股吧 行情	7.73%	714.88	35,858.48
5	600536	中国软件	81.81	2.19%	变动详情 股吧 行情	6.89%	445.91	31,967.22
6	603986	兆易创新	277.10	1.29%	变动详情 股吧 行情	6.34%	143.51	29,404.17
7	000063	中兴通讯	41.96	7.31%	变动详情 股吧 行情	5.88%	770.67	27,273.92
8	002156	通富微电	22.15	4.43%	变动详情 股吧 行情	5.57%	1,571.24	25,846.86
9	300529	健帆生物	85.89	1.27%	变动详情 股吧 行情	5.14%	332.13	23,860.28
10	300457	赢合科技	49.87	-3.30%	变动详情 股吧 行情	5.00%	683.57	23,207.18

图 5.16　广发小盘成长混合 2019 年年末前十大持仓情况

资料来源：天天基金网。

②本基金是一只纯股票型基金，并且是风格比较激进的基金。虽然挂着混合的招牌，但是债券配置比例为 0 ，并且前十大成分股占比达到了 70%以上。这一点在基金的历年的业绩上都有明显的体现。在行情好的年份基金收益远远大于沪深 300 涨幅，在行情差的年份跌幅也要大于沪深 300，这对于一只 15 年内收益率 3.5 倍于沪深 300 的基金来说是不正常的表现。本基金历年涨幅情况如图 5.17 所示。

③持股喜好。本基金经理的操作风格非常突出，喜欢创业板，喜欢追强势热点板块，只在生物医药医疗板块有长期布局。仅从这些就看得出他是一个风

	2019年度	2018年度	2017年度	2016年度	2015年度	2014年度	2013年度	2012年度
阶段涨幅	93.19%	-26.00%	28.68%	-13.82%	22.36%	15.34%	-1.14%	12.13%
同类平均	32.00%	-13.93%	10.54%	-7.23%	46.34%	22.46%	14.43%	4.83%
沪深300	33.59%	-25.31%	21.78%	-11.28%	5.58%	51.66%	-7.65%	7.55%
同类排名	13 | 3407	2029 | 2975	178 | 2766	902 | 1333	576 | 746	423 | 611	479 | 529	53 | 459
四分位排名	优秀	一般	优秀	一般	不佳	一般	不佳	优秀

图 5.17　广发小盘成长混合年度涨幅情况

资料来源：天天基金网。

格激进型基金经理，其投资收益率波动会比较大，尤其在大熊或大牛之年。我们可以看到与同类基金对比中，在 2018 年它是跑输同类基金的，反超是因为在 2019 年这个结构行情中实现了三倍于平均水平的收益（见图 5.18）。

图 5.18　广发小盘成长混合与同类平均、沪深 300 对比走势图

资料来源：天天基金网。

总体投资意见：此基金并不适合稳健投资者一次性购买，即使是做基金定投，也因为它属于主动管理型基金有不合适之处。但是其大开大合的走势在无形中加大了净值波动幅度，并且基金经理比较年轻，从业时间不长，风格难免激进。但是如果从行情较差的年份或是大跌洗盘后的时间开始定投，并且不是定投太长时间的话，还是值得考虑的。其选择的股票都是创业板的龙头成长股，爆发力好，医药医疗股有长期配置，这也是笔者长期看好的行业。

二、易方达消费行业股票

在分析此基金前，最重要的是理解“消费”这个主题的择股范围，因为消费实在是一个太宽泛的范围了。

通过表 5.3 我们就能够看出消费确实是一个很宽泛的概念，在大消费这个主题下，基金经理能够选择的股票比上述的还要多。所以消费主题本身可参考性并不强，关键是看基金经理的个人思路。

表 5.3　　大“消费”主题代表性公司

行业分类	代表性公司
白酒、酒类	贵州茅台、五粮液、青岛啤酒
电器	格力电器、美的集团
医药	恒瑞医药、复星医药
医疗	爱尔眼科、通策医疗
旅游酒店	中国国旅、锦江酒店
农业	温氏股份、牧原股份
零售	永辉超市，中百集团

成分股分析：

分析：白酒持股比例长期维持在 50%以上，家电双雄稳定的以 20%左右的持股量维持在前十大重仓股之中，同时前十名持仓股稳定在 70%以上的配比说明持股相当集中。本基金的持仓股分配思路非常清晰，基金经理的总体思路就是白酒为主，家电为辅，然后灵活配置一些其他消费龙头股票，像奶制品、猪肉、中医药（见图 5.19）。其中贵州茅台、五粮液、美的集团、格力电器从未离开过前十大重仓股之列，一直持有只是调整一下持股量。基金经理的投资思路与手法还是非常清晰稳定，也算紧扣消费主题。

业绩分析：

①通过梳理基金的业绩曲线不难看出此基金从 2010 年成立到截至 2020 年 3 月 18 日总计获得了超沪深 300 约 6 倍的业绩回报（见图 5.20）。但是真正拉

○ 易方达消费行业股票 2019年4季度股票投资明细　　来源：天天基金　截止至：2019-12-31

序号	股票代码	股票名称	最新价	涨跌幅	相关资讯	占净值比例	持股数（万股）	持仓市值（万元）
1	000651	格力电器	50.30	-4.08%	变动详情 股吧 行情	9.71%	3,040.50	199,395.66
2	000333	美的集团	48.60	-2.21%	变动详情 股吧 行情	9.68%	3,410.31	198,650.29
3	600519	贵州茅台	996.00	-1.19%	变动详情 股吧 行情	9.58%	166.26	196,681.20
4	000858	五粮液	102.11	-5.09%	变动详情 股吧 行情	9.57%	1,477.28	196,493.11
5	000568	泸州老窖	66.51	-4.67%	变动详情 股吧 行情	8.79%	2,082.98	180,552.97
6	000860	顺鑫农业	51.60	-4.09%	变动详情 股吧 行情	8.49%	3,309.37	174,337.45
7	000596	古井贡酒	105.38	-5.79%	变动详情 股吧 行情	8.16%	1,232.48	167,518.40
8	600809	山西汾酒	80.20	-4.31%	变动详情 股吧 行情	7.85%	1,796.26	161,124.35
9	600887	伊利股份	27.84	0.61%	变动详情 股吧 行情	2.61%	1,729.22	53,502.16
10	000423	东阿阿胶	25.50	-4.67%	变动详情 股吧 行情	1.92%	1,113.70	39,391.64

图 5.19　易方达消费行业 2019 年年末前十大持仓股

资料来源：天天基金网。

开与沪深 300 差距的时间是在 2016 年以后（见图 5.21），也就是上一波大熊市开始的阶段。原因是这个时间点，白酒摆脱了塑化剂危机的影响开启了有史以来白酒行业最大的一波牛市行情。

	2019年度	2018年度	2017年度	2016年度	2015年度	2014年度	2013年度	2012年度
阶段涨幅	71.36%	-23.47%	64.97%	7.21%	26.85%	8.46%	17.40%	-2.28%
同类平均	35.78%	-24.68%	12.50%	-11.54%	23.19%	36.18%	0.58%	5.15%
沪深300	33.59%	-25.31%	21.78%	-11.28%	5.58%	51.66%	-7.65%	7.55%
同类排名	37 | 1428	341 | 1080	2 | 878	11 | 585	131 | 386	236 | 261	27 | 210	147 | 157
四分位排名	优秀	良好	优秀	优秀	良好	不佳	优秀	不佳

图 5.20　易方达消费行业年度涨幅情况

资料来源：天天基金网。

②本基金规模达到 200 亿元，投资范围只能集中于龙头大盘股，操作手法也必须以稳健为主。该基金经理也确实是这样做的，年换手率连续几年都低于 150%，这也和其重仓股集中且常年没有变化有关系。

③购买本基金的核心关键问题就是投资者对于白酒板块+家电双雄未来股价走势的看法，笔者在分析招商中证白酒指数分级时就已经表示过白酒长期增

图 5.21　易方达消费行业与同类平均、沪深 300 对比走势图

资料来源：天天基金网。

长的逻辑是明确的，但是增长的高峰期已经过去，未来需要比较长的时间去消化，让近几年过大的涨幅显得合理。而家电双雄中，美的集团已经连续两年大规模回购股份，认为公司股价被低估。格力电器股改也引进了像高瓴资本这种头部投资集团，从长期看，笔者是非常认可它们的投资价值的。

基金点评：①如果一次性购买，笔者考虑本基金可以择低点分批买入。因为本基金核心投资标的稳定，价值比较认可。但是需要注意的是不能指望获得近五年如此高的收益率，本基金适合追求稳健的投资者。

②如果是采取基金定投的方式，笔者认为同样值得考虑。虽然此基金为主动管理型基金，年管理费 1.5%+年托管费 0.25%+申购费 1.5%（通常会打 1 折）存在费用过高的问题。但是此基金经理投资思路清晰，换股率稳定，可实现稳定的投资逻辑。同时基金投资方向为核心消费品种，从长期看属于经济的发展方向。本基金相对适合新手定投，对于投资者投资能力要求低。

三、易方达中概互联 50ETF

说明：①基金数据（见图 5.22）截图时间是 2020 年 3 月 17 日，也就是说近两周本基金总计跌了近 20%，在两周前本基金的业绩年均有 10%。

②QDLL-ETF。QDII 基金就是主要投资于海外市场（包括港股、美股等）的基金。由于人民币现在还没有完全和国际接轨，普通老百姓要想参与海外市场的投资，通过投资 QDII 基金就可以实现了。交易型开放式指数基金，通常

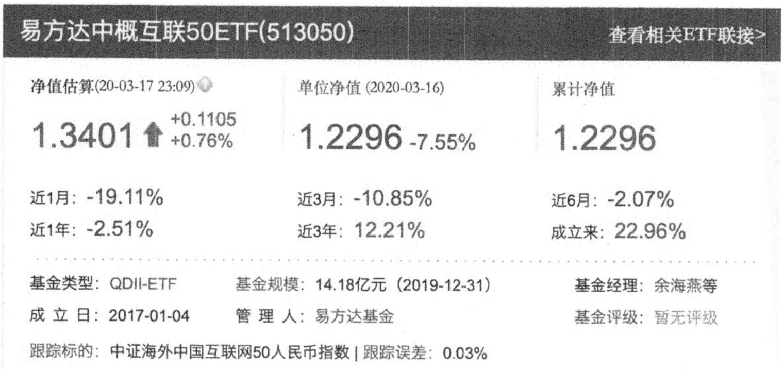

图 5.22 易方达中概互联 50ETF 基本情况

资料来源：天天基金网。

又被称为交易所交易基金（Exchange Traded Fund，ETF）。

③本基金虽然投资的是美国和香港市场，但是标的全部是中国互联企业，因为国内 A 股在科创板没有推出时是有盈利要求的，这些公司当时只能选择境外上市。

④基金经理有一个“等”字，这是因为本基金是 ETF 追踪型，只需要名义上的基金经理。

成分股分析：

前十大成分股占到了总净值的 91%，其中腾讯与阿里巴巴又占到了净值的 61%以上（见图 5.23）。出现这种极端的情况虽然对于基金投资来讲是不合理的，因为基金的核心优势之一就是可以做到有效分散。但是结合实际来看，这样的配置比例又是合理的，甚至说腾讯与阿里的占比越高越好。因为互联网的特性就是赢者通吃，互联网领域常见市场占比是第一名占比 85%，第二名占比 10%左右，其余所有的玩家占最后的 5%。国内互联网第一集团 ATJ，即阿里巴巴、腾讯、字节跳动。其他的互联网企业都只能在某一领域占有一席之地，“护城河”太弱，随时有可能溃败。我们不能以对传统线下企业的理解方式来理解互联网，还有一点我们需要考虑的是，这是美国资本市场。成熟的资本市场存在着很强的流通性溢价问题，无论是港股还是美股，最大的蓝筹反而会获得更高的估值，规模相对小一些的公司流通性与估值水平都要差很多。举一个典型的例子，A 股医疗第一股迈瑞医疗在美股上市期间，市场不过 100 亿美元左右，但是回到 A 股后最高市值已经超过 3000 亿元人民币。A+H 在两地上市的企业，不是超大蓝筹 H 股的估值都要比 A 股低。

○ 易方达中概互联50ETF 2019年4季度股票投资明细　　来源：天天基金　截止至：2019-12-31

序号	股票代码	股票名称	最新价	涨跌幅	相关资讯	占净值比例	持股数（万股）	持仓市值（万元人民币）
1	00700.HK	腾讯控股	351.80	0.57%	股吧 行情	31.15%	131.34	44,190.23
2	BABA.US	阿里巴巴	184.81	3.33%	股吧 行情	30.17%	28.92	42,792.87
3	03690.HK	美团点评-W	82.35	0.24%	股吧 行情	6.95%	107.99	9,857.54
4	BIDU.US	百度	91.13	1.62%	股吧 行情	5.84%	9.39	8,277.29
5	JD.US	京东	38.35	8.83%	股吧 行情	5.45%	31.43	7,724.99
6	TAL.US	好未来	51.82	7.04%	股吧 行情	3.28%	13.83	4,648.93
7	NTES.US	网易	295.77	4.38%	股吧 行情	3.15%	2.09	4,464.04
8	TCOM.US	携程	23.10	2.48%	股吧 行情	2.47%	14.97	3,503.22
9	PDD.US	拼多多	33.39	3.73%	股吧 行情	2.33%	12.52	3,303.86
10	WUBA.US	58同城	43.26	-4.21%	股吧 行情	0.99%	3.11	1,402.89

图 5.23　易方达中概互联 50ETF 2019 年 4 季度股票投资明细

资料来源：天天基金网。

如果要定投此基金，因为腾讯、阿里的占比太高，所以投资者在决定是否进行定投前需要仔细思考这两家公司的估值是否过高，未来发展的潜力如何，你是否看好。这一部分笔者将不会展开，因为作为中国市值前两名的公司，有大量的国内外专业投资机构发表了大量专业分析，可自行查阅。笔者认为这两家公司未来还有很大的发展空间，它们股价每一次因为市场原因下挫从长期投资的角度来看都是机会。

“当别人贪婪时我恐惧，当别人恐惧时我贪婪”。最近美股因为疫情，数周时间多次熔断，这时全球投资者都在关注手持 1500 亿美元现金的巴菲特下一步动作。实际上笔者认为此次大跌给普通基金定投投资者提供了一次像大师一样操作的机会。

我们不用神话任何人，虽然巴菲特目前手持大量的现金，可是有两点是基本事实。第一，巴菲特所持有的股票资产在此次美股下跌的过程中同样承受了市场平均水平的跌幅，在一个月不到的时间里亏损了 30%。第二，伯克希尔哈撒韦是一家保险公司，巴菲特手持的大量资金是每年公司的大量廉价成本的保费。

对于基金定投者而言，我们的处境和巴菲特一样，如果已经定投了这只基金，我们同样要承受市场波动带来的短期损失。我们虽然没有源源不断的保费收入，但是我们有劳动性收入结余，这个是不依赖证券市场的。基金定投的定位就是积少成多，分散投资，疫情原因造成的短期大幅下跌对于基金定投者而言机会大于危机。

机会一：美国是金融科技立国。

美国金融业是其国民经济中的第一大支柱产业，占比达到了惊人的21%左右，对比中国第一支柱产业房地产占比也不过10%左右。支撑美国金融产业的核心就在于美元国际第一货币的地位与发达的金融服务，在以上两点没有改变前美国金融市场都不可能彻底崩盘。更为重要的是金融业在美国的地位无可取代，所以美国政府不会任由市场持续性恐慌，救市措施不断加码。

机会二：中概互联网在此次疫情中是受益方。

虽然此次疫情重创了全球经济，但是中国以强有力的措施控制了疫情，应当算是受此次疫情影响最小的主要经济体。把经济分为线上、线下来思考，甚至可以认为以互联网为代表的企业在此次疫情中是受益者。中国互联网普及率虽然高，但是还有上升空间，而此次疫情让所有人只能通过网络来解决社交、网购、物流等问题。互联网用户数量、业绩在此段时间是不降反升的。

而且在美股上市的中概互联网公司受到美股集体性杀跌，带有明显的错杀成分，有利于我们在更合理的价位拿到廉价的筹码。

机会三：参照2008年金融危机的美股走势分析。

美国金融危机在历史上并不是第一次，也不会是最后一次，本次危机对市场到底会造成多大的影响无法预测。但是可以参考一下2008年金融危机，整个危机主下跌浪大概持续了4个月，总跌幅为50%。加上前后震荡与修复总计时间大概在12个月左右，此后就开启了长达11年的慢牛市。

每一次金融危机都是一次社会财富再分配的过程，在这个时期有价值的资产会被资本雄厚的人或机构以低于其内在价值的价格购入。等到市场恢复正常水平时，我们就会发现富的人更富。

对于易方达中概互联网50ETF，以2020年3月16日的情况来看，笔者认为以基金定投的方式购进是一次不错的投资机会。虽然我们可能在短期承受账面比较大的跌幅，可是好在定投损失的绝对值并不高。即使你的结余收入并不多，也要学习像大师一样进行投资。

5.4 王牌基金经理系列基金评测

以基金经理为挑选标准：笔者以 2020 年 3 月 12 日蚂蚁财富上近五年业绩排名前五的基金经理所管理的基金为例。

入选标准：从业时间 5 年以上，经历一轮经济周期，市场经验丰富。管理规模 20 亿元以上，具有大资金管理经验，业绩持续性更强。历史年化收益率高于 15%，长期业绩优异，排名领先。

在正式切入具体的基金及基金经理的分析前，有必要解读一下蚂蚁财富优秀基金经理的选择标准。看看作为平台机构认为一个优秀基金经理的必备素质：

第一条，从业时间 5 年以上。中国 A 股的牛熊市平均下来的周期时长大概 5 年左右，同时中国经济计划也是 5 年一个周期。所以说 A 股每 5 年必定会有一定规律的周期起伏，一年的投资收益并不能说明问题，5 年是一个最低周期时长。

第二条，管理规模超过 20 亿元，具有大资金管理经验，业绩持续性更强。当你持仓 10 万元、100 万元、1000 万元……不同的资金规模从投资范围、投资手法上看是完全不一样的。虽然 A 股是世界上流动性最好的股票市场，但是对于 20 亿元体量的机构来说，投资范围只能是其中 20%~30%的标的。这就给那种为了搏出位，短期去参与热点的基金经理造成了巨大退出压力。

第三条，历史年化收益率高于 15%，长期业绩优异，排名领先。这是基金销售的核心需要，要是没有业绩基金根本卖不动。现实地讲，这也是投资者的需求，可是有一个问题为什么是 15%这个数字呢？

原因一：15%以上，5 年下来复利减去年管理费用，接近实现翻倍，这是一个不错的收益率。

原因二：15%的年化收益率已经是这个市场头部公募基金经理的业绩了，能完成这个业绩指标已经说明你是基金经理中的前 20%。客观地讲如果不是近三年有两年都是公募基金年，我想这个数值会更低。沪深 300 这个业绩标尺这么多年来平均业绩在 8%左右，优秀基金经理的业绩应该在平均线以上。

这里我们不应忽视一个标准：长期业绩优异，排名领先。这是为了排除一些激进风格的基金在某一年的收益率拉高平均收益率。至于排名领先笔者认为普通投资者如果不是自己去找，经推荐的基金基本上都是这个市场的前 10%。所以对于基金经理而言，排名就是名利，就是一切。

我们来看看以蚂蚁金服 2020 年 3 月 12 日的数据，推荐前 5 的基金经理（见表 5.4），要是笔者只有一份资金，笔者会优先选择谁。

表 5.4 **5 大基金对比情况**

基金经理	基金	从业时长/年化收益率	擅长领域	近 1 年涨跌幅
王崇	交银施罗德新成长混合	5 年/24.81%	偏股型	32.535%
雷鸣	汇添富成长焦点混合	5 年/20.27%	偏股型	22.88%
朱少醒	富国天惠成长混合（LOF）A	14 年/19.98%	偏股型	27.15%
王克玉	泓德优选成长混合	9 年/19.27%	偏股型	6.33%
鲍无可	景顺长城能源基建混合	5 年/19.12%	偏股型	4.43%

资料来源：蚂蚁财富。

看到这个列表，想到的第一个问题：为什么排名靠前的无一例外都是混合型基金，甚至是这份榜单后面几名也是如此？这个问题在本节最后做解答，我们优先选基金经理。现以王崇-交银施罗德新成长混合为例（见图 5.24）。

○ 交银新成长混合 2019年4季度股票投资明细　　来源：天天基金　截止至：2019-12-31

序号	股票代码	股票名称	最新价	涨跌幅	相关资讯	占净值比例	持股数（万股）	持仓市值（万元）
1	600048	保利地产	14.77	1.72%	变动详情 股吧 行情	7.99%	3,362.01	54,397.28
2	002271	东方雨虹	33.36	-1.01%	变动详情 股吧 行情	7.40%	1,914.31	50,365.49
3	000002	万科A	25.74	3.37%	变动详情 股吧 行情	7.28%	1,539.45	49,539.50
4	601601	中国太保	29.04	4.50%	变动详情 股吧 行情	7.11%	1,279.88	48,430.69
5	601166	兴业银行	15.74	2.01%	变动详情 股吧 行情	6.67%	2,292.50	45,391.53
6	002230	科大讯飞	36.04	1.58%	变动详情 股吧 行情	6.07%	1,197.99	41,306.76
7	002044	美年健康	11.28	0.98%	变动详情 股吧 行情	5.22%	2,389.16	35,574.60
8	002475	立讯精密	38.59	8.98%	变动详情 股吧 行情	3.09%	575.69	21,012.77
9	600529	山东药玻	32.66	3.35%	变动详情 股吧 行情	3.05%	751.92	20,783.02
10	601398	工商银行	5.16	0.78%	变动详情 股吧 行情	2.89%	3,348.88	19,691.44

图 5.24 交银成长混合 2019 年 4 季度股票配置明细

资料来源：天天基金网。

标准一：笔者选择基金第一件事：看十大重仓股组成，判断基金经理的投资习惯、投资范围与投资风格。

通过该基金近五年前十大持仓股的变化，可以得出以下结论：

①从 2019 年第三季度开始，基金经理持续看好房地产+银行的大金融周期板块，从投资逻辑上看他认为 2019 年下半年开始金融政策与房地产政策会处于不断松绑趋势。叠加疫情的影响基本可以看出来他的判断是正确的，整个 2020 年持续的降息周期与房地产渐进式松绑是极大概率事件。可是问题在于仅从现阶段来看，判断正确不代表市场一定涨，因为股票市场是一个多因素影响的领域。

②基本上每个季度前十大成分股的占比都超过 50%，以 60 亿元以上规模的基金来看这个集中度是非常高的。这说明基金经理在投资过程中追求高收益的目标是非常明确的，这点也可以理解。有野心没有问题，关键看能力，我们后面分析波动率时，需重点关注这一点。

③其最主要的投资范围：医药、医疗、高端制造、地产、金融 5 个领域。前几年以前 3 者为主要方向，前 10 大成分股稳定占有 3 席以上。2019 年下半年后开始以地产、金融为主体，其中保利应当算近 2 年的最爱，2 年内作为第一重仓股占据了 4 个季度，另外作为前 10 重仓股（非第一）还有 2 次。

④虽然被称为混合型基金，但是现阶段债券持仓总计不到 5%，其性质无限接近纯股票型基金。

标准二：了解基本信息，不接受过高的购买及持有成本。

主动管理型，年管理费用 1.5%，不算高还在正常范围内（见图 5.25）。同时因为前端申购费用虽然为 1.5%，但是在两大平台上购买都是打一折。只分过一次红，虽然介绍中说一年最多十次，但是 5 年多时间里也只分过一次。这一点很正常，谁不想多赚一点管理费呢？同时笔者认为投资者不用过度在意这个数字，毕竟分红还要交税。买基金时可以设置一下，分红自动再次购买即可，即红利再投资。

标准三：与沪深 300 的多方位对比。

①投资收益对比。近五年除了 2018 年其收益表现低于同类平均以外，其他时间里的表现都要明显优于沪深 300 与同类均值（见图 5.26）。其中 2018 年表现略不如意的原因是 2018 年股市处于下跌趋势，其持股集中且重仓领域医药受带量采购政策冲击明显所致。

五年收益差的平均值，这个数值才是其真实的对比收益率（见表 5.5）。

基本概况 ↘　　　　其他基金基本概况查询：请输入基金代码、名称或简拼

基金全称	交银施罗德新成长混合型证券投资基金	基金简称	交银新成长混合
基金代码	519736（前端）、519737（后端）	基金类型	混合型
发行日期	2014年04月10日	成立日期/规模	2014年05月09日 / 3.916亿份
资产规模	68.09亿元（截至：2019年12月31日）	份额规模	25.1244亿份（截止至：2019年12月31日）
基金管理人	交银施罗德基金	基金托管人	招商银行
基金经理人	王崟	成立来分红	每份累计0.40元（1次）
管理费率	1.50%（每年）	托管费率	0.25%（每年）
销售服务费率	---（每年）	最高认购费率	1.20%（前端）
最高申购费率	~~1.50%（前端）~~ 天天基金优惠费率：0.15%（前端）	最高赎回费率	1.50%（前端）
业绩比较基准	75%×富时中国A600成长指数+25%×中证综合债券指数	跟踪标的	该基金无跟踪标的

基金管理费和托管费直接从基金产品中扣除，具体计算方法及费率结构请参见基金《招募说明书》

图 5.25　交银成长混合基本概况

资料来源：天天基金网。

	2019年度	2018年度	2017年度	2016年度	2015年度	2014年度	2013年度	2012年度
阶段涨幅	58.20%	-15.99%	33.53%	2.44%	66.11%	--	--	--
同类平均	32.00%	-13.93%	10.54%	-7.23%	46.34%	--	--	--
沪深300	33.59%	-25.31%	21.78%	-11.28%	5.58%	--	--	--
同类排名	324 | 3407	1221 | 2975	105 | 2766	326 | 1333	128 | 746	-- | --	-- | --	-- | --
四分位排名	优秀	良好	优秀	优秀	优秀	--	--	--

累计收益率走势　　　　下载天天基金手机版，随时随地查看累计收益　更多>

选择时间　1月　3月　**6月**　1年　3年　5年　今年　最大

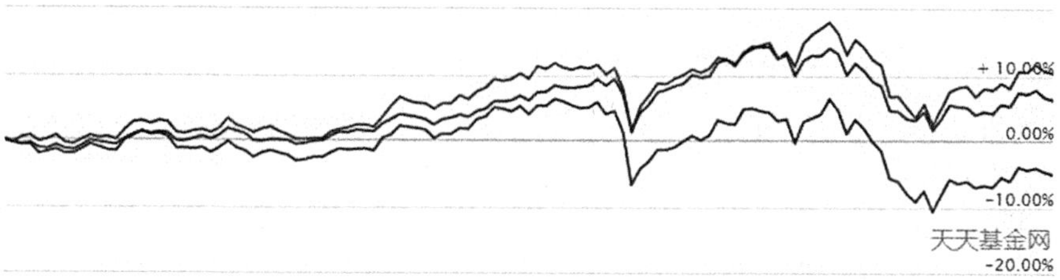

图 5.26　交银成长混合年度涨幅、累计收益率走势情况

资料来源：天天基金网。

表 5.5　　交银成长混合对比有效收益

年份	基金收益	沪深 300 收益	对比有效收益
2015	66.11%	5.58%	60.53%
2016	2.44%	-11.28%	13.72%
2017	33.53%	21.78%	11.75%
2018	-15.99%	-25.31%	9.32%
2019	58.2%	33.59%	24.61%
			平均值：23.98%

②波动幅度对比。主要考查的是低于其平均收益率的年份与沪深 300 之间的对照（见表 5.6），行情好的年份受益于 A 股高波动性、高投机性，这个时候手法谁更激进自然谁就更获利。所以相对于收益性，波动性也是非常重要的。

表 5.6　　交银成长混合对比有效收益

年份	基金收益	沪深 300	对比有效收益
2016	2.44%	-11.28%	13.72%
2018	-15.99%	-25.31%	9.32%
			11.52%

标准四：资产配置明细。

解析：从资产的配置上来讲，其股票占比非常之高，基本维持在 75%以上，债券投资基本维持在 5%左右（见图 5.27）。同时基金购买的股票以价值股与平衡股为主体，从规模来讲都是大盘股。但是这两点是背离了基金的成长主题、股债混合性质的，所以不要相信基金的主题限制，主动管理型基金最后的配置都是由基金经理个人所决定。

从过去五年的成分股分析不难看出基金经理虽然有自己比较喜欢的领域，但是基本原则还是龙头+热点的策略。这一点从其 2018 年合计 672%的换手率

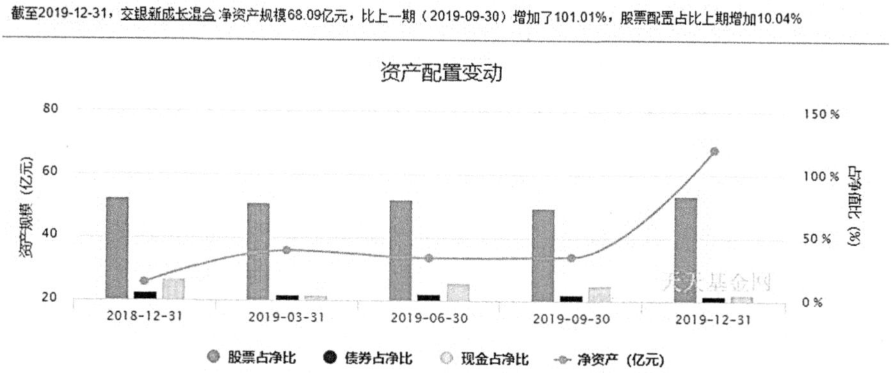

图 5.27　交银成长混合资产配置明细、基金投资风格

资料来源：天天基金网。

就可以看出来，基金经理对自身投资范围没有明显的限制。

标准五：机构持仓变化。相较于个人投资者的能力，显然机构投资者更显专业能力，像这种明星基金一般也是机构投资者的持有品种。机构投资者持有比例越高，相较而言对于基金是加分项。

解析：从持有人变动情况来看，机构是本基金的主要购买者，持有比例基本维持着稳步增长（见图 5.28）。说明机构投资者总体是比较认同该基金经理的，算是加分项。

○ 持有人变动详情　　来源：天天基金

公告日期	机构持有比例	个人持有比例	内部持有比例	总份额（亿份）
2019-12-31	62.74%	37.26%	0.10%	25.12
2019-06-30	68.21%	31.79%	0.13%	14.86
2018-12-31	74.74%	25.26%	0.11%	14.98
2018-06-30	76.02%	23.98%	0.12%	14.81
2017-12-31	77.99%	22.01%	0.08%	9.84
2017-06-30	49.02%	50.98%	0.03%	3.14
2016-12-31	38.66%	61.34%	0.03%	2.76
2016-06-30	28.64%	71.36%	0.01%	2.48
2015-12-31	24.88%	75.12%	0.00%	2.35
2015-06-30	28.94%	71.06%	0.00%	2.96
2014-12-31	18.25%	81.75%	0.00%	1.64

图 5.28　交银成长混合持有人变动详情

资料来源：天天基金网。

标准六：明星基金经理其他品种分析对比。能够进入蚂蚁推荐前五的基金经理都是明星，所以不用猜笔者也知道他们必定还管理着其他资金量较大的基金。首先，基金无论是公募还是私募都无比需要明星，就像娱乐圈一样，明星意味着流量，在金融圈则意味着更强的吸金能力。例如陈光明 2020 年 2 月发售的 60 亿元混合封闭式基金，意向认购资金达到了 1200 亿元。其次，基金公司需要给明星基金经理更高的收入，在这个圈子里最优秀的人一般会自立门户或是被挖角。所以多管理一些基金在一段时间内对双方都有利。

其他基金对比中最重要的就是持仓股的比较，我们可以看一下最新一季三只基金的持仓（见表 5.7）。

表 5.7　　**三只基金持仓股对比情况**

交银施罗德成长	交银瑞丰三年封闭混合	交银精选混合
保利地产	绝味食品	保利地产
东方雨虹	东方雨虹	东方雨虹
万科 A	美年健康	万科 A
中国太保	科大讯飞	中国太保
兴业银行	保利地产	兴业银行
科大讯飞	中国太保	科大讯飞
美年健康	山东药玻	美年健康
立讯精密	腾讯股份	立讯精密
山东药玻	邮储银行	山东药玻
工商银行	万科企业	工商银行
56.77%	52.48%	56.88%

分析：

①三只基金前十大重仓股的共同名单：保利地产、东方雨虹、万科 、中国太保、科大讯飞、美年健康、山东药玻。立讯精密、工商银行、兴业银行三家出现在两只基金前十大重仓股中。这说明了主动管理型基金的投资方向主要由基金经理决定，无论他管理的基金属于什么类型，最终的投资风格、投资成

绩都会非常接近。投资主动管理型基金最重要的就是挑基金经理，其他要素根本就不重要，不用浪费时间。

②如果求稳，在认可一名基金经理的情况下，最好购买其管理的封闭式基金。简单比较三只基金后就可以发现交银瑞丰三年封闭混合在投资风格上更加稳健，首先持有的债券比例更高。其次前十大成分股合计占比更低。最后从前十大成分股来看虽基本一致，但是万科选择的是 H 股，同时有腾讯，因为港股估值更低，走得慢，波动小，需要更多的耐心。出现这种情况比较好理解，开放式基金规模不太稳定，每季都需要争排名，换手率、选股范围都要激进一些。封闭式基金因为钱基金公司已经赚到手，考虑的问题是三年之后能交一个还不错的答卷即可，所以基金经理压力更小，也会更稳健一些。

标准七：其他因素。查看了一下王崇的个人资料，因为其担任基金经理的时间并不算长，管理的基金虽然总规模超过 150 亿元，但是可参考的资料还是有限。

上文以王崇为例，详细列举了笔者在看一只主动管理型公募基金时的整个思考过程，其他四位笔者就不一一列举了，最后再详细解释一下笔者最终的选择。

五位基金评分对比如表 5. 8 所示。

最终结论：选择具体哪只基金前，我们首先需要自我剖析一下，自己的投资需求点。固定收益类产品评价指标有三个维度：流动性、安全性、收益性。个人认为基金投资中安全性更多地体现在低波动率和持股质量上。收益性我们应该更看中的是时长+均值，流动性上基金对于投资者来讲是不存在问题的，但是笔者认为基金经理变股过于频繁，没有稳定的长期投资思路是一个比较大的不确定性。综合以上三点笔者说一下自己的选择。

假设一：如果是一次性购买，期限为一年，笔者会选择王崇管理的交银施罗德成长混合。

理由：①投资思路非常清晰，2020 年度重仓领或为大金融+房地产，这个投资思路符合 2020 年整个经济环境中流动性充裕的这个基本事实，这两个板块是主要受益方。

②对比有效收益在五个人中名列第二，与第一名雷鸣几乎没有差距。一次性购买基金通常是建立在投资者比较看好未来整体或是个别主题的股票行情，这时再过度考虑抗风险能力是不合理的，更重要的是交银施罗德两项分值相加后总分值最高。

表 5.8　　**五只基金最终对比情况**

	王崇	雷鸣	朱少醒	鲍无可	王克玉
职业生涯总体评分	出道即巅峰，5 年年化收益率第一名，但是管理基金持仓重合度过高，未来能否持续保持有一定疑问	同样出道即巅峰，5 年化收益率 20.27%，比前者低了 5%。但是管理的基金数量较前者多了两只，总体也算优秀	一只基金，一段职业生涯。2005 年即成为本只基金的经理。客观地讲每一个单年的表现都不出色，甚至部分年份还明显弱于沪深 300，但是路遥知马力，日久才见功力	近 6 年基金经理管理经验，从投资业绩来讲在五人中并无优势。但事出有因，投资水平未必不比其他人强	基金管理经验 9 年，2010—2019 年这个时间段总体属于弱势震荡，点位从 3200 点开始，最终还是回到 3000 点上下。能够在九年多时间里取得年化 19% 以上的收益，说明还是具备市场平均水平以上的管理能力
成分股分析	龙头+提前热点布局，少参与题材股，总体选股水平较高	消费龙头+南极电商+保险是其最爱。基金经理似乎对南极电商这只股票有极强的执念，长期出现在前十大重仓股之中，的确也属于中盘成长股，但是股价表现总体一般	从历史持仓来看，其奉行较为分散的投资原则。前十大成分股持股比例超过 50% 的时间段较少。同时持股保持着大小通吃，即投资大盘龙头，也投资于创业板的成长股	主题投资能源+基建。业绩来源于医药医疗消费。能源和基建过去历史表现不佳，但是基金经理并没有违背主题，只是要求。所以历年重仓股中都夹带私货，医药医疗消费品种才是其获利保证	从持仓来看其重仓股没有固定投资方向，并没有限制在某一个领域或主题。同时前十大成分股的占比相较于前四者都要低，长期维持在 45%以下

续表

	王崇	雷鸣	朱少醒	鲍无可	王克玉
对比沪深300	对比有效收益：23.98%。对比行情不好年份波动正值：11.52%	对比有效收益24.9%。对比行情不好年份波动正值：0.75%	剔除掉2005—2008年这四年超级牛熊极值的影响。最终得到对比有效收益：9.73%。波动正值：9.5%	对比有效收益：12% 波动正值：11%	对比有效收益：3.1% 波动正值：12%
持仓变化评价	2018年最高一年持股换手率达到672%，持股定力较差	换手率常年保持在一年220%~240%，持股较为稳定	换手率常年保持在400%左右。持股操作相对较多	年换手率在350%左右	年换手率保持在220%~240%，甚至更低的范围。持股比较稳定
资产配置明细	近三年机构持仓稳定在70%左右。同时配置股以大盘龙头为主，抗风险能力较强	虽然是混合型基金，但是债券持仓从来都是0，这是一只纯股票型基金。配置品种除一线龙头外，还有25%左右中盘成长股。这一点算是对得起基金成长主题了。同时本基金以个人持股为主，占比70%左右	此基金虽然规模超100亿元，但是以个人持股为主，极值达到9成。配置的品种：大盘龙头+成长，没有特定的喜好板块，讲求一定的分散，对于个别成长股持仓较重，算是与主题成长比较切合	债券比例在20%~25%。这是这五只混合型基金中真正能体现基金性质的。配置品种上：川投能源是其最爱，常年保持重仓。基建+能源保持绝对地位	债券比例维持在5%左右的稳定持仓。股票品种上，笔者并没有发现始终如一的重仓股或特定板块，而且一个时间段也没有集中于某个领域，属于典型分散策略

续表

	王崇	雷鸣	朱少醒	鲍无可	王克玉
明星基金经理其他产品对照	总管理基金规模超过 150 亿元，投资风格一致	总管理基金规模也达到了 150 亿元左右。其他管理基金情况大同小异，无明显区别	随着近两年公募基金大卖，新增了两只管理基金。但是业绩表现一般，这也符合除去 2005—2008 年极值后的总体表现	其另外一只 000979 沪港深精选业绩只能算是平均线以上，同时所选品种依然是以能源为主。可能基金经理主攻这个方向，但是能源类股票在 2020 年的基本盘实在太差。而基建方向并没有看到其有过多参与和持有像海螺水泥这种基建牛股	管理的三只基金总规模是这五个人之中最小的，这跟基金单年表现无明显优势，基金公司知名度低都有一定的关系。其他基金持股与本基金并无太大区别，第一重仓股都是万科，占比也都在 7%左右
其他因素	无明显加分或减分项	本基金经理对于单只股票南极电商跟踪多年，投资者对本只股票的判断直接影响对本基金的判断	去掉 2005—2008 年极值是因为这四年行情极为极端，随着 A 股走向成熟，未来不可能出现这种极度疯狂行情，参考极值对于其他基金经理也不公平	无明显加分与减分项	虽然基金经理生涯有 9 年，但是前面管理的几只基金时间都不长，业绩也不出色，这是一个减分项

③王崇配置的股票基本属于大盘蓝筹股，在2020年上半年全球受疫情影响的时间段，市场上下巨震，这个时候大蓝筹稳定，抗风险能力更强一些。

假设二：以一年为期每月将结余投资到某只基金，笔者会选汇添富成长混合。

理由：波动率更大，而2020年上半年行情不佳，处于下跌阶段。我们注意到在行情处于不好阶段时，汇添富成长混合表现最差，平均值基本与沪深300保持一致，并且该基金的管理费要比另外几只基金高。但是其在正向行情中业绩最佳，这和他的投资方向与喜好有关，消费龙头+股票占比最高。一年的定投期我们恰恰看中的就是先抑后扬，这也是最佳定投模式。同时消费类龙头在市场强势阶段是机构资金持仓主力区域，踏空概率较小。

假设三：选择一只五年及以上的定投品种，这五只基金没有一只适合。

适合长期定投的品种最重要的要求是投资逻辑要连贯，前后保持一致。但是这五只基金除了景顺长城能源还算跟基金主题比较切合以外，其他的基金招牌打的都是成长，但是买的股票都是以大蓝筹为主。这是因为从2016—2019年这四年中蓝筹是主要领涨品种，基金主题根本就没有意义了，基金经理旗下管理的价值主题、成长主题最终的持仓都是大同小异的。

景顺长城能源虽然重仓股切合主题，但是这几年的业绩却跟这些股票没有太大的关系，主要是因为基金经理穿插操作的一些其他板块股票，如医药、医疗等。对于能源和基建主题，长期来看笔者并不看好，因为它们并不能代表中国经济的未来。最简单的例子：曾经的中国石油市值超过5家茅台，而时至今天两桶油加在一起的市值还比不过一家茅台。两桶油在中国经济里的行业垄断地位并没有改变，变的是石油能源行业在中国经济中的比重不断下降，追求高品质生活、高端消费才代表着未来的发展方向。

交银施罗德基金及其经理在投资选股上思路虽然清晰，但是换股率高，投资方向多变不固定，投资逻辑不连贯。而且其管理时长只有5年，在5年中应该说有三年都是公募基金的黄金时期，要知道2017年、2019年公募基金的投资收益要高出私募基金平均值一倍。随着时间的拉长，其能力是否能得到持续验证是一个问题。最后我们还要明白一点，公募基金经理的头部人才在名气打响后，大多会自立门户。

雷鸣管理的汇添富成长焦点混合，定投一年适合是建立在下半年流动性充裕的前提下。但是其在市场整体表现不佳时，其稳定性是五只中最差的，短期的波动笔者是可以忍受的。但是如果未来五年长时间市场表现不佳，则很难通过定投获利。

王克玉管理的泓德优选成长混合最大的问题就是获利能力不佳，在对比有效收益这一项上太吃亏。同时此基金债券持有比例过高，定投本身就是一种降低波动的手段，但只适合与纯股票型基金搭配使用。

为什么主动管理型公募基金前五名都是混合型基金？个人认为有三个原因：

（1）给予基金经理更大的自由度。混合型基金通常是偏股型基金，股票混合债券，偏股型混合没有限定死股票投资占比，在基金经理判断行情不佳时，可以投资一部分债券。为什么不空仓呢？因为公募基金有一个最低仓位的规定，这是为了稳定市场预期，以免在行情不佳时，形成空杀空，造成市场流动性危机。这也是后两位基金经理相对波动性较小的原因，因为他们都稳定地配了一些债券。同时我们注意到混合型基金的具体主题都只是幌子，基金最终买什么股票，都是基金经理说了算。

（2）混合型基金绝对数量多，2018 年 3 月，开放式基金 4531 只；2019 年 6 月则增至 5259 只。其中，股票基金从 2018 年 3 月的 817 只增至 2019 年 6 月的 999 只，增加 182 只；同期，混合基金从 2212 只增至 2478 只，增加 266 只；债券基金从 1017 只增至 1305 只，增加 288 只；QDII 基金从 137 只增至 146 只，增加 9 只。不过，货币基金从 348 只降至 331 只，减少 17 只。数量优势自然会产生足够多的尖子，反过来讲如此多的混合型基金前五名五年区间的收益率算得上很优秀吗？

（3）混合型基金排名靠前的基金经理总体风格相对激进。相较行业指数型基金少则几十只多则几百只持仓股，混合型基金前十成分股合计持仓占比普遍在 50%左右。

第6章 如何进行组合定投

6.1 宽基指数组合定投分析

目前世界主流认识认为定投宽基指数是最适合普通人的投资方式，巴菲特认为普通人长期定投标普500就可以战胜80%专业基金经理，这是因为宽基指数拥有众多的优势。

①代表性。单以影响力来看目前国内排名前五的宽基指数应该分别是沪深300、上证50、中证500、上证180、创业板50。它们分别可以代表市场蓝筹、超级大蓝筹、中盘股、上交所大蓝筹、创业板代表股。这正是宽基指数最大优势所在，它们的编制规则虽然各有不同，但是大多是以交易量、市值、所在市场等要素为基础。股票市场的本质是一个资本交易市场，指数所代表的“资本数量级”越大，自然也就越有代表性。例如，如果看好中国经济长期整体发展，投资沪深300就是理论上的最优解。或者希望能获得比较稳健的投资表现，超级大蓝筹的代表上证50则是当仁不让。正是这个宽基指数的良好代表性，决定了目前世界资本市场在资本运转上，都会以宽基指数的走势为重要的投资决策依据。

②排除主观因素。证券市场中有一个经典理论，叫市场先生。90%的投资者都相信自己能够战胜市场先生，但是结果却是80%以上的专业机构长期来看都未能战胜市场上最有代表性的宽基指数，在某种程度上它就代表了市场主体，例如美国的标普500、中国的沪深300。

③股票市场是一个“人工生态系统”，具有极为明显的规划性。股票市场有很多的流派，但并没有真正意义上的某一学派统一了市场。股票市场是一个多元博弈市场，可是在这多方博弈过程中，我们又能看到各方都是在各种规则下进行。博弈主体又受多种既定策略的影响，例如被动跟踪明晟指数的资金，会根据指数比例的调整被动增减对于我国A股的投资标的、投资额等。在这种情况下，一些重要指数在本质上来讲就是证券市场这个丛林中的强者，“抱

大腿”是最简单有效的投资方法。

④唯结果论。“铁打的营盘，流水的兵”，这是现代销售体系中最惯常的管理方法，即将制度设计好，执行好，然后通过大浪淘沙的方式筛选人才。跟很多基金投资者交流过程中最常见的一种现象就是他们看中的基金，从各个角度包括历史表现来看，似乎都要比像上证 50、沪深 300 这种标志性的宽基指数来得更加优秀。这里面的错误有两点，历史上 80%以上主动管理型基金都战胜不了沪深 300，因为目前市场上还在发行的基金只是历史总额的 20%左右。而像美国标志性的标普 500，同期发行的主动管理型基金还在发行的恐怕连 5%都不到。因为基金公司深知投资者需要的是“明星”，当一只主动管理型基金业绩长期表现不佳时，就会被清盘。另外，只有当一个基金表现非常优异时，普通投资者才会注意到，而这此时各大基金网站、分析师都会大力推荐。这就会形成一个推高接力的过程，让大多数后进场的投资者成为最后的接棒人。A 股市场牛熊周期一个非常重要的影响因素就是银行开始大力推荐股票型基金，这往往是 A 股牛市进入最高潮阶段，也是最后冲高阶段的重要因素。

以上两点笔者以“华夏大盘精选”为例，进行说明。

根据图 6.1 我们可以看到华夏大盘从成立以来，总的业绩还是非常优秀的，在十年前华夏大盘也是当之无愧的中国公募第一基金，它的基金经理王亚伟当时的“一哥”称号也当之无愧。可是问题在于近两年此基金在公募基金里的曝光度大大减少，这是因为此基金近两年的总体表现非常差，在同类基金中的表现处于尾部。甚至可以说近十年的总体表现也非常一般，业绩历史总数据还算不错，主要是成立的前十年打下的基础。出现这种状况的主要原因有两点：第一个是基金经理离职，失去明星基金王亚伟，让华夏大盘的吸金能力减弱。第二个是市场风格变化，我们都知道王亚伟当年最出名的是重仓重组股，让其大赚特赚。可是近些年 A 股走向成熟化，监管也更加严格，这导致过去那种靠炒壳投机、坐庄博傻的手法获利的空间越来越小。王亚伟从公募走向私募后不再神奇，也可以很好地说明这一点。

从曾经的公募第一基金的历史来看，我们不难看出以下几点：

（1）主动管理型基金受基金经理主观因素影响非常巨大，主动管理型基金并不像宽基指数一样有非常明确的数据指标要求，成分股的入选与比例都是由基金经理来负责。可以说主动管理型基金最终的成败核心因素是基金经理的投资管理水平与运气。

（2）主动管理型基金带有强烈的个人风格，当跟不上市场风格的变化时，业绩就会出现较大波动。华夏大盘与王亚伟曾连续数年是 A 股当之无愧的公

图 6.1 华夏大盘精选混合单位净值走势

资料来源：天天基金网。

募头牌。所谓成也萧何，败也萧何，固定的投资风格一旦不适应市场变化则可能带来天壤之别的投资结果。这一点华夏体现得还不是最明显的，中邮基金的任泽松因为专注于创业板炒作，连续两年排名公募业绩第一，可是第三年却位于公募倒数第一，因为 2016—2018 年中小创整体受到重创。

（3）基金投资者都是喜新厌旧的，但是沪深 300 的标榜作用却没有改变，中庸本身是一种智慧与心态。在挑选基金时，沪深 300 都是第一参照物，在某种程度上它是“60 分”的存在，从沪深 300 成立至今其平均年化收益率维持在 8%左右。从投资风险/收益比来看并不是算优秀，是一个比较中庸的结果。可是我们需要明白的是，过去 30 年如果能够持续拿到 8%的年化收益率也是一个非常不错的投资结果。当我们追求 100 分时，需要想清楚一点，能够站在金字塔顶尖的人毕竟是极少数。接受自己只是一个普通投资者，本身就是一种智慧。

个人宽基指数定投组合投资策略：

（1）中庸之道，有限进取。基金定投能被普通投资者接受，首要原因是其可以很好地分散投资风险。风险与收益成正比，这就注定了基金定投并不是取得超高收益的投资策略。所以在制订基金定投方案时，需要明确的一点就是有限进取，不以追求超高收益为前提；而是市场给予了较好的机会，可以适当进取。在这种思维指导下，宽基指数就是最合适的品种。

（2）上证 50、沪深 300 在任何基金定投组合中都会以底仓形式存在。宽基指数中最稳健的品种就是上证 50、沪深 300，所以笔者建议在任何基金定投组合中，这两个品种都应该以底仓的形式存在，并且保证在组合中的占比不低于 40%。

（3）不选增强型，尽量选择 ETF 形式，压低主观因素，降低持有成本。理论上笔者不建议投资者选择增强型指数基金，因为其已经失去宽基指数本身的属性，属于主动管理型基金。ETF 是持有成本低、交易最灵活的投资品，当然因为个人主观操作不熟练或是其他原因，也可以考虑通过基金公司购买宽基品种。

（4）长期投资，少用再平衡策略。宽基指数的优势需要较长的时间才会体现得比较明显，同时其非常稳健的走势也决定了波动幅度相对较小，并不会给投资者过多使用基金再平衡策略的机会。

6.2　行业指数组合定投分析

行业指数基金的定义：这一点非常好理解，就是以某特定行业为选择范围，成分股的主业经营需要在这个范围之内。目前 A 股比较流行的行业分类大概有三条标准，第一个是中证指数有限公司制定的行业指数（见图 6.2），第二个是申万证券制定的一级行业，第三个则是证监会制定的行业分类。这三种行业分类大同小异，不需要特别纠结其中。

一、行业指数的投资思路解析

（1）以史为鉴，可知兴替。发达国家横向、纵向对比。因为我们是后起国家，经济发展过程中欧美发达国家有很多值得我们借鉴的经验。反映到投资上道理也是一样的，别人已经走过的路，虽然不会简单重复，但是我们一样要走。其中以行业为单位的对比是我们最常见的形式之一，例如各个行业在经济不同发展时期的占比与业态。就像我们在选大学专业时，在某种程度上也是在选择未来可能从事的行业，我们的知识体系也是以行业为基本单位来构建的。

（2）中国富豪变迁史也是中国行业发展的变迁史。我们可以看看曾经的中国首富，如黄光裕、丁磊、王健林、马云、马化腾、许家印等。中国富豪榜的变化在极大程度上代表着中国经济的变化，他们又分别代表着某个行业。又或者 2019 年突然杀入中国富豪榜前十的恒瑞医药孙飘扬夫妇、牧原股份的秦

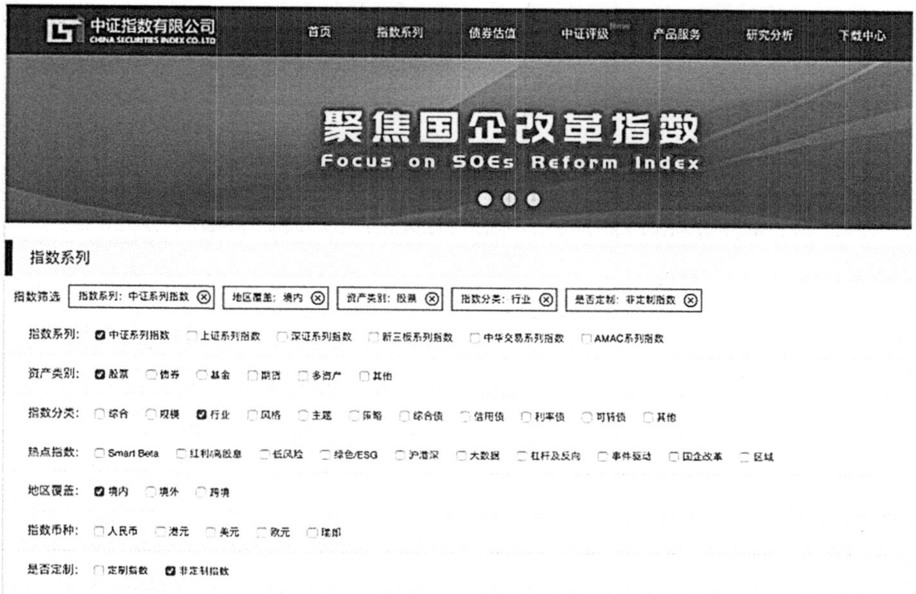

图 6.2　中证指数行业分类

资料来源：中证指数有限公司官网。

英林，他们的入选分别代表着中国医药行业重要性的大比例提升及猪肉价格爆炸性上涨。

（3）行业指数基金历史表现。证券市场上有大量以行业为跟踪目标的基金，它们的业绩都是可以非常方便地查询到的。行业指数的表现有好有坏，也基本保持与中国经济发展一致的走势。如果说一只股票优秀的标准是十年十倍，过去十五年达到这个标准的行业数量并不少，例如本书跟大家列举的医疗行业，十五年拿到了超过 20 倍的成长，医药、物流仓储、家电等也都达到了十倍的标准。

以上三点都证明了以行业为单位的投资思路可行，从逻辑上来讲可以以纵向历史、横向对比的方式构建自己清晰的投资策略。

二、行业指数的优势

（1）排除偶然性。从证券市场的特性来讲，单只股票的爆发性成长有可能存在偶然性，但是行业指数基金的成分股往往少则十几只，多则几百只，单只股票的成功并不决定行业的发展。反过来，个别的股票的失败，也不能反映行业的发展趋势。只要行业整体向上，行业指数基金往往表现都非常优秀。基金定投追求的是长期稳定收益，赚的是长远眼光与长期坚持后的利润，并且可以最大程度地排除偶然性。毕竟定投品种两大标准中的其中一个就是需要确保品种最终会上涨。

（2）可查阅资料质量高。股票市场是一个资本博弈市场，每一个参与者都或多或少因为自身利益诉求去撒谎。上市公司为了维持股价或是方便股票套现，会谎报业绩，所以做假账的事情时有发生。投资者想获得超额收益，有时带有主观色彩地去看待上市公司及各种信息，难以客观。但是行业数据相较于个别公司数据往往要真实得多，而且行业的数据通常是由三方机构与监管机构提供，数据与结论的真实性，可靠性比较有保证。这为我们投资决策提供了客观保障。

三、行业指数组合思路

（1）行业周期的分类。行业周期理论是非常经典的经济学理论，在选择一个行业指数时我们要尽量选择处于成长期的行业。因为这个时间段可以享受到行业成长性，同时回避了行业初期的不确定、衰退期的危险性。例如：随着人口老龄化与经济发展，医药医疗行业明显处于快速发展期。而随着青年人口减少，过去 20 年飞速发展的房地产明显到了成熟期，成长性有限，假如出生率持续降低，甚至不排除会进入衰退期。又如钢铁、电解铝、煤炭、造纸等高污染、高能耗行业，随着我国产业结构的升级，这些曾经的支柱产业都已经进入明显的衰退期。所以在定投行业指数基金时，我们应当尽量将资产配置在像医药、医疗、白酒、金融、消费、通信、新能源汽车等代表未来发展趋势的品种中。

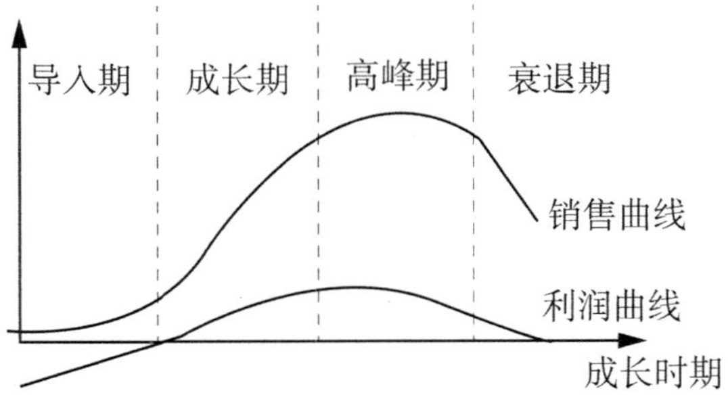

图 6.3 行业周期图

（2）行业特性的分类。每个行业的纵向发展体现在行业周期，而横向对比中都有属于自己的特性，根据A股市场的实际情况笔者大致将其分以下几类：政策主导型、价格周期主导型、业绩主导型和题材主导型（见表6.1）。

表6.1　**行业特性分类**

行业特征分类	典型代表	特性简析
政策主导型	房地产、金融、医药	房地产与金融行业都受到金融政策与房地产调控政策的影响，反而经营业绩的影响下降到次要位置。医药行业近几年受到带量采购等一系列政策影响，剧烈波动
价格周期主导型	有色、水泥、煤炭	因为提供的是单一的原料型产品，所以行业利润受到相关单品资源价格的影响十分巨大，整个股价与商品价格周期高度一致
业绩主导型	医疗、白酒、电器	像这些行业基本不受政策调控、经济周期影响，股价的长期走势主要由自身的经营状况所决定
题材主导型	通信、互联网、新能源、人工智能	通信和互联网中国不缺少世界级巨头，可是问题在于都不在A股上市。而新能源、人工智能代表的短期更多停留在概念之上，并不体现在业绩

以上两个维度的分类并不算特别全面，但是作为一种思路，投资者根据自身需要选择：

（1）进取型，可承担一定的风险，能够承担短期损失在20%以上区间，同时也希望获得足额的收益。这种类型的投资者通常都是青年，有稳定的收入，财务状况总体良好，可以根据自己的喜好与判断自由选择，重点还是要逻辑清晰，符合基金定投的基本规律要求。

（2）稳健型，可以忍受短时间10%左右的亏损，以追求合理收益为目标。在选择行业指数基金时尽量选择成长型行业，并且是以业绩为主导型的行业，减少政策与经济周期的影响。

（3）笔者的投资组合中行业指数基金有，证券行业指数基金、医药100行业指数基金、医疗行业指数基金、白酒行业指数基金。证券行业指数基金看中的是其强周性、高爆发的特性。医药100行业指数基金看中的是长期成长的确定性，白酒行业指数基金看中的同样是高确定性。但是从实际的再平衡的操作上可以看到笔者往往喜欢将灵活配置的部分资金投入医疗行业指数基金，原因是相较于我国医药行业已经存在明显的梯队，医疗行业公司普遍还处于规模较小的阶段，具有非常好的成长性。并且医疗行业并不像近两年的医药受到强政策调控的影响，公司的股价完全取决于自身的业绩状况。同时医疗行业的成长性门槛实际上要比医药低，因为疾病是全球性的，每种疾病的用药全球基本一致，这也意味着医药公司想要获得较高收益率需要与全球巨头竞争，而医疗企业目前最主要的成长方式还是国产替代，在价格与效果上达到一个平衡即可。这让医疗不仅可以享受到老龄化带来的长久商机，而且由于是高端制造的一部分，是国家大力扶持的方向。

6.3　“成长+价值”组合定投分析

笔者在蚂蚁财富上做了一个基金定投方案的公示，大致情况如表 6.2 所示。

表 6.2　艾财爱家定投方案公示

品种	定投设计	特性分析
上证 50	价值基础，固定定投总金额的 10%	宽基指数，政策性资金调控工具，A 股核心资产
沪深 300	价值基础，固定定投总金额的 10%	宽基指数，A 股核心资产
深证基本面 60	价值基础，固定定投总金额的 10%	宽基指数，A 股核心资产
医药 100	成长型，固定定投总金额的 10%	受益于经济发展与老龄化，未来行业成长确定性高
医疗行业	成长型，固定定投总金额的 10%	受益于经济发展与老龄化，未来行业成长确定性高
消费行业	成长型，固定定投总金额的 10%	参照资本市场发展经验，未来相当长一段市场消费行业都将保持不错的增长率。
白酒行业	成长型，固定定投总金额的 10%	消费行业中最典型代表，高端白酒依然是市场资金最为偏爱的行业之一

续表

品种	定投设计	特性分析
全球互联网	成长型，固定定投总金额的 10%	新经济的代表，投资全球科技巨头企业确定性高
灵活配置	灵活投资总金额的 20%	不确定具体品种（会由证券、医药、医疗、全球互联网等组成），需结合当周市场情况具体判断

核心思路：成长+价值

成长股的优缺点分析：成长股是股市中对于增长潜力巨大的公司的一种称呼，可是潜力指的是一种可能，未来也许可以实现，也有可能实现不了。同时这类公司往往规模都比较小，抗风险能力差，业绩波动大，成立的时间也并不长。

相较于成长股，成长行业在确定性上是要大大增加的，因为成长股就像赛道上的马，在众多赛马中我们很难断言最终谁会获胜。但是成长行业就相当于比赛的赛道，最终无论谁获胜都产于这里。当然缺点在于可以享受到成长股的红利，同时也要承担落败的成本。例如医药行业中的恒瑞医药、片仔癀都位列过去十年 A 股涨幅榜前三，但同时医药在 2019 年也先后曝出康美药业、千山药机等大雷。

价值股的投资分析：价格是围绕价值上下波动，可是价值却是一个模糊的概念，难以精准测算。通常情况下市场对于价值的评价有两条重要标准：第一是有极为稳定的获利能力，不受短期市场与政策的影响。第二是公司所处的行业代表着未来的发展方向，在可见的未来不会明显地衰退。符合以上两点的股票又大多具备以下特点：（1）行业龙头。只有行业龙头才能有较强的市场定价权与业绩保障。（2）具有较好的护城河，甚至是垄断属性。行业具备较高门槛，或是相关公司的品牌价值与业务优势让后进者难以追赶。（3）来自金融、消费、电力、通信等民生必需行业，或是来自高端制造、高科技、信息互联网、医疗生物等行业。

投资价值股的好处是显而易见的，较高的稳定性、确定性，长时间投资获得正向收益是极大概率事件。缺点是这类公司往往体量较大，上涨潜力非常有限，缺乏想象力。

组合思路解析：成长+价值

证券市场没有标答，也没有完美的投资品，我们需要根据自身的需求来制定相应的定投组合，笔者的思路是价值投资为基础，再加上成长投资。

中庸之道，不追求极致的结果，因为复利链条容易断裂。

关于复利的故事，叫作“24 美元买下曼哈顿”，在西方世界流传很广。1626 年，荷属美洲新尼德兰省总督 Peter Minuit 花了大约 24 美元从印第安人手中买下了曼哈顿岛。而到 2000 年 1 月 1 日，曼哈顿岛的价值已经达到了约 2.5 万亿美元。以 24 美元买下曼哈顿，Peter Minuit 无疑占了一个天大的便宜。但是，如果转换一下思路，Peter Minuit 也许并没有占到便宜。如果当时的印第安人拿着这 24 美元去投资，按照 11%（美国近 70 年股市的平均投资收益率）的投资收益计算，到 2000 年，这 24 美元将变成 238 万亿美元，远远高于曼哈顿岛的价值 2.5 万亿美元。

这是在投资过程中关于复利最有名的故事之一。年化 11% 难以达到吗?难度是和年份长短成正比的。复利的故事听起来非常美妙，但是问题在于复利的时间链条是非常容易断裂的。400 年的稳定于两位数的收益是个不可能完成的任务，这个投资故事只是用来骗人的。

在基金定投过程中我们的思维应当是稳健为先，不用事先设定收益率，因为做正确的事情，好的结果自然而然就会跟着到来。在这种思路的指导下，我们的基金定投方案首先选择的是自然是以上证 50、沪深 300、深指 60ETF 联接为代表的宽基指数。

在组合投资的基础比例完成后，笔者还配置了一半的成长型基金品种，基本是以行业为单位的行业指数基金。核心有两点，第一，我国经济发展依然处于中高速阶段，经济潜力巨大，这决定了我国证券市场必然会长期上涨。定投一些成长型行业与公司，也是分享我国经济发展的红利。第二，我们的组合是长期投资，有足够的时间去等待，而不追求短期结果。

6.4　制订一份属于自己的基金定投计划

在 2.3 节，笔者提到了基金定投的几个关键要素，包括确定基金定投品种、确定定投时间、确定定投金额、确定定投再平衡策略、确定定投目标等。事实上，如果把这些都明确了，我们就可以制订一份属于自己的基金定投计划了。

需要强调的是，最终的计划必须落在纸面上，这样每次投资的时候都能严格遵守，避免主观情绪干扰我们的投资。倘若你不是一个投资自律的人，建议把定投计划表打印出来，贴在显眼的位置，时刻提醒自己务必跟着计划走。

心动不如行动，为了帮助大家制订一个属于自己的定投计划，笔者在下文贴出了艾财爱家的基金定投计划表，有兴趣的朋友可以试着填写下。有的人会觉得这很小儿科，或者觉得“我知道怎么定投就够了，没必要写出来”。实际上，把定投计划落在纸面上，是非常重要的一步。有一个落在纸面上的定投计划，投能长期坚持下来的可能性甚至成功率就会大大提升。

表 6.3　**艾财爱家定投计划表**

01　确定定投目标*

○　个人消费支出（买房、买车、旅游等）

○　养老计划

○　子女教育计划

○　其他

02　确定定投期限*

○　1 年以下

○　1~3 年

○　3~5 年

○　5 年以上

03　确定定投金额（梳理现金流）*

我的家庭收入________元，家庭月支出________元，每个月结余资金________元，结余资金中，我打算拿出________%的比例来定投。也就是说，每个月我能用来定投基金的资金是________元。

04　确定定投品种——宽基指数基金*（多选）

□　上证 50

□　深证 100

□　沪深 300

□　中证 100

□　中证 500

□　其他宽基指数

05　确定定投品种——行业指数基金*（多选）

□　医药行业

□　医疗行业

□　消费行业

□　证券行业

□　金融地产

□　其他行业指数

06　组合定投的和比例*

我总共选择了________只定投基金，定投标的、金额、所占比例分别为__________________。

07　确定定投周期*

○　按日定投

○　按周定投

○　按双周定投

○　按月定投

08　确定定投日*

我选择每周星期________/每月________日作为定投日进行定投。

请输入

09　确定定投再平衡策略*

①双倍定投。②多倍定投（倍数>2）。③熊市递增型定投。④牛市递减型定投。⑤周期性递增定投。⑥短周期，高频率定投。

请输入

10　确定卖出逻辑*

①目标法。②点位法。③盈亏比例法。④周期特性。⑤时间法。

第7章　基金定投计划实战案例分析

7.1　为自己制订养老定投计划

这一章节内容是2020年春节期间写的，笔者是武汉人，正在风暴的中心。大年初三后半夜给宝宝喂完夜奶，睡不着刷了刷微博看到科比的死讯，更让笔者感到世事无常。人生在世有很多不可测风险存在，这些风险都不在我们掌握中。但是人生有一些风险却是我们可以防控的，例如笔者认为的未来可预见的“80后”“90后”的养老问题。有这个想法的直接原因是笔者给大量客户制订家庭资产配置计划时，发现大多数情况下大家都没有考虑到给自己未来预留一笔活动资金，而是单纯指望房产或是手中现金资产最终的结余，并且认为自己老年生活花费会比较低，不用太过担心。

作为一个“80后”，笔者认真思考过自己的晚年生活，所谓人无远虑必有近忧，我们这一代人老年生活可能比我们想象中的要艰辛。

首先，养老标准不同。“80后”是中国代继分水岭，其中非常重要的特征之一就是消费观。因为这一代人的成长过程与中国经济腾飞保持着高度一致，所以1980年及以后出生的人在生活质量要求上要远远高于父辈。这也决定了未来“80后”“90后”进入老龄阶段，对于老年生活质量的要求也会大幅度提高，这就决定了一个基本事实。即使是在收入高峰期也很难达到相应生活质量的这一代人，啃老成为普遍现象，到了收入衰竭期仅靠目前已经入不敷出的收入，想要有一个高质量的老年生活是难以实现的。

其次，社会极速老龄化在“80后”进入退休年龄后将进入大考阶段。

中国人口年龄高峰正是“60后”到“90后”这四代人，目前“60后”中国改革开放中坚一代就要陆续进入退休年龄。未来中国将面临超速老龄化，未富先老，高端养老医疗资源存在集中于少数中心城市的情况。以过去几十年发达国家的发展经验来看，没有一个发达国家能够在真正意义上解决国民养老问题。而我国“未富先老”，并且因为计划生育，让人口快速进入超高老龄化阶段。“60 后”进入养老阶段，还有“80 后”“90 后”两代主力人群缴纳社保以维持运转，并且“60 后”是中国改革开放主要建设者，掌握着社会的主要财富。即使在此种情况下，依然需要通过国资划转、延长退休、增加缴存比例等多种手段来保障社会保障体系的运转。等到 1980 年以后出生的人群进入退休阶段，将面临的是人口断崖和社会保障体系极度承压的问题。

再次，我们的主要资产未来流通性与保值性都难有保证，国人家庭资产中 70%配置的是房产。而这个比例在普通阶层占比会更高。房产有一个很大的问题就是变现能力非常差，而且我国房产出租收益比低于 2%。未来还会面临房产保值能力不断衰退，流动性持续变差，并且一二线城市房产未来可能要承受房产税。也就是说，未来指望通过以房养老是一件看似美好却难以实现的事情。

最后，国情、文化注定了 1980 年以后出生的几代人未来养老会面临重大问题，“80 后”“90 后”独立能力十分有限，中国房地产有一个著名的 6 个钱包理论。普通工薪青年家庭，根本无力承担高房价、高教育、高消费三者叠加的经济压力。这已经让啃老是一种普遍现象，其中既有现实因素，也有部分人的个人收入与消费观不匹配的因素。可是你有信心，老年生活没有父母补贴，同时能像上辈人一样照顾子女吗？

上述只是简单地谈了谈笔者对于未来“80 后”“90 后”养老问题的看法，要想解决这个问题，根本方法当然是提升自我能力与资金储备。同时合理规划资产、提高资产的流动性、被动赚钱能力也是必要的，笔者认为比较好的处理方法就是以基金定投组合的形式为自己储备一笔养老金。因为是以养老为前提设计的投资计划，这意味着我们需要以一个极长的眼光去看待这个投资计划。

为什么基金定投适合作为养老计划的投资品种：

①小额定投，压力小。定投额的多少可以根据自身收入的结余情况来制定，然后积少成多，聚沙成塔。

②以小博大，风险收益比最高、最合理。从长期来看只有证券市场可以获得足额的投资回报，而基金定投在一定程度上也可以平衡证券市场的波动风险。

7.2　送给女儿的一份礼物

2019 年 7 月 29 日，笔者女儿降生！在此之前笔者就一直在思考有关孩子未来的一切，例如：考虑教育问题——换学区房，考虑健康问题——配医疗保险，同时准备给宝宝存一笔教育基金，为宝宝未来做准备。

在给宝宝存钱这件事上笔者起初有两套方案，第一套方案是每个月买一手中国平安的股票，按 2019 年 10 月 8 日的股价，每个月需要准备 9000 元以上。第二套方案就是做一个基金定投组合，每个月准备 1 万元。

第一套方案说明，相较于很多家长会选择购买保险，做保险公司的客户，笔者更愿意做保险公司的股东，因为做客户是保险公司赚我的钱，而做股东是保险公司帮我赚钱。中国平安作为中国保险行业的龙头，优势越发明显。参照发达国家经验，龙头保险公司长期发展趋势是非常有保证的。但是最后这套方案笔者放弃了，原因有三条，第一，价格太贵，并且定投金额不受控制。中国平安股价每手 9000 元，如果定投 18 年，中间股价肯定会有不小的涨幅，定投的金额是不确定的。第二，确定性要差一些，虽然笔者长期看好中国平安的发展，且定投一只股票虽然收益会高一些，但是一家公司二十年的发展还是有很多不确定因素的。第三，综合考虑工作因素，没有实战检验的理论都是“耍流氓”，所以在公众号艾财爱家上笔者直接有演示，并且希望能够帮助更多人。

下面详细说明第二套方案——基金定投组合。

一、定投目标

本基金定投组合的目标是在女儿大学毕业之后能给她留一笔钱，因为房产部分在她这一代不存在问题。未来更应该准备充足的现金流，应对婚嫁、创业、教育等大额支出。因为定投本身带有强制储蓄和长期风险投资的双重属性，这样可以隔离出一部分自己的收入，确保专款专用，以免未来在自己事业发展并不顺利的情况下，无法一次性拿出大额资金。

除了钱以外，笔者还希望给她上一堂理财课。证券类投资最难的部分就是保持足够的耐心，短平快是最契合人天性的投资特性。想要在未来有一个良好的投资习惯，没有什么比一次成功的经验更有价值。这样一来，小朋友收的各种红包就有了一个比较好的去处，同时也培养了她的投资理财能力这一重要的生存技能。

二、定投金额

笔者按周定投，因为笔者并不是工薪阶层，所以没有按月定投，这样定投曲线更平顺一些。每周定投 2000 元，减去几个黄金周休市，以一年 50 周计算，一年正好是十万元整。以定投 20 年为期限，总投入本金 200 万元。金额看起来比较大，但是拉长时间，算上通货膨胀，再考虑到笔者目前 33 岁的年龄，未来 20 年大概率是笔者一生收入最高阶段，所以笔者认为这个定投金额完全在承受范围之内，相当于多背了一套房贷。如果把房子比成一个基金，房贷分期也可以算是一个定投计划。

三、定投时间

在定投时间的设计上除了总的时长、周定投方式以外，笔者选择的定投时间是每周四，这一点在第 2 章择时择势中有过分析，根据历史经验每周四定投的历史效果更好。证券投资流派众多，但并无一派是真正意义上的标答，就是因为证券投资是一个经验主义至上的领域。

四、定投品种

如表 7.1 所示总计是 9 只基金，笔者简单概括一下投资它们的理由。

表 7.1　**基金定投组合**

序号	基金简称	基金代码	序号	基金简称	基金代码
1	易方达上证 50 指数 A	110003	6	国泰中证申万证券行业指数	501016
2	天弘沪深 300 指数 A	000961	7	汇添富消费行业混合	000083
3	建信深证基本面 60ETF 联接 A	530015	8	招商中证白酒指数分级	161725
4	天弘中证医药 100A	001550	9	嘉实全球互联网股票人民币	000988
5	易方达医疗保健行业混合	110023			

（1）易方达上证 50 指数 A。A 股市场核心资产，由重要行业龙头企业组成，拥有政策资金调控市场工具等众多优势，算是最适合做超长时间的定投品种。

（2）天弘沪深 300 指数 A。沪深 300 是 A 股最主要的指数，是 A 股的核心资产，定投沪深 300 也是看好祖国未来 20 年的发展。

（3）建信深证基本面 60ETF 联接 A。选择这个指数基金是为了跟上证 50

进行互补，上交易所主体代表的是大型国营企业，深交所主体代表的是民营经济。两个指数合在一起，才能比较良好地反映中国经济行业龙头企业的发展状况。

（4）天弘中证医药 100A。笔者长期看好中国医药行业的整体发展，随着中国老龄化与经济的持续发展，这是一个“日不落”的行业。我国医药行业整体还有很大的空间，与欧美差距还非常大，未来无论是从市场角度，还是从行业发展规律来看，都有很大的空间。

（5）易方达医疗保健行业混合。医疗行业与白酒行业是过去十五年里成长性最高的两个行业，十五年里行业指数成长都超过 15 倍。相较于医药受到一系列的降价控费政策影响，医疗明显要有优势得多。此基金是以医疗行业为主体的基金品种，医疗行业未来二十年都会处于一个黄金发展期。

（6）国泰中证申万证券行业指数（LOF）。该基金的业绩比较基准为中证申万证券行业指数收益率×95%+银行活期存款利率（税后）×5%。选择投资证券指数型基金，是看中证券行业牛熊周期特性完美发挥定投的微笑曲线特点。通常笔者不喜欢定投证券行业指数基金，但是一旦出现了可观的投资机会，笔者还是愿意拿出真金白银参与的。也就是说，定投证券行业指数基金需要择时、择机。一旦把握住了牛熊周期，将会获得很不错的投资收益。值得注意的是，证券行业指数基金并不是我们的常规定投品种。

（7）汇添富消费行业混合。该基金的业绩比较基准为中证主要消费行业指数× 40% + 中证可选消费行业指数× 40% + 上证国债指数× 20%。消费是一个非常宽泛的概念，像 2019 年市场大火的白酒、猪肉都属于这个范畴。可是这些品种都到了明显的高位区间，但消费从长期来看依然是我国未来经济转型的主要受益者。笔者只能折中既不直接去定投极高位的白酒行业指数，也不放弃消费这个重大的长期投资主题。相信基金可以在这个非常宽泛的范围内能够做到有效调整，这只基金也是未来组合中再平衡操作的重点。

（8）招商中证白酒指数分级。在解析蚂蚁财富的热门基金品种时，笔者解读过招商中证白酒指数分级，这只基金也是多月定投榜单上的第一大热门基金。具体的基金分析不用重复主要讲解以下几点：

①纳入定投组合的时机。四大高端白酒进入高位调整阶段，白酒板块经过几年的大涨之后已经进入了历史高估值区域，步入调整已经不可避免。2019 年下半年板块中各龙头股开始陆续进入横盘调整期，2020 年初因为疫情的影响出现一定幅度的调整，所以择机开始定投，时机比较好。疫情不影响长期投资逻辑，基金定投是长线投资的一种手法，疫情虽然短期之内冲击消费股，对

于白酒行业短期销量也构成威胁，但是对高端白酒的影响有限。

②商业立场与投资立场匹配度高。白酒行业长期投资价值高，符合基金定投组合长期目标，招商中证白酒指数分级基金长期雄踞定投榜第一位，具有很高的人气。此外，在艾财爱家公众号每周公示的定投内容，希望能够有更好的传播度，所以综合长期投资需要和商业传播需求两方面的因素，在组合中纳入招商中证白酒指数分级基金也是情理之中的事情。

③不追求完美，践行中庸。一个基金定投组合品种达到了九个，肯定是有多的，这并不是通常意义上的投资，而是带有一定炫技成分。从个人投资喜好来讲，笔者甚至不会买基金，自视甚高是每个“行家”的通病。笔者只会选择医疗与医药两个行业指数基金。就算单从投资合理性来看，上证 50、沪深 300 才是上上之选。可是因为这个基金组合带有很强的演示性质，所以笔者才会额外增加最能体现基金定投特性的证券行业指数基金、最热门的白酒行业指数基金。

白酒行业在 2015—2019 年刚刚经历了历史上最大的一波上涨行情，高峰之后最可能要走的就是下坡路。所以定投白酒行业指数想要获得很高的投资收益并不简单，但是其行业特性与未来发展趋势，也能保证其有一个长期上涨趋势，只是幅度会比较有限。也许二十年之后，这九个品种中白酒最终获得的收益率排名会在中游水平，这正好是一个中庸的结果，也是基金定投的最终哲学。

（9）嘉实全球互联网股票人民币。原本互联网行业相关基金笔者选择的是易方达中概互联 50ETF，但是因为其没有申购额度，所以只能选择放弃。取而代之的是嘉实全球互联网股票人民币。

优选易方达中概互联的原因：

①阿里巴巴、腾讯各占比 30%（见图 7. 1），不符合普通基金的投资原则，但是却非常符合笔者个人见解。互联网是一个赢者通吃的领域，往往第一名可以吃掉市场份额的 85%，第二名吃掉 10%，其他参与者分享最后的 5%。目前中国互联网已经形成了新三足鼎立的局面，分别是阿里巴巴、腾讯、字节跳动。其中阿里巴巴和腾讯毫无疑问是实力最强的两家公司，字节跳动还未上市，不做考虑。

②中国大型或者说为人所熟知的互联网企业基本是在海外上市，除了阿里巴巴与腾讯以外，其他公司普遍都面临着与迈瑞医疗一样的问题，价值被低估，海外投资者不信任其管理与财务报表数据的真实性。这里面有天然的偏见，也有中国企业自身的原因。所以在选择互联网指数基金时，笔者的标准是

股票持仓　债券持仓　更多 >

股票名称	持仓占比	张跌幅	相关资讯
腾讯控股	33.42%	2.35%	股吧
阿里巴巴	28.64%	-1.30%	股吧
美团点评-W	6.66%	-2.13%	股吧
京东	6.42%	-3.54%	股吧
百度	4.77%	-0.31%	股吧
好未来	3.42%	3.82%	股吧
网易	3.38%	0.96%	股吧
拼多多	2.27%	6.26%	股吧
携程	1.77%	-0.34%	股吧
唯品会	0.99%	2.47%	股吧

前十持仓占比合计：　91.74%

持仓截止日期: 2020-03-31　更多持仓信息>

图 7.1　易方达中概互联 50ETF 2020 年一季度末前十大持仓

资料来源：天天基金网

阿里与腾讯占比越高越好的相关基金，易方达中概互联就是其中最符合个人见解的品种。可惜的是其当时没有申购份额，没有办法购买。

退而求其次，笔者有三个选项，分别是国内互联网指数基金、海外其他中概互联网基金、中资机构发行的全球互联网基金。不选择国内互联网基金的原因是因为这些基金挂羊头卖狗肉。互联网特殊的前期巨亏培育市场的发展模式让相关公司根本无法符合国内的上市规则，只能海外上市。所以 A 股并没有什么真正意义上的一线互联网企业。打开这些主题基金的成分股，近两年不是白酒就是猪肉等热点板块股票。海外其他中概互联网基金基本都是以分散为基本原则，阿里和腾讯的占比虽然占据前二，但也只有 10%左右，对于组合并不起直接决定作用。同时笔者也并不看好其他互联网公司的长期发展，所以也选择放弃。

在其他众多替代者中选择嘉实的原因：

①成分股组成更为合理。从成分股看，除了阿里、腾讯以外，其他成分股主要是美国的一线互联网公司。互联网世界只有某领域的第一名才能长久生存与发展，但是互联网也是有国界的，腾讯与阿里的优势主要是在国内。从全球来看，美国互联网企业还是主导，未来的发展也是比较有保障的。

②建仓机会绝佳。在基金定投组合制定的前期，笔者并没有将互联网指数相关品种列入计划，是因为美股已经走了 11 年的慢牛市了，在历史高位定投

始终不是一个好的选择。不过由于疫情的原因，美股急跌了 30%，在这个时间点笔者并没有犹豫，首先采取的是建立底仓的方式，一次性购买了半年的定投额度，然后再慢慢定投。这样做的原因有两点：第一，美股历史上一直保持长牛短熊，此次疫情虽然比想象中严重，但是并不能改变美国金融霸权地位。第二，一次购进半年定投额度只是计划第一步，后续如果美股持续下跌还会采取更大力度的再平衡操作，保持一个越跌越买的策略。

③长期看好全球互联网巨头的发展，这才是定投此基金的根本原因。互联网发展到今天依然还有广阔的空间，甚至说目前还看不到任何一个领域未来发展的空间要高于互联网。疫情的冲击只是一时的，甚至可以说对于互联网的普及与应用是有益的。无论是中国互联网巨头，还是美国互联网巨头，未来都还有很长的路要走，前景光明。

在这里笔者有两点需要跟大家解释：第一，指数型基金笔者选择的都是 A，而不是 C。A 代表前端收费，也就是买基金时收手续费。C 代表的是不收取申购赎回费，但是收取销售服务费，按照持有时间长度来收取。持有时间越长，意味着销售服务费越多。关于定投基金为什么选择 A，可以看第 8.4 节《提高定投收益的几个技巧》中的讲解。第二并没有全盘定投书中前面章节的品种，因为笔者是职业理财师，有大量的时间与精力对组合进行管理。组合中的消费、红利、证券后期在牛能周期中会有品种调整的可能。

五、再平衡策略

（1）每周基础定投额度 2000 元，8 只基金（不含证券基金）每只每周定投金额是 200 元，多出的 400 元笔者会根据每周情况进行手动买入，选择一个或几个品种进行加倍买入。从实际操作上讲，笔者不建议普通投资者学习，毕竟笔者是职业投资者，这是本职工作，举手之劳。普通投资者过于频繁的再平衡操作，不利于保持良好的心态。

（2）牛熊周期品种进行周期操作，证券行业指数、消费混合，笔者会根据行业与主题特性进行周期性操作。投资年限并不是二十年的完整定投周期，因为品种有明显的牛熊市极值情况出现。

（3）女儿的红包收入用于定投。现代社会小孩子都是家庭的核心，逢年过节都可以收到大量的红包，这并不是一笔小钱。这一部分资金我也会择时帮其买入定投品种，并且告知用途，让女儿明白基金定投的价值。

六、实战演示

关于这个基金组合，每周五笔者都会在公众号艾财爱家的基金定投周报上进行跟踪说明。艾财爱家，即爱护好财产可以更好爱护好家人。无论是创立艾财爱家还是公示这个基金组合，都希望能够帮助更多人爱护好自己的生活。

7.3 工薪阶层要给自己的未来一个可能性

之前有一个湖北十堰的客户，年龄比笔者要小几岁，问笔者他应该做什么样的投资。笔者的建议只有一句话：基金定投，工薪阶层要给自己未来一个可能性。

本节笔者就以他的实际情况来讲解一下为什么建议他做基金定投。

笔者当时给他的建议其实有两条，第一，如果条件允许，可以考虑落户武汉，目的只有一个买房，借当时三四城线城市棚户区改造最后一波——东风将在十堰多余的房产置换到省会武汉。第二个就是做一个基金定投组合，为未来做一手准备。

表 7.2　　艾财爱家某客户实际情况

个人信息	评　述
27 岁	收入进入稳定上升期
公职人员	收入极为稳定，可以获得低息贷款
未婚 男	未来父母会有一笔大额花销，自身还有一笔“压榨”父母的收入，这是国情，虽然不合理但也是事实
本地人有房无贷	父母为本地国企职工，有房，自己也有商品房产，无房贷压力
月收入 8000 元不到	四线城市公职人员，收入水平已经算是不错了
居住城市十堰市	十堰与重庆一样是山城，是历史原因铸就的国防军工城市，城市人员整体素质较高。但是改变不了四线城市地位，交通不便、人口趋势不佳等是不利于经济长期发展的因素

投资的本质是借势，房产占中国家庭财富超 7 成，一个城市房价未来的发展趋势也决定了这个人未来的财富区间。一个小城市的工薪阶层如果条件允许应当将房产置换到核心城市，这是一个基本方向。

第二个建议是做一个基金定投的组合，有以下几个原因。

（1）他是本地人，又是公职人员，基本不可能离开这座城市。他的一生可以过得很平稳，可是未来他的子女却是大概率要离开这座城市去更好的城市发展。如果他什么都不准备，未来可能面对的情况就是手中有多套十堰的房产，但是房产价值相较于武汉已经被拉开了极大距离。一个人不能始终只为自己考虑，中国式家庭就是如此，竞争优势是一代代累计起来的。

（2）他是公职人员，工作和收入都非常稳定，非常适合做基金定投。首先，工薪阶层的收支特点：工薪阶层从收入上来讲最大的优点在于稳定，最大的缺点是缺乏想象空间，上限不高。因为收入相对比较固定，所以支出也比较有计划，因为支出是建立在收入基础上的。

其次，很多高级白领也会发现一个问题，就是自己每个月的结余都很碎，即使想买个理财产品也不符合传统金融机构的最低门槛，但是投资互联网金融产品在门槛、收益、安全性上又各有各的问题。归纳分析我们不难得知，最适合工薪阶层收支特点的理财产品需具备以下几个特性：门槛低，这样无论收入多少都可以积少成多。要有一定的想象空间，因为工薪阶层的收支上限非常低，在这种情况下未来想要从质上提高生活质量，除了自身努力之外，还需要有一个良好的财务投资结果。

再次，流动性要好。工薪阶层收入有限，如果碰到意外情况，还需要随时能够取现。

最后，合理风险，想要满足前面三个条件，那么适度合理的风险是完全可以接受的，关键是合理的评定标准。

基金定投能够满足以上四个条件：①无门槛，目前绝大多数公募基金都是 1 元起定投。②高收益的可能，因为基金定投的目标是证券市场，如果投资得当完全可以达到很高的收益。③流动性，基金定投如果想要结束，当天赎回，第二天就可以到账。④合理风险，这是最难界定的，这也是基金定投的关键部分。但是定投本身就是一种非常有效的分散风险的投资方法，再加上一定的学习与指导，笔者相信可以达到一个很合理的风险收益比。

（3）结合他个人的实际情况，年轻人过得太安逸并不是一件好事情，没有房贷没压力，就把基金定投当成房贷就可以了。

本书多次提到基金定投与按揭贷款有多处相似之处，都带有强制储蓄的特性，在资产价格上涨过程中能够放大绝对收益。他的情况完全可以将自己的收入拿出一部分用于定投，积少成多，为未来提供一种可能性。

以上是建议他做基金定投的原因，具体为他设计的定投方案比较简单。

定投目标：给自己未来一种可能性！

定投金额：月收入的30%，也就是2400元左右。因为他比较年轻，无太多压力，所以定投金额比常规建议的20%要高一些。而且房贷还款额不超过个人收入的30%，对于生活幸福感无明显影响，所以定投金额就确定为2400元左右。

定投时间：每月10日，因为是工薪阶层，按月定投比较合理。定在每个月的10日，可以回避掉“五一”“十一”两个黄金周。

定投品种：沪深300指数，他自己买的是增强型，从笔者角度讲只能是建议，他没有完全采用我的意见。

易方达上证50指数A、天弘中证医药100指数A、华宝中证医疗指数，笔者给他确定的基金定投组合组成比较简单，是因为每月定投额并不高，没有必要过于分散。而定投医药、医疗是因为这两个行业成长性高，虽然波动比较大，但是完全在他的风险承受能力范围内。沪深300、上证50这两个指数基金，制定任何基金定投组合时，都是以基础配置品种而存在的。

再平衡策略：这四个品种都是长期定投，并没有设计过多的再平衡策略，长期坚持定投，甚至不用管什么牛熊市。一个普通人再平衡策略设计过于复杂，反而不利于他长期坚持，心态也容易受盘面影响。

如果你是一个普通工薪阶层，想要让自己未来有更好的发展，有更加宽松一点的经济条件。除了自身事业上的努力外，还需要增加财务投资收入，投资第一步就是强制储蓄。采用基金定投的方式是最适合工薪阶层的选择。

7.4 高净值人群基金定投误区

高净值人群在业内的判断依据为可理财资产超过500万元。因为房产流动性差，又不会给金融机构带来实质的收益，所以划分的标准是以纯资金量来划分的。笔者认为高净值人群的标准应当是财务性收入足够支撑家庭日常支出的人群，有一点类似于财务自由的概念。

高净值人群在对待基金定投这个问题上容易犯两极化的问题，一极认为自己有大笔资金，没有必要采取定投的方式来投资基金。另一极就是定投了几十个品种，认为利用自己资金雄厚，做到足够分散更加科学合理。在这里笔者举一个高净值基金投资客户的例子，比较有说服力（见表7.3）。

表 7.3　　**艾财爱家某客户 2017 年 9 月基金投资配置情况**

			基金代码	买入成本		持仓成本	持有份额	累计收益	备注
货币基金	2017-9-8	货币基金	001826	483992.72	4.40%				
债券基金	2017-9-8	债券型基金	000290	9000		1.102645	8162.19	-331.75	
债券基金	2017-9-8	债券型基金	001453	233286		1.08866	214287.27	-570.02	双周定投3次
债券基金	2017-9-8	债券型基金	531008	274008		1.651656	165898.94	-274.75	双周定投3次
股票基金	2017-12-25	股票基金	000051	410000		1.30422	314364.26	-2269.56	12-25日买入25万，2月7日和8日买入15
股票基金	2017-12-25	股票基金	163111	119000		1.129558	105350.94	-416.98	分3天买入
股票基金	2017-9-18	股票基金	000478	810000		2.387329	339291.25	-13483.86	双周定投10次,1月29日手动买入2次
股票基金	2017-9-8	股票基金	000577	1134822		2.807481	404213.64	65288.3	双周定投6次，2月7号手动买入15万
股票基金	2017-9-8	股票基金	000834	20000		1.527831	13090.45	499.64	一次性买入78786,12月8号止盈50%份额
股票基金	2017-9-8	股票基金	040035	196965		2.757129	71438.43	-10653.57	
股票基金	2017-9-8	股票基金	166005	1134822		1.934522	586616.25	37413.25	双周定投6次，2月7号手动买入15万
股票基金	2017-9-18	股票基金	202017	450002		0.916337	491087.77	-11067.75	双周定投6次，2月7号手动买入5万
股票基金	2017-9-22	股票基金	486002	30000		1.856967	16155.38	2730.8	买入6万，3月11日止盈50%
基金定投			阿牛定投	100000					
基金定投			且慢长赢计划	144000				2877.17	
基金定投			蛋卷基金	40000				3279.89	
股票			平安证券	580000				-33845	

错误投资分析：

（1）投资基金数量与金额都非常大。我们可以看到他总计投资了 19 只基金，截至 2017 年 9 月底总计 480 多万元，定投计划后续每月扣款都在 30 万元以上。基金定投更加适合零散资金的投资，而不是这种大额整数资金，按照这样的投入额与投资方式，不出两年客户在各类基金的投资会超过千万。而这种超大投资额最终会背离他的初衷，投资极容易失控。同时买了 19 只各类基金，普通人根本没有足够的精力与知识同时把控如此多的基金，这个时候投资收益与亏损处于完全失控状态，全凭运气。

（2）在强势周期末端开始购买基金，一次性买入与定投皆有。2017 年是一个基金小牛市，超过 500 只基金净值创历史新高，因为 2016 年市场大幅度调整之后，以平准基金为代表的超级机构资金主导了市场的投资风格。在这一年股指虽然涨幅不大，但是以上证 50、沪深 300 为代表的品种蓝筹平均涨幅巨大。在这一波上涨中，基金无疑成了直接受益者，在赚钱效应的影响下，产生了大批基民。当市场处于高位时，一次性买入只会短期获利，拉长时间反而造成重大亏损。事后看 2018 年市场进入了持续一年的大调整，如果按照表 7.3 中的投资方式，造成重大损失就成了必然结果。

（3）品种混杂，投资思路混乱。整个基金组合最大的问题就是投资思路混乱，从基金品种看有纯债型、货币型、主动管理股票型。从投资方式看有一次投资、有定投、有跟踪多个网红品种等。投资者在进行基金投资前只抱着一个想法，现在行情好，能赚钱就行。

他的基金投资结果拉长时间线来看，绝不会理想，基金投资是门严谨的技术，需要扎实的理论知识，周密计划，严格执行纪律才能取得比较好的效果。

基金定投在高净值人群理财过程中的作用：

（1）丰富配置，合理配置。就如笔者前文多次提到的，基金定投对于高净值人群来说是丰富家庭资产配置的选项，用于日常零散资金的归纳投资，或者为实现家庭理财中某个单项财务目标而做的资产准备。上述案例中，用几百万资金做定投会浪费大量的资金时间成本，对于高净值人群来讲大额资金的投资渠道众多，明显有更好的选择。

（2）处于次要地位，不可投入过多的精力与财力。人的精力是极为有限的，采取基金定投对于高净值人群来讲一大优点就是可以节省大量分析市场的精力。19 只基金太多，正常情况下笔者认为一个业余投资者的基金定投组合不要超过 5 只，其中上证 50 与沪深 300 应当以底仓的形式存在。

（3）盲听盲信，信息渠道混乱。笔者注意到上述投资跟踪了好几个网红投资达人的定投组合，每个组合里又有众多的基金。笔者并不是认为他们的投资水平不行，而是投资者同时跟踪这么多人，说明他自身也分不清谁的水平更高，谁的投资品种更优秀。这是很多普通投资者容易犯的错，喜欢寻找“大神”，投资的世界里没有常胜将军，巴菲特晚年的投资成绩也多受非议。在投资的世界里保持独立思考，学习积累，总结经验教训才是唯一正确的选择。

7.5 优化家庭资产配置结构

基金定投是一种非常适合普通人的权益类投资方式，本书中也详细讲解了基金定投的投资方法，强调实战，这是微观视角解读。从宏观视角看基金定投，它的作用更多是一种调整家庭资产结构的配置工具。

家庭资产配置的观念在近几年开始引起国人重视，因为随着家庭财富的增加，人们意识到财务性收入、财务安全的重要性。目前国内投资者面临的最共性问题是家庭资产中房产的占比平均超过 7 成，可是房产流动性差，一次性投入大，很多人还需要承担几十年的房贷。更加重要的是目前全国房产的投资属性不断下降，房价持续大涨的日子一去不返，未来还有可能要交房产税，调整家庭资产结构就成了当务之急。

如何调整家庭资产结构，社会上存在一种非常普遍的错误理论——“4321”法则。

此法则的错误有：

（1）不结合中国国情。目前国人房产占家庭资产的总比例已经达到了 70%，在此基础上想要达到“4321”法则里的分配比例是极为不现实的。更加重要的是目前国内经济结构形成城乡二元结构，地域分东中西三级阶梯，照搬国外标准本身就是一个很大的错误。

（2）金融机构与从业人员强推并非因为正确，而是符合自身利益。既然这个法则本身是不合理的，为什么金融机构都会鼎力推荐呢？以保险比例占两成为例，如果一个家庭资产为 500 万元，则需要花 100 万元买保险。如果这条标准能推广，对于保险公司来说是巨大利好。金融机构是投资理财过程中必须接触的，不要认为银行、保险、证券、信托的利益与投资者是一致的，从根本上讲投资者的对手有时候就是他们。

（3）家庭资产结构的调整需要循序渐进，中国家庭资产的配置比例合理化需要一个很长的过程，例如房产占比过高，需要收入增长明显高过房价的增长，同时在日积月累中慢慢增加其他资产的配置来完成合理化。

那么，家庭资产配置计划该如何实行呢？

首先，对于所在城市与房产的看法。因为房产在一个家庭的资产比例中过重且非常重要，所以在家庭资产配置过程中，首先要解决房产规划问题。

其次，考虑标准普尔家庭资产象限图中四大方向在自己家庭的实际应用（见图 7.2）。具体包括：

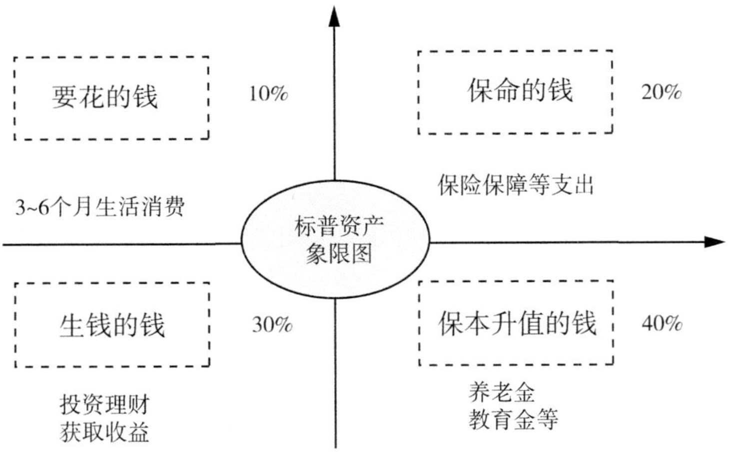

图 7.2　标准普尔家庭资产象限图

来源：网上公开资料。

要花的钱，即衣食住行的花费，这需要根据家庭的实际情况来确定，总体原则是适度合理，优先保证。

保命的钱，即保险支出。很多家庭最大的财务风险并非收入不足的问题，而是抗意外风险能力差。所以有必要配置一定的保险。

保本升值的钱、生钱的钱，即投资各种理财产品的支出。该支出分为两部分，一部分为固定收益类，另外一部分则为浮动收益类。固定收益包括银行存款、纯债基金等。浮动收益则包括股票、基金等。值得一提的是，可能很多人看到信托是固定收益，就认为它的风险很低，事实上完全不是这样。信托作为“合法的高息贷”，想要百分之百安全是不可能的。我们需要根据底层资产、风控措施等综合判断信托产品的风险程度。

此外，还有必要提几点非常重要的技巧：

首先，分散化、多元化投资。不将鸡蛋放在一个篮子里之所以被反复提及，是因为这的确是聪明的做法。

其次，我们需要按照投资风险的高低合理配置不同资产比例。例如，股票资产是取得相对较高收益的一个投资渠道，但是它属于高风险投资品种，所以我们应当严格限制投资比例，在风险可承受范围之内适当配置。

再次，长期持有策略。任何金融资产的价格都跟随着市场波动与变化，即使是投资大师也很难准确把握。所以，我们在进行资产配置时应当以长期可持有的资产为主，通过时间来换取空间。

最后，资产配置类型要全面，不能只配置一些升值品种。家庭资产配置中有时为了达到某种目的甚至要牺牲一些收益，如保险计划。因为保险是财务保障措施，当没有发生不可控事件时，保险自然就是一种财务亏损，但是这并不能成为不配置保险的理由。因为对于普通人来说，最大的财务问题并非收入的多少，而是对于风险事件的抵抗能力。又如资金配置过程中要保持一定的现金流，这很明显也会牺牲一部分收益，但是资产配置的目的是保证生活质量，而非单纯的保值升值。

基金定投在家庭资产配置中发挥的作用：

（1）基金定投主要用途是闲散资金的理财选择。基金定投只是一种投资方式，有特定的适用范围，更多时候适用于日常结余的闲散资金。它并不涉及大额整份资金的管理，例如一个家庭有 200 万元存款，这笔钱更适合投资于低风险债券，而不是基金定投。又如家庭月工资结余有 2 万元左右，这时就可以考虑每个月基金定投 4000 元。

（2）日积月累下慢慢体现效果。基金定投是一种长期投资，在日积月累中慢慢实现积少成多，获取超额收益的效果。在家庭资产配置中有一部分资金需要投资到风险投资选项类，但是对于普通人来讲一次性投入一个自身无法把控的领域，会带来巨大的风险。但是基金定投是一个很好的投资方式，能够比较好地降低风险波动，在长期定投过程中，投资者家庭资产结构就会慢慢得到改善。

（3）保障保底功能。制订长期基金定投计划可以发挥其家庭保障保底功能。例如，笔者的姐姐因为要照顾子女，成为全职妈妈，虽然后面也工作，但是没有交五险一金。前文中笔者提到过笔者认为“80 后”“90 后”未来的养老问题，绝不可单单指望国家保障，自己非常有必要存一笔钱。这时基金定投就是非常好的选择，因为目标是未来养老，所以选择的定投标的除了标配的上证 50、沪深 300 以外增加了医药 100、医疗指数。至于以一个牛熊周期为投资长度的品种，都不在考虑范畴内。

（4）非家庭核心资产配置方向。本书虽然讲解的是基金定投，但是笔者并不想夸大基金定投的作用，其只是家庭资配置中的非核心资产。基金定投是用时间去平衡波动，用时间积累筹码。这同时也意味着如果你有大额现金，采用基金定投的方式会浪费大量的资金时间成本，本身是得不偿失的。

尺有所短，寸有所长，没有任何投资方式是完美的。基金定投在家庭资产配置中主要是将日常闲散结余资金进行归整，通过日积月累将家庭资产配置的比例变得合理化。同时基金定投适合极长时间的投资，可以发挥部分保障保底功能，实现长期理财目标，但是不适合作为家庭的最主要理财方式，不适用大额资金的投资。

第 8 章　基金定投成败经验总结

8.1　为什么有人基金定投亏钱

马云演讲时曾说过企业成功的原因就那么几条，但是失败的原因却各有不同，所以失败的企业更加值得研究。在总结整本书后，从实战的角度笔者为大家总结一下基金定投可能失败的原因，规避了错误，离成功就不远了。

1. 投资者缺乏一个梦想

在笔者指导的众多基金定投者中，最常见的失败的例子并不是亏了一点钱就放弃的人，反倒是赚了一点点收益而选择放弃的人。投资听到频率最高的一句话："老师，已经赚了 15 个点了，感觉现在高了，我今天准备卖掉，再重新定投！"绝大多数人的心态都是想赢怕输，所以当有一定的获利时，就急匆匆地想卖掉。

基金定投如果只进行了几个月，即使翻倍，绝对的收益额也是很低的。例如证券行业指数基金，在历史上牛市来临时一年多时间翻了十倍的情况也出现过。可是如果你只定投了几个月，这对于你的意义只是赚了一笔快钱，下一波牛市则可能需要等待十年。如果你定投证券行业指数十年，终于等来一波牛市，即使是 2015 年那样一波杠杆快牛，你的收益也会非常惊人。最重要的是证券投资始终都面临着一个问题，买意味着何时卖，卖则意味着何时买的问题。

基金定投并不是一种投机的理想方式，它更多的是一种长期投资工具，解决的是一个长期问题。例如笔者给女儿做的基金定投组合，20 年每年定投额度 10 万元以上，如果年化复利收益能够达到 8%，那么 20 年后就可以达到 1000 万元，当然那个时候钱的贬值也许让 1000 万元显得并不是很多。但这是笔者的一个梦想，是一个笔者认为基金定投完全可以达到的目标。

作为一个长线投资者，梦想是一定要有的，因为时间真的可以帮我们达到这个目的。小富即安，意味着问题始终都存在，人生本身就是一个逆水行舟的过程，不要害怕。

2. 投资者财务稳定性差

基金定投过程中第二个常见的失败原因就是要用钱，把基金定投的钱抽作他用。很多年轻人因为财务底子薄，控制力差，在基金定投一段时间后发现自己只有这笔钱可以用了。可是基金定投想要发挥作用需要时间，二八定律存在于万事万物之中。一款基金定投品种赚取的 80%的收益肯定是在 20%的时间内完成的，如果不能有足够的时间和耐心，你放弃的时间大概率是在那 80%的低收益时间里。所以在做基金定投方案时一定要量力而行，理性确定定投额度，同时要抱着投入基金定投的钱已经不是你的钱的心态。那是你送给未来的自己的一份礼物，只有未来的你能拆开！

3. 不明白国盛人兴，听信危机论、阴谋论

中国真的很大，每天都有不同的好事或是坏事发生，可是有一部分人却只爱听危机论、阴谋论。往往因为一件事情看到的一些评论或是文章就认为社会或是行业会出现很大的问题，自己需要做些重大决定来应对。如当年白酒行业塑化剂风波，各大白酒股都出现历史极值下跌，可是几年之后发现那个时间点是一个历史最佳投资点，贵州茅台、五粮液等高端白酒在之后数年整整翻了十倍有余。

伟大的投资决定都是由伟大投资者做出的，一个伟大投资者的产生是因为他的背后的国家在不断走向伟大。世界百大投资家超过 80%都是美国人，因为过去一百年是美国世纪，再把时间提前一百年，则是英国人。国盛人兴，时势造英雄，坚信中国会越来越好是必要的乐观。

4. 基础知识薄弱，品种选择不当，投资方式有问题

相较于前三点，投资理论在实操中反而并不是最重要的因素，本书能解决的问题也只不过是基金定投中第四大错误点。知易行难，知行合一，这是古人的智慧，也是万物之真理。基金定投的知识也只是证券投资的一个细分领域，从全局来看我们还需要了解公司、行业、国情、股票市场特性等方面的知识，这是一个系统性工程。不断学习和扩充知识面是很重要的，希望本书能为大家提供一个视角。

5. 负能量高的人

笔者与很多基金定投投资者有过交流，笔者非常不喜欢负能量爆棚的人。这对于基金定投来说是一个致命缺陷，因为基金定投是一种长期投资，也就是认为这个品种所代表的东西有一个美好的未来。如沪深300代表的中国经济，长期定投它就是因为笔者看好中国经济的持续发展。如医疗行业指数代表的是医疗行业未来的发展，定投它就是看好此行业未来的发展。笔者为女儿做的定投计划，就是认为自己可以坚持20年，认为自己未来20年经济能力会越来越强，支撑得了自己家庭的幸福。

可是负能量过重的人对于未来容易消极对待，看法也负面，没有美好的希望，也就没有了梦想，是没有办法坚持一个长期基金定投计划的。

8.2 基金定投亏损了怎么办

说出来大家可能不信，在基金定投的过程中，有一种状态笔者是非常喜欢的，那就是在定投的初期，我们所定投的基金是亏损的。其实，这一点非常好理解。大家都知道微笑曲线，该曲线的前半部分是一个下滑曲线，在这样的曲线下，我们的定投多半会处于亏损的状态。只有通过不断地买入，并拉长定投时间，才能使持仓成本降下来，然后在市场环境变好之后获得盈利。如此这般地不断买入以及拉长时间，可以让我们攒下不少资产，自然而然未来可以获得“钱生钱”的那部分金额也会非常可观。

这只是说了一个大概情况，如果真的遇到定投亏损，我们应该怎么办呢？最常见的办法自然就是越跌越买了。笔者在基金定投再平衡策略中提到的双倍定投、熊市递增型定投等就是采取的这种策略。

这种办法可以列举的例子非常多。比如，2020年春节前后，受新型冠状病毒肺炎（NCP）疫情影响，A股市场出现了幅度非常大的下跌，各个行业也受到了不同程度的影响。基于此，在1月23日—2月7日的6个交易日中，笔者总共进行了4次定投。其中3次为正常扣款定投，1次为主动买入。在这4次交易中，笔者有2次采取的是三倍定投策略，此外还加大了对医疗、白酒等行业的投资。当时笔者给出的双倍定投条件为：3000点以下，且市场出现明显调整。由于疫情的影响，市场迎来了大幅下跌，这种幅度的调整显然是超出笔者预期的，所以笔者选择了三倍定投。而加码医疗行业的投资纯属笔者对于该行业的偏爱，并不是因为短期的疫情影响。投资白酒是因为疫情对消费行业的影响是显而易见的，但是在连续调整多日之后，白酒行业的投资价值开始具有吸引力了，同时在笔者看来，疫情无法对白酒行业造成长期影响。交易细节和更详细的分析可关注公众号“艾财爱家”中的基金定投实盘周报。

在前一节，笔者提到了基金定投亏损的原因，具体说来就两点：一是选择的标的不对，二是未能坚持到底。现在我们来对症下药。

1. 选择的基金标的不对，怎么办

选择的基金标的不对，会造成南辕北辙的结果。一旦方向错了，那么首先应该要做的就是立即掉头，然后再往正确方向行进。体现在基金定投上，就是立即终止定投，然后转换为其他基金标的。

一般说来，基金转换有以下几种情况：①主动管理型基金转换被动管理型基金。有的基民把买基金也变成了买股票，一味地追着热点跑，今天买猪肉主题基金，明天买新能源车概念，总之就是什么“火”买什么，结果一不小心就成了接盘侠。自以为做了很多功课，找到了市场热点，其实最后却一无所获，看着账户上的亏损数字就痛心，还不如一开始就踏踏实实地做定投。此时就可以将原本投资的热点基金（这样的基金一般为主动管理型基金）转化为定投宽基指数基金，因为宽基指数行业分布均匀，可以分享到整个市场上涨的投资收益。

②行业之间的转换。在前一节我们就说到了，我们国家正好处在经济结构调整的关键阶段，也就是新旧动能转换的时期，在这段时期，难免会有一些产业落后于时代的发展，自然而然，这些行业的市场表现就不会太好。如果有人定投了那些“被市场淘汰”的行业，那么就应该将其转换为新经济的代表行业。一旦在错误的方向坚持，只会让自己越亏越惨。

事实上，这里就可以提到衡量基金定投标的的一个重要标准了：该指数基金所跟踪的指数或者说行业长期上涨是大概率事件，只有长期的趋势有保证了，我们的坚持定投才会有意义。

2. 未能坚持到底，怎么办

①资金问题。一般来说，我们基金定投的资金来源是工资结余，所以除非是连续几个月不工作或者说没有稳定的收入来源，我们的基金定投一般是可以按照既定计划来执行的。

那么为了应对资金问题造成的基金定投亏损，我们该怎么办呢？开源节流。网络上关于如何做有很多文章，在这里笔者就不详细说了。笔者只说其中两个最重要的内容：a. 提高自己的能力，俗话说“技多不压身”，当能创造更大更多的价值时，自然就可以获得更多的劳动收入。b. 省钱。简而言之，就是少消费，控制住自己乱花钱的手。笔者有很多朋友就是在开始基金定投之后，乱消费的情况明显变少了，因为他们懂得要敬畏市场，说不定什么时候需要加码投资的机会就来了。

事实上，基金定投的门槛是非常低的，只要我们能梳理好自己的现金流，资金问题就从来不是问题。

②忍受不了初期亏损，怎么办？想要回答这个问题，我们需要解决一个关键问题，那就是定投心态。市场有波动是非常正常的现象，而波动加剧往往会影响投资者的心态，但在基金定投中，经过理性分析或者有过实战经验的朋友就会知道：波动和定投是很好的朋友。

在笔者看来，面对波动，有以下几种不同风险承受类型的投资者：

a. 积极型投资者。如前文提到的一样，越跌越买，但还是那句话，你要保证定投标的长期上涨是大概率事件。而在这种类型的投资者中，还存在着一种极端情况：他们想精准抄底，并实现完美的低买高卖。这显然是不可能的。我们所做的任何投资决定都基于对市场未来的判断，但没有人能保证判断百分百正确，我们要做的是“留一手”，而定投恰好就是这种“两手准备”的策略。预测市场下跌，如果判断对了，日后跌破当前的点位时，自己仍然有充足的“子弹”加仓，如果判断错误，市场反弹上涨，也已经在底部留有一部分的仓位，剩余的资金还可供灵活调整，如此一来，就能做到“涨也开心，跌也开心”。

b. 稳健型投资者。太佛系也不行，完全无脑定投，那就会错失在下跌的市场增加“存款”的机会。经过这么多年市场的洗礼，笔者现在有一个投资策略：跟着市场的节奏走。也许听起来很简单，但做起来需要克服很多人性方面的东西。

c. 保守型投资者。事实上，定投指数型基金已经算是一种风险非常低的投资方式了，通过长时间的投资，我们的投资成本会变得非常平均，想要大幅亏损是一件非常困难的事情。如果有的投资者连这种亏损都受不了，那还是建议更换投资品，只投资银行存款、货币型基金、国债就好。

在投资市场，我们经常听到一个词，叫作逆向思维，而基金定投就是一种“反人性”的投资。正如那句投资警句说的一样“别人恐惧时我贪婪，别人贪婪时我恐惧”，越跌越买的定投正是在严格地执行着这一策略。人人都喜欢眼前的利益，但定投却要求我们：越是市场不好时，我们越要坚持。对于定投而言，最难和最需要做的事情都是坚持，只有坚持到最后，你才能笑得最好！

8.3　看到上涨，定投下不去手怎么办

我们在定投的过程中，有时候会因为定投的品种出现了上涨而“下不去手”，该怎么办？

1. 定投的是一个区域，而不是一个点

基金定投是一种长时间的投资，拉长时间来看，又因为 A 股市场牛短熊长的特性，我们定投所处的绝大部分时间都是可以投资的，根本不用在意它的短期涨跌。比如我们定投了一段时间的沪深 300 指数基金后，大致赚到了沪深 300 指数从 3600 点涨到 4000 点的那部分收益，可能有十个点。我们是不是应该就此满足了呢？当然不是，因为就算沪深 300 指数涨到了 4000 点，上证指数却连 3000 点都没有，那我们在此处就停止定投实在是有点得不偿失。

可能有人会提到估值的问题，关于这点笔者是这样看的，我们国家是世界第二大经济体，在不久的将来，有可能会成为世界最大的经济体。在这样的背景下，我们国家的资本市场会就此止步吗？显然不会，因为“党中央从来没有像今天这样重视资本市场”——原证监会主席肖钢语。

这里再次强调：①沪深 300 指数是由上海和深圳证券市场中市值大、流动性好的 300 只股票组成，综合反映中国 A 股市场上市股票价格的整体表现。因此，它最能代表 A 股市场的上市公司，理应可以充分享受国家经济发展的红利。②股市反映经济发展质量而非总量，同时沪深 300 指数本身也会新陈代谢，那些优质上市公司迟早会被调入指数，并取代那些在新经济中不再那么优秀的公司。类似的，我们所定投的医药 100 指数、中证医疗指数、消费行业指数等都有一个类似的长时间可定投区域。

事实上，根据上述内容就可以总结出我们筛选定投标的的重要标准：①可以充分享受到国家经济发展的红利，让我们的定投和祖国一起成长。②标的所跟踪的行业长期趋势向好，且在未来一定会上涨。

2. 态度决定一切

什么态度？还房贷的态度。早在第一章，笔者就提到了绝大多数中国人都做过一项强制定投，而且收益非常丰厚，那就是房贷。为什么房贷这么成功？

第一，实现了强制定投，每个月你所赚的钱第一考虑目标就是把房贷

交了。

第二，长时间坚持。通常情况下房贷最少为 10 年，随着房价疯涨，很多人选择的是 30 年房贷。

第三，银行不会因为房价涨了，就让你停止还房贷。这里面当然有征信的原因，但是更多的是知道自己能够坚持还完房贷的话，手里就会多一套房子。拿到自己买的房的钥匙的人肯定会有这种感受，别管之前吐槽多么多么辛苦，多么不情愿当上“房奴”，但是等真的到了那一刻，还是会觉得一切都是值得的。

还房贷是一个纪律性很完美的定投。在每个月固定的时间点还款，不会滞后，也不会提前（多持有一天就可以多赚一天利息）。每个月还多少钱会精心设计好。长期坚持下来，手里就有了一套房子的全部产权。

其实定投跟还房贷是一样的，也是每个月或者每周到了时间点就定投。当然，我们在定投的时候，还有一个很大的优势。要还多少房贷是根据买房子时的房价来设计的，但是定投指数基金时，指数基金的净值则是不断变化的。如果指数基金所跟踪的指数出现了下跌，或者说是幅度可观的调整，我们就可以加码投资，也就是前文反复提到的双倍定投或者更多倍数的定投。就算是所投基金短期出现了上涨，我们的账户小有盈利，那也不要在意，继续定投就好。还房贷，一二十年甚至是三十年才会换来一套房子，定投的时间这么短，能有多少收获呢？接下来，就可以谈第三点了——笔者的计划。

3. 笔者的计划

定投是一个很简单有效的投资策略，但是能长期坚持下来的人并不多。原因很简单，基金的净值会大幅波动。一旦下跌，会因为害怕受到损失而不敢买；一旦上涨，会渴望落袋为安，想要卖掉而拿不住。这种厌恶损失的心理是每个人的本能，要克服这一点，一个比较好的做法就是把我们的定投计划落在纸面上，落在实处，或者说落在实际的场景上。

在前文“送给女儿的一份礼物”中，笔者已经提到了自己的计划：

①笔者会在每周都给自己的女儿存 2000 元做基金定投，1 年以 50 周计，累计下来是 10 万元，20 年就是 200 万元。

②每年春节，她会有超过 6000 元的压岁钱，这笔钱也会用来做基金定投。20 年累计下来是 12 万元。

③这个定投账户，笔者会时常给她看。20 年下来总共就是 212 万元的本金，笔者的投资目标是最终把它变成 1000 万元。在这 20 年的过程中，笔者要

让自己的女儿明白一点，她的钱是干什么去了，最后的那一笔数字又是怎么来的，在她心中播下一颗财富的种子。

正因为有了这样的计划，笔者才不会轻易地中止定投，也不会看到短期的上涨就下不去手，而且还会因为这个计划的存在而倍感动力。事实上，除了子女教育基金以外，每个人心中也可以有一些其他的计划，如旅游基金、购房首付、买车计划、养老规划等。笔者相信，一旦有了这样的计划，大家再也不会因为看到上涨就下不去手而苦恼了。

4. 什么时候该卖出

很多人看到上涨，定投就下不去手是因为怕已经盈利的部分无法完美兑现，还不如早卖早省心。有这样的心理也正常，毕竟笔者曾多次说过基金定投就是一种“反人性”的投资。那么，如果能知道卖出的逻辑，我们是不是就能够控制住自己呢？

股神巴菲特卖出股票有三个前提：

第一，这家公司的基本面是否真的发生了巨大的变化？一家公司的基本面发生了变化，有很多方面的因素，可能是因为经济下滑带来的，可能是管理层的失误带来的，也可能是行业性的竞争带来的。如果是由于整个经济下滑带来的暂时性风险，那就要多关注这家公司是否有能力渡过这个难关。如果是管理层的失误带来的，就要多关注是否有新的管理层接手，新的管理层是否有能力重整公司。

第二，这家公司的股票价格是否真的被市场严重高估？证券市场永远在重复着从高估到低估，又从低估到高估的故事。

第三，是否出现了更值得投资的公司？这就涉及换股的问题，在你确实认为新的目标可以有高出原有股票更好的成长性的时候，就可以进行换股。但换股会出现更多的不可测性，因为相对于新的公司，你的了解程度肯定不如原来那家公司。所以，在没有十分把握的情况下，换股其实是一种十分冒险的举动。

这三点也适用于定投的基金。

在笔者录制的抖音短视频《最好的投资机会是什么时候》中，笔者提到了三个机会，分别是市场性危机、行业性危机以及个别公司性危机。“危”也是“机”，如果你相信国家的经济会继续发展，行业的长期趋势向上，那么在出现危机的时候，反而是我们加大筹码的良机，更别提卖出这种“神仙”操作了。最近的例子就是因疫情而大跌（2020 年 2 月 3 日）后的 A 股市场了，以及因带量采购等黑天鹅而出现调整的医药医疗行业了。

另外，笔者认为，对于基金定投来说，是否被市场严重高估有一个很重要的标准，那就是所跟踪的指数是否创下了历史高点。如果是，那么我们可以稍微谨慎下，如果不是，继续定投就好。估值这个问题可以动态地看，因为我们的祖国以及那些长期向好的行业一定是会继续发展的。

至于出现了更好的定投品种，那也没有必要卖出基金，再增加一个定投计划就好。反正没人会嫌自己攒的资产多。

总之，我们要用还房贷的态度来做基金定投，同时要明白基金定投是一段区域，而不是一个点。为了更好地实施定投计划，我们最好给自己找一个动力源，可以是自己最在乎的人，也可以是最想做的一件事。接下来，长久坚持下去就好。

8.4 提高定投收益的几个技巧

到这里我们已经掌握了关于基金定投的大部分内容，不过，其实在定投的过程中，还有很多可以利用的技巧，这里简单介绍几个，希望可以帮助大家提高定投收益。

1. 降低交易费用

首先需要明确的一点就是所有基金都会收取管理费和托管费，包括指数基金。但指数基金的管理费和托管费，在所有股票基金中算是最低的一类。当然，这两个费用是基金从后台直接扣除的，当我们看到基金净值的时候，实际上已经把这两个费用给扣除了。

值得注意的是，大家还会在基金的运作费用中看到销售服务费，它是基金管理人从开放式基金财产中计提的一定比例的费用，用于支付销售机构佣金、基金的营销费用以及基金份额持有人服务费等。

说到这里，就可以回答很多基金投资者会问到的一个问题了：定投基金选择 A 类还是 C 类？

先解释基金后面的 A、B、C，它们说的其实是收费方式。A 代表前端收费，收取申购费、赎回费。B 代表后端收费，申购的时候不收费，但是赎回的时候收费。C 代表不收取申购赎回费，但是收取销售服务费，按照持有时间长度来收取。

通常而言，基金的 A 份额适合长期投资，C 份额适合短期投资。而基金定投一般持有周期较长，故从费率角度考虑，应选择同一只基金的 A 份额进行定投。

以笔者反复提到的医药 100 为例，天弘中证医药 100A 和天弘中证医药 100C 的费用情况如表 8.1 所示。

表 8.1　**天弘中证医药 100A、100C 的费用情况**

	天弘中证医药 100A	天弘中证医药 100C
管理费率	0.50%（每年）	0.50%（每年）
托管费率	0.10%（每年）	0.10%（每年）
销售服务费率	0.00%（每年）	0.20%（每年）
申购费率	0.10%	0.00%
赎回费率-<7 天	1.50%	1.50%
赎回费率-≥7 天，小<30 天	0.30%	0.00%
赎回费率-≥30 天	0.05%	0.00%

资料来源：天天基金网。

从表 8.1 可以看出，如果投资的时间比较长，C 类的费用明显会高一些，因为销售服务费是每年都会收取的。

值得注意的是，国内市场中跟踪指数的公募基金产品主要包括 ETF 及联接基金、LOF 指数、分级基金、场外基金、指数增强基金等。其对比情况如表 8.2 所示。

表 8.2　**国内市场中跟踪指数公募基金产品对比情况**

指数基金类别	最高仓位	是否可交易	场内流动性	管理费	杠杆	是否套利
ETF 及联接基金	ETF：99%；联接基金：95%	是	优	0.15%~0.5%	股票 ETF 可融资债券	是
LOF 指数	95%	是	差	0.6%~1.2%	无	是
分级基金	95%	是	优	1%左右	1~5 倍	是

续表

指数基金类别	最高仓位	是否可交易	场内流动性	管理费	杠杆	是否套利
场外指数	95%	否	无场内流动性	0.6%~1.0%	无	无
指数增强基金	95%	否	无场内流动性	1.0%~1.5%	无	无

简单点评：

①ETF 及联接基金。性价比较高的投资品种，且满足了场内外各人群需求。ETF 以接近 100%、更高的投资仓位来跟踪指数意味着更低的跟踪误差，以实现精准跟踪指数的目的。

②LOF 指数。场内流动性差，套利难度大。

③分级基金。受监管影响，未来或消亡。

④指数增强基金。管理费最高，增强效果和管理能力有关，需验证。

⑤场外指数基金。最高仓位不如 ETF，无场内流动性。同时，管理费也高于 ETF。

综合来看，ETF 的优势包括：①交易效率高；②被动投资，无需担心基金经理能力，跟踪误差小；③管理费率低、交易费率低、无印花税等。就投资而言，普通投资者可以考虑直接买 ETF。

2. 正确处理基金分红

资本利得和分红是投资指数基金的两个主要收益来源。我们先来看一下指数基金的分红从哪里来？指数由几十上百只成分股组成，这些股票有的会派发现金股息，而指数基金复制指数，也会持有这些股票，自然也会收到现金股息。这些现金股息积累到一定程度，指数基金就会发放基金分红。投资者可以按照持有的基金份额收到基金分红。如果指数不分红，收到的现金股息就直接归入基金净值中，也不会丢失。所以说，指数成分股的分红，是指数基金分红的主要来源。

指数基金的分红有两个特点。第一个特点是每年都会有新的分红，因为指数背后的公司，每年都会赚取新的利润。第二个特点是会随着公司的利润上涨而长期上涨。

那么，我们应该如何处理基金分红呢？

分红这个词很好听，但对你的收益没有任何影响，是一种把钱从左手兜换到右手兜的过程。基金里本来就都是你的钱，拿出一部分来分红，也是用你自己的钱分红。基金分红主要有两种方式：一种是现金分红，另一种是红利再投资。选择现金分红，相当于减少了赎回费用。选择这种方式后，基金的净资产减少，净值下降，相应的赎回费用就会减少。如果急需用钱或者看淡未来市场行情，可以考虑这种方式。毕竟这相当于部分基金份额免费赎回。红利再投资指分红以基金份额的方式发放给基民，基民持有基金份额会增加，基金市值不变。份额的增加会带来复利效应。当然，定投的前提是你长期看好这只基金，所以笔者建议选择红利再投资。不过，对于基金来说，净值上涨才是王道。

3. 定投周期的选择

基金定投需要我们选择一个固定的时间，按照销售平台提供的方式，我们可以按日定投、按周定投、按两周定投和按月定投。不过按日和按两周定投选择的投资者比较少，要么是觉得太频繁，要么就是显得很奇怪，一般来说，基金按周或者按月更普遍。

其中，按月定投比较贴合大多数人的收入方式，即工资收入，每个月发工资后就可以买入，这种定投方式比较省心省力。此外，据统计，定投时间越短，按周定投和按月定投的收益差距就会越大。这是因为定投的时候如果正好赶上大跌或者大涨，就会对定投的成本价产生很大的影响，定投时间越短，造成的影响就越大。但是定投时间越长，两者之间的差距就会越小。所以，拉长时间周期看的话，按周定投还是按月定投对最终收益的影响并不大。

有人会问，如果是按周定投，选择星期几好呢？我们来看互联网上做的一个统计：（小基快跑：《周四定投真的更赚钱吗？》）

定投标的：上证指数、沪深 300、创业板指

扣款方式：周定投

测算区间：上证指数（2000. 1. 4—2019. 5. 24）、沪深 300（2005. 4. 8—2019. 5. 24）、创业板指（2010. 6. 1—2019. 5. 24）

定投周期：在测算区间任意时间开始定投 1 年、3 年、5 年、8 年、10 年

测算方式：以周一定投为例，测算期间每个星期的周一为定投扣款日（非交易日则顺延），定投收益率=［（sum（每期定投金额/每月月初收盘点位）×期末收盘点位）/（sum（每期定投金额×投资期数））］−1。

一共测算出 242445 组数据。汇总结果如图 8. 1、图 8. 2、图 8. 3 所示。

数据	周一扣款	周二扣款	周三扣款	周四扣款	周五扣款
1年期定投盈利概率	46.94%	46.81%	46.66%	47.12%	47.07%
3年期定投盈利概率	48.25%	48.35%	48.30%	48.42%	48.51%
5年期定投盈利概率	62.18%	62.20%	62.18%	62.18%	62.18%
8年期定投盈利概率	79.84%	79.94%	79.72%	79.96%	79.79%
10年期定投盈利概率	90.30%	90.33%	90.27%	90.36%	90.30%
1年期定投平均收益率	4.18%	4.17%	4.11%	4.23%	4.21%
3年期定投平均收益率	15.49%	15.50%	15.39%	15.54%	15.51%
5年期定投平均收益率	26.19%	26.20%	26.07%	26.24%	26.21%
8年期定投平均收益率	27.43%	27.47%	27.34%	27.50%	27.46%
10年期定投平均收益率	24.64%	24.69%	24.56%	24.71%	24.66%

图 8.1 定投上证指数测算情况

资料来源：小基快跑：《周四定投真的更赚钱吗?》。

数据	周一扣款	周二扣款	周三扣款	周四扣款	周五扣款
1年期定投盈利概率	55.30%	55.40%	55.07%	55.71%	55.48%
3年期定投盈利概率	60.23%	60.38%	60.30%	60.38%	60.35%
5年期定投盈利概率	61.96%	61.84%	61.81%	62.11%	61.87%
8年期定投盈利概率	82.37%	82.55%	82.33%	82.37%	82.33%
10年期定投盈利概率	100.00%	100.00%	100.00%	100.00%	100.00%
1年期定投平均收益率	10.19%	10.23%	10.18%	10.31%	10.24%
3年期定投平均收益率	9.65%	9.74%	9.64%	9.77%	9.69%
5年期定投平均收益率	12.90%	12.98%	12.88%	13.03%	12.93%
8年期定投平均收益率	18.26%	18.34%	18.24%	18.39%	18.27%
10年期定投平均收益率	31.94%	32.05%	31.93%	32.09%	31.97%

图 8.2 定投沪深 300 测算情况

资料来源：小基快跑：《周四定投真的更赚钱吗?》。

上述盈利概率测算以历史数据为依据，仅供参考，不作为收益承诺。2000.1.4 至 2019.5.24 周定投上涨指数的复合年平均收益率为 1.55%，2005.4.8 至 2019.5.24 周定投沪深 300 的复合年平均收益率为 3.25%，2010.6.1 至 2019.5.24 周定投创业板指的复合年平均收益率为 1.73%。

从测算结果来看，不论是定投上证指数、沪深 300 还是创业板指数，如果每周四扣款，盈利概率和平均收益率确实要更高一点，但优势非常小，大概只有千分之几到万分之几的差别。所以，你可以把定投扣款日放在周四，但收益可能不会比周一、周二、周三、周五的定投高出多少。

数据	周一扣款	周二扣款	周三扣款	周四扣款	周五扣款
1 年期定投盈利概率	43.11%	43.14%	43.00%	43.14%	43.31%
3 年期定投盈利概率	63.04%	62.85%	62.67%	62.99%	63.08%
5 年期定投盈利概率	74.04%	74.11%	73.97%	74.18%	74.18%
8 年期定投盈利概率	81.16%	81.16%	80.89%	81.16%	81.16%
1 年期定投平均收益率	5.39%	5.33%	5.25%	5.49%	5.45%
3 年期定投平均收益率	32.06%	32.03%	31.86%	32.20%	32.11%
5 年期定投平均收益率	48.02%	47.99%	47.81%	48.19%	48.06%
8 年期定投平均收益率	15.30%	15.27%	15.18%	15.45%	15.35%

图 8.3　定投创业板测算情况

资料来源：小基快跑：《周四定投真的更赚钱吗?》。

上文只是笔者针对提高基金定投收益提出的三个技巧，事实上，要想真正提高定投收益，我们要做的还有很多，而这些笔者在前文中已经反复提到了：确定定投品种、确定定投金额、确定定投再平衡策略等。笔者相信，只要灵活掌握这些定投技巧，我们就可以在普通定投的基础上，获得更高、更理想的投资收益。

8.5　基金定投可以做到十年十倍吗

投资理财市场一直有一个极具诱惑力的评价标准：十年十倍。不管是投资股票还是投资基金，都有不少投资者想要达到这一目标。可是，基金定投真的可以做到十年十倍吗?

雪球上有一位用户名为“昵称可以吃”的朋友发了一篇文章《定投十年十倍是事实还是骗局?》，计算了每年收益率达到多少才有可能做到十年十倍。我们来具体看看：

这里我们采用的公式如下：$(1+X)\hat{}n$，X 为投资的年化收益，n 为投资年限。计算(10)^(1/10)-1，其结果约为 25.89%，看到这个结果或许有的投资者认为，这个好像努努力还是有可能实现的，不过大家似乎忽略了一个问题，那就是这个公式中的投资金额为一次性投入，也就是说一次性投入后，以每年 25.89%的增速才能实现十年十倍。

我们如果采用分期投资的定投法又需要达到什么样的年化收益率呢?

这里我们采用 RATE 函数进行计算（见图 8.4），其结果为 RATE（10,

-1，0，100，0）=47.39%，可以看到其年化收益率需要达到惊人的47.39%。

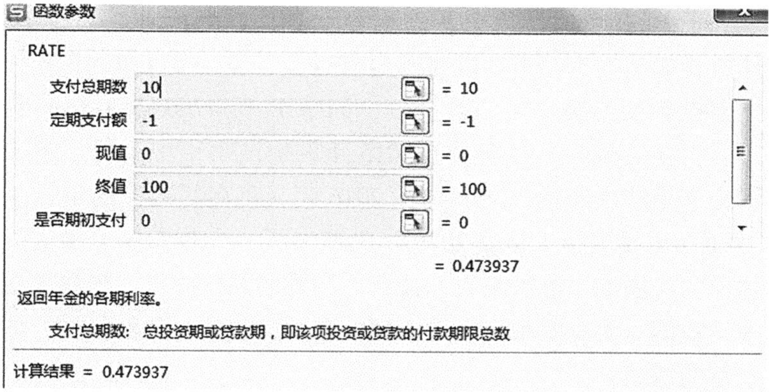

图8.4　定投十年十倍测算结果

资料来源：雪球网，《定投十年十倍是事实还是骗局?》。

也就是说我们必须做到年化收益率达到47.39%以上才能实现定投十年十倍的目标。这无疑是非常非常难的，要知道就算是定投市场中最优秀的基金，其年化收益率也仅能维持在10%左右，做到极致也只能是12%，即使是专业级别的投资者，能做到年化15%也十分不易，纵使是巴菲特的年化收益率也只有19%左右。

直到这里，我们就会发现定投十年十倍确实不可能实现，万一选错了基金，定投十年的收益甚至还不如投资固定理财产品来得合算。所以，基金定投十年十倍的说法并不靠谱。

为什么做不到十年十倍，我们还要做基金定投?

（1）资产配置的重要方式。笔者创建的艾财爱家是一个家族财富办公室，在我们给客户提供的理财规划方案中，基金定投规划是其中非常重要的一环。"不要把鸡蛋放在一个篮子里"是对资产配置最经典的描述，合理的资产配置是实现良好投资理财结果的必要条件，而基金定投作为一种重要的投资方式，对优化家庭资产配置可以起到非常重要的作用，这一点在前文已经有所论述，这里就不再重复。

（2）虽然很难做到十年十倍，但是有强大的复利效应。这个复利效应哪里来？自然就是在择时的基础上低买高卖。基金定投虽然是一种长时间投资，但是A股是有周期的，如果把握住了每个周期，那投资收益无疑将会变得非常可观。

还是举个例子，笔者有位同事 D 是从 2012 年 8 月开始工作的，并且一工作就开始定投，当时上证指数的点位在 2100 点左右。随后上证指数一路下跌，最低点甚至到了 1850 点。当时同事 D 也有点心灰意冷，甚至一度想过放弃，毕竟刚工作就受如此挫折，不过最终还是坚持了下来，不仅如此，还在自己加工资后，把定投额度给提高了。紧接着，同事 D 在 4700 点左右卖出了大部分，虽然没有卖在最高点，但依然在 2015 年的那波牛市中获得了不少的投资收益。正因为有了这次经验，同事 D 在 2016 年又重启了自己的定投，然后在 2018 年下半年加码投资，于是在 2019 年又迎来了一个收获年。事实上，笔者认为，像这样的大周期，恰恰是我们让资产翻番的绝佳时机。当然，在这样的投资过程中，我们需要克服很多人性方面的东西，包括：如何坚持？如何抵制兑现已有收益的诱惑？

基金定投并不能让我们十年十倍，但如果做好了它，依然可以对我们实现日常生活中的目标起到非常巨大的作用。当然，想要成为“富爸爸”，想要实现财富自由，依靠基金定投并不能轻易实现，脚踏实地，提升自己，增加收益才是实现财富增值的最佳途径。

8.6　为什么不借鉴估值体系

在各类基金销售平台翻看指数基金时，都可以看到一项数据指标，即本基金现阶段估值处于历史上的位置是高还是低，同市场主要指数估值对比等指标。但是笔者本书选择基金定投品种，制定投资策略时，并未借鉴任何有关估值体系的指标，原因简单地说就是不实用。

1. 指数估值如何计算的

指数估值是衡量指数价值高低的重要基本指标，是用 PE 方式来衡量指数估值高低情况，单一指数的 PE 计算为其成分股的总市值除以成分股近一年的归属母公司的净利润。相关指数的成分股以及股票年报、市值规模数据，经计算整理形成的相关指数 PE。

2. 蚂蚁财富估值高中低水平划分标准

①高于该指数历史整体估值 70%分位的部分视为高估值区间。

②30%~70%分位部分视为正常估值区间。

③低于该指数历史整体估值 30%分位部分视为低估值区间。

3. 主动管理型基金不可用估值体系的原因

估值体系一般只运用在指数型基金，因为指数型基金的成分股选择标准是清晰、明确的。这也造成相关指数的成分股总体保持相对稳定，股票之间的某些特性相同。而主动管理型基金的成分股选择及占比则完全由基金经理来决定，例如某消费主题基金可能在2017年成分股主要是白酒，到了2018年则全部换成了猪肉，2019年则可能重仓家电与医药。成分股的变化是无规律的，即使基金经理投资手法与选股范围稳定，也不能保证基金经理不做更换，所以估值体系并不适合分析主动管理型基金。

4. 笔者不采用估值体系的原因

首先，估值体系是想用静态指标去判定动态变化的市场。通过对估值体系的制定规则去判断，这是一个纵向的历史性指标。可以采用横向对比的方法，通常是对比沪深300，从而确定某个估值点位所处的高低位置。即使采用这种方法，依然无法取得一个稳定的位置，因为市场是不断涨跌的。以2016—2020年沪深300的走势来看，其一直处于窄幅震荡之中，虽然点位没有明显变化，但是其自身的估值水平却在不断下降，2020年一季度因疫情又会让其PE出现短期暴涨。因为企业利润大幅度下降的前提下，如果股价并没有出现与之相匹配的跌幅，则估值会大幅度上升。所以说估值历史对比只是有一定的参考意义，是一个缺陷非常明显的投资体系，以此为依据是不可取的。

其次，估值体系看似科学，实则主观。估值通常在股票和股权投资用得非常多，可是同一只股票在不同的立场下估值可以千差万别，这是因为估值的方法非常多，带有强烈的主观性。以医疗龙头迈瑞医疗为例，在美国上市时期市值只有100多亿元人民币，私有化回国后以十倍市值上市，经过不到两年时间的股价上涨，市值稳定在3000亿元以上。又或者多家公司在A股与港股同时上市，可是A股的股价平均要高出港股股价30%以上。一只基金的估值是由个股组成，个股最终的PE又受多重不可控、无法量化因素影响，估值实际上是一个很主观的行为。

最后，估值有时是一个反向指标。那么估值明显低于市场参照指标，同时板块估值明显处于历史最低时期，是否说明投资品种就处于一个较好的历史投资时期呢？我们以蚂蚁财富上以估值体系为参照意见推荐的投资品种简单说明一下（见图8.5、图8.6、表8.3）。

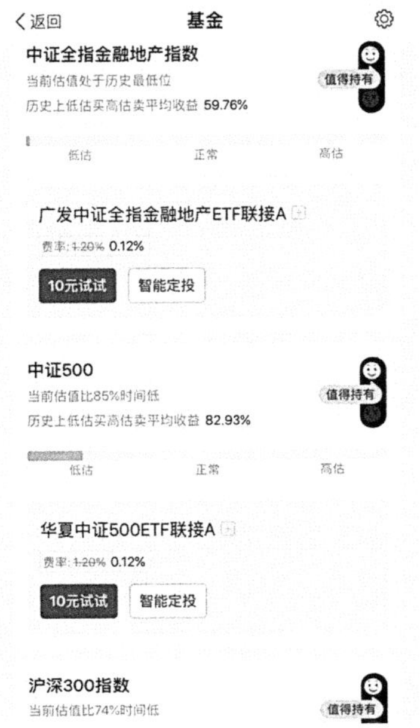

图 8.5 蚂蚁财富部分估值体系

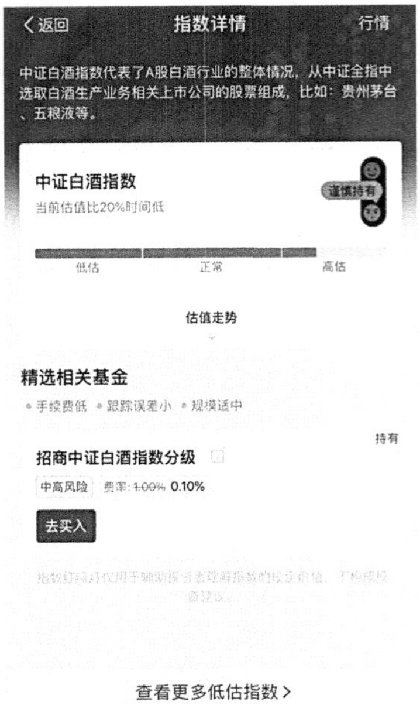

图 8.6 蚂蚁财富估值体系推荐品种

表 8.3 **蚂蚁财富估值体系部分推荐品种及买卖意见**

推荐品种	估值评测	买卖意见
中证全指金融地产指数	当前估值处于历史最低位	历史上低估买高估卖平均收益 59.76%
中证银行指数	当前估值处于历史最低位	历史上低估买高估卖平均收益 40.95%
中证 500	当前估值比 85%时间低	历史上低估买高估卖平均收益 82.93%
沪深 300 指数	当前估值比 74%时间低	历史上低估买高估卖平均收益 84.49%

分析：

1. 品种低估原因分析

银行、地产是整个 A 股的重心所在，它们的低估是因为 A 股整体走势不佳造成的。同时作为权重，如果它们开始上攻，则市场也将进入牛市阶段。以2020年房地产市场所处的困境来看，全年业绩将承压。虽然这往往是市场开始进入转折期的预兆，但从长期来看房地产的黄金发展期已经过去，未来整体进入平稳发展期是极大概率事件。股市是一个预期市场，估值会随着预期的下降而下降，也就是说房地产行业整体估值下降是一个长期趋势，就算在2020年之后有所反弹，也只是一时的，并不构成历史大趋势。

银行指数在2020年全年看有利有弊，总体金融政策宽松的环境会给银行带来更高的利润率，但是因为经济形势不佳也可能给其未来带来更高的坏账率。同时银行作为A股第一大权重板块，在整体行情表现不佳的前提下，估值也会持续走低。

中证500指数，前文有过分析，因为两不靠的属性，在不断扩容和成熟化的A股中，其特性已经没有了竞争优势。中证500估值的持续走低也是非常符合市场特性变化的，后续如果能够走强，也是市场整体走强带来的结果，与品种本身的特性无关。

沪深300指数整体的估值是有一定参考性的，这是因为沪深300是A股市场中有代表性的品种，具有广泛代表性。但也只能说明目前A股所处区间是在一个较低的点位，可是A股市场不断扩容和原本就虚高的估值水平也给其估值下降提供了合理的理由。

2. 低估买高估卖之间的差距说明

高低点之间的差距说明了品种的波动性强弱，其中让笔者比较意外的是沪深300两者之间的距离比想象中的要远，不过仔细思考就不难得出结论。因为沪深300作为A股第一代表性指数，如果其估值到达高估区间，那么A股整体肯定会处在一个相对强势阶段。再结合A股多年走势就会发现沪深300处于高估区间的情况很少，基本与牛市重合。

银行与地产，还有中证500的高低点差距都在意料之中，其中中证500高低点差距和沪深300接近，说明中证500早已经不能代表中小盘走势了。在3000多只股票中其代表的是10%~20%这个排名的股票，代表中大市值股票更为精准。

3. 部分估值高估的品种，恰恰说明了它们的优秀

在同时期本书提到的部分品种，如白酒行业指数基金，其估值高于历史上80%的时期，医疗行业指数基金更是高于历史90%以上的时间，因为这两个行

业还处在不断的创新高过程中。这两个行业是过去十五年整个 A 股行业成长性的前两名，未来的发展趋势也是极大概率继续向好。估值体系的适用范围，只适合少部分周期稳定的行业。它既不适合像钢铁、煤炭这种周期不断下跌的行业，也不适合像医药、医疗、白酒这种抗周期的白马行业。

估值是股票、股权、股票型基金中常用的投资指标之一，甚至是学院派最重要的投资指标，给投资者的感觉是非常专业，论据充分，数学逻辑也非常清晰。可是问题在于估值体系中论据和数据往往需要建立在一个个关键问题的假设之上，所以对于估值的精准预测也是职业投资者最重要的投资能力。这从侧面说明利用估值进行投资在实践中难度非常大，根本没有一个统一的估值计算方法，这是一个仁者见仁、智者见智的问题。这也是全书笔者并没有去分析基金品种估值合理性的最关键原因，估值对于基金定投来讲实战意义低。